新时代技术技能人才工匠精神培育研究

梁丽华　郑芝玲　赵效萍　等著

ZHEJIANG UNIVERSITY PRESS
浙江大学出版社

图书在版编目(CIP)数据

新时代技术技能人才工匠精神培育研究 / 梁丽华等
著. —杭州:浙江大学出版社,2021.11
ISBN 978-7-308-21837-5

Ⅰ.①新… Ⅱ.①梁… Ⅲ.①制造工业－人才培养－
研究－中国 Ⅳ.①F426.4

中国版本图书馆 CIP 数据核字(2021)第 207404 号

新时代技术技能人才工匠精神培育研究

梁丽华　郑芝玲　赵效萍　等著

责任编辑	樊晓燕
责任校对	汪　潇　杨利军
封面设计	周　灵
出版发行	浙江大学出版社
	(杭州市天目山路 148 号　邮政编码 310007)
	(网址:http://www.zjupress.com)
排　　版	浙江时代出版服务有限公司
印　　刷	杭州良诸印刷有限公司
开　　本	710mm×1000mm　1/16
印　　张	11.75
字　　数	193 千
版 印 次	2021 年 11 月第 1 版　2021 年 11 月第 1 次印刷
书　　号	ISBN 978-7-308-21837-5
定　　价	48.00 元

前　言

　　2018年10月，我有幸参加了由浙江省总工会组织的"浙江工匠综合素能提升研修班"。其间我与研修班的38名"浙江工匠"交友聊天，以一位高校教师的视角思考他们何以成为"浙江工匠"，其身上有什么特质，是怎么形成的。共同的理论学习、实践考察，加深了我与工匠们的感情，对新时代呼唤工匠精神的重要性有了更深刻的理解，也触发了利用浙江经济职业技术学院的团队力量撰写一本《新时代技术技能人才工匠精神培育研究》专著的念头。浙江经济职业技术学院作为教育部职业院校文化素质教育指导委员会工匠精神分委会主任委员单位、浙江省职业教育集团工匠精神研究与培育指导工作委员会主任单位，对工匠精神研究有一定的基础和优势，学校设有浙江工匠培训学院、工匠精神研究中心，开展过工匠精神相关课程开发。在学校的大力支持下，撰写团队潜心研究，克服困难，终于成稿。

　　十八大以来，党中央大力倡导在全社会弘扬工匠精神。十九大报告明确提出要"建设知识型、技能型、创新型劳动者大军，弘扬劳模精神和工匠精神，营造劳动光荣的社会风尚和精益求精的敬业风气"。2019年习近平总书记对于我国技能选手在第45届世界技能大赛上取得佳绩作出重要指示时强调，技术工人队伍是支撑中国制造、中国创造的重要基础，对推动经济高质量发展具有重要作用。要在全社会弘扬精益求精的工匠精神，激励广大青年走技能成才、技能报国之路。中国正在进入工业4.0时代，具有新时代工匠精神的技术工人队伍是中国速度迈向中国质量、中国产品迈向中国品牌、中国制造迈向中国创造的重要支撑。

　　新时代工匠精神最基本的内涵是精益求精、持之以恒、爱岗敬业、守正创新，可以解构为"匠心""匠术""匠德"三重架构。实际上，新时代的中国工匠精神，除了具有一般意义上工匠精神的内涵，还具有自身的特殊性：既是对中国传统工匠精神的继承和发扬，又是对外国工匠精神的学习借鉴；既是为适应我国现代化强国建设需要而产生，又是劳动精神在新时代的一种新的实现形式，它与劳模精神、劳动精神、科学精神构成一个完整的体系，成为实现中华民族伟大复兴中国梦的强大精神力量。

新时代弘扬工匠精神是贯彻发展新理念、树立崇尚劳动新风尚的内在要求，是践行社会主义核心价值观、切实提升职业人技术技能素质的有力抓手。任何科学技术的发展都不能取代劳动者的双手，我国从制造业大国迈向制造业强国的过程，需要一大批具备工匠精神的劳动者挥洒热血，他们才是真正的筑梦人。

全书分五章，对强国梦背景下工匠精神的新要求、工匠精神培育的现状进行了研究，提出了新时代工匠精神的培育目标；对新时代工匠精神的内涵及特征、新时代技术技能人才工匠精神培育的内涵等进行了系统阐述；在分析工匠精神的生成机理的基础上，提出了新时代工匠精神培育的逻辑框架；系统梳理了古代中国工匠精神的源起、变迁和流变，并重点介绍了德国、日本、美国对工匠精神培育的典型经验启示；优选了一些改革开放以来国内工匠精神培育的典型案例，分别就区域案例、行业经验、职校特色进行了介绍；并从政策导向、文化引领、校企合作、课程改革等四个方面，提出了新时代工匠精神培育路径。

本书是梁丽华主持的浙江省首批高校思想政治理论课名师工作室的研究成果，也是梁丽华主持的 2020 年度国家社科基金高校思政课研究专项课题（20VSZ097）"基于工匠精神培育的高职高专思政课改革创新研究"的研究成果之一。

本书的分工如下：第一章李芬芬、杨茜、仇婷撰写，第二章由尹禹文、朱雪撰写，第三章由鲍旦颖、陈繁撰写，第四章由俞琰、肖秀兰撰写，第五章由浙谢嘉梁、晋国群、李继冉撰写。全书由梁丽华、郑芝玲、赵效萍、杨兴江统稿。

撰写过程中作者参考了国内外有关的著作及论文，借鉴了其中不少有价值的成果，在此谨向原作者表示由衷的感谢！并向在撰写过程中给予大力支持的浙江农林大学钱志权博士、浙江省总工会张卫华副主席、浙江大学出版社、浙江经济职业技术学院表示诚挚的谢意！

由于水平有限，书中的不足之处在所难免，恳请各位专家、学者、同行及广大读者批评指正。

梁丽华

2021 年 6 月

目　录

第一章 价值与目标:新时代工匠精神新要求

我们正在进入工业 4.0 时代。技术工人队伍是支撑中国制造、中国创造的重要基础。对于实现中华民族伟大复兴的中国梦,社会主义核心价值观视域下的现代工匠精神愈发显示出其重要的积极意义,可以说是实现我国制造业转型升级、推动实施制造强国建设的文化内核。

一、强国梦背景下的工匠精神

(一)工业 4.0 是强国梦的必由之路

21 世纪对于全球来讲已经成为"中国制造"无处不在的时代,中国的制造业规模排名世界第一,但是存在着产品档次整体不高、结构性矛盾突出、自主创新能力弱等问题,相比美国、德国、日本等发达国家还有不小的差距,在国际市场上具有弱竞争性和弱吸引力。中国的制造业还没有具备像世界制造强国那样整体上规模雄厚、技术创新能力强、发展质量好和在国际工业产业链中居于主导地位的特长和优势。这些特长和优势是保证一个国家经济持续发展和繁荣以及维护一个国家安全的基础。

近几年,工业 4.0 已经成为全球产业最为关注的热点。工业 4.0,顾名思义指第四次工业革命。工业 1.0 的蒸汽时代(机械制造时代)的机器革命使人类能够进行大规模生产。英国通过第一次工业革命从一个相对边缘的欧洲国家一跃成为世界工业化的领导者,成为"日不落帝国"。工业 2.0 的电气化、自动化时代的电气革命使得电力开始推进工业,产品被标准化。德国抓住了第二次工业革命浪潮,成为第二个世界现代科技中心,从一个相对落后的农业国迅速转变为一个强大的工业国。工业 3.0 的电子信息化时代的信息革命使机器实现了自动化。美国在独立后抓住第二次、第三次工业革命的机遇，短时间内发展成为一个先进的、强大的工业国。工业 4.0 则是在第三次工业革命基础上不断对制造业的模式加以转变，是"工业＋信息"的大融合，是智能化时代。这个时代实现了全产品生命周期和全制造流程的数字化以及基于信息技术的模块集成。一种高度灵活、个性化、数字化的产品与服务的全新生产模式也即将形成。这是一场从自动化生产到智能化生产的巨大革命，制造业在生产过程中的每一个环节都发生了翻天覆地的变化。

德国提出的工业 4.0 概念是通过各类物理设备与虚拟网络实现互联互通从而实现生产智能化。由此可见，工业 4.0 是从万物互联开始的。通过互联网将生产设备、生产线、工厂、供应商、产品、客户等在内的上下游生态单元连接起来，并且在信息物理系统的基础上将传感器、嵌入式终端系统、智能操作系统、通信设施连接交织在一起，形成一个智能网络。不同设备之间、产品与设备之间、虚拟数字与物理世界之间实现互联互通，万事万物之间实现互联互通，从而达到从机器设备到操控系统，最终到人类社会的数字信息交流。工业 4.0 是将智能制造与智能服务交织融合发展的一场生产及服务方式革命。

制造业是我国当前最大的产业，是经济发展的关键。中国是世界人口大国。制造业既可以创造好的就业机会，又是建立和保持创新型经济的重要因素，同时对国家安全也至关重要。无论从哪个角度看，制造业都是构筑中国梦的基石。能否实现智能制造可以说是中国能否实现强国梦的关键。所以说，中国也在全力打造属于自己的中国版工业 4.0。2015 年 5 月，我国制定并颁布了《中国制造 2025》，旨在通过智能制造建设制造强国。

该战略针对我国的制造业现状提出了未来制造业的发展前景以及发展方向，为中国迈向工业强国绘制了"三步走"的战略安排（见图 1-1）。这是我国制造业中长期发展的纲领性文件，将引领我国制造业提质升级。

（二）工业 4.0 需要大力倡导"工匠精神"

工业 4.0 的万事万物互联互通其实就是利用人与人、人与物、物与物之间的互联互通，通过人、物之间的相互联通建立一个全新的生活、生产场景。通过互联网将机器设备、数据信息以感知以及传递等方式形成人类需求的

图 1-1　通过"三步走"实现制造强国的战略目标

网络终端，最终从生产、生活方面满足人类需求。工业 4.0 让人们的生活更加便捷。无论是工人还是管理者，客户还是供应商，"人"才是工业 4.0 的核心。在整个互联互通的环节中，人起到了主导作用。工业 4.0 将是一个多领域跨界的业务与知识的集成，并且将逐渐形成完整的产业链和生态圈。在这个过程中，人才无疑是制造强国梦得以实现的根本保障。

国务院 2015 年 5 月颁布的《中国制造 2025》特别对人才方面提出相关计划和要求："坚持把人才作为建设制造强国的根本，建立健全科学合理的选人、用人、育人机制，加快培养制造业发展急需的专业技术人才、经营管理人才、技能人才。营造大众创业、万众创新的氛围，建设一支素质优良、结构合理的制造业人才队伍，走人才引领的发展道路。"①

2016 年 3 月 5 日，国务院总理李克强在政府工作报告中提到："鼓励企业开展个性化定制、柔性化生产，培育精益求精的工匠精神，增品种、提质量、创品牌。"②党的十八大以来，习近平总书记多次强调要弘扬工匠精神。习近平总书记在党的十九大报告中提出要"建设知识型、技能型、创新型劳动者大军，弘扬劳模精神和工匠精神，营造劳动光荣的社会风尚和精益求精

---

① 国务院关于印发《中国制造 2025》的通知（国发〔2015〕28 号）［R/OL］.（2015-05-19）. http://www.gov.cn/zhengce/content/2015-05/19/content_9784.htm.

② 李克强. 政府工作报告［R/OL］.（2016-03-05）. http://www.gov.cn/guowuyuan/2016-03/05/content_5049372.htm.

的敬业风气"。① 党的十九届四中全会提出要"弘扬科学精神和工匠精神"。② 中国的制造业要由大变强,关键在于培育更多的大国工匠。目前,中国正在加紧实施《中国制造 2025》战略。要从制造大国发展成制造强国,对于作为生产主体的企业来说最为关键的是产品和技术创新。为此,人才队伍的转型已经成为当下亟待解决的问题,只有加强人才队伍的培养、转型,才能加快我国迈向工业 4.0 的进程。

技术革新是进入工业 4.0 时代的最大特点。目前中国所面临的局面是机遇与挑战并存。制造业是国家的战略重点和优势产业,制造业企业要实现创新驱动、智能转型、强化基础、绿色发展以及向国际先进制造业学习,就要在新常态的经济模式下重新思考企业人才队伍的发展与转型。

工业 4.0 更加需要工匠精神。改革开放 40 多年来,中国制造业不断发展壮大,目前的整体现状是全面实现工业 1.0(机器制造、机械化生产),大部分达到工业 2.0(流水线、批量生产、标准化),局部具有工业 3.0(高度自动化、无人化/少人化生产),点状出现工业 4.0(数字化、网络化、智能化)萌芽,总体上要达到工业 4.0 水平还有相当长的路要走。中国要成为制造强国,制造业必须提质增效,打造经济升级版,向中高端提升。中国制造要走进全球高端市场,在品牌、技术、标准、质量等方面必须具备国际比较优势。这其中,具备新时代工匠精神的现代匠人是重要的人才因素。没有工匠精神,强国梦难以实现,人民向往的美好生活也无从谈起。

1. 弘扬工匠精神是中国速度迈向中国质量的需要

中国号称"世界工厂",可以生产世界上绝大部分产品。然而,虽然产品众多,但大多是以价廉而非质优取胜。质量可谓是中国制造业的瓶颈。一些关键零部件、元器件和材料等,因质量及可靠性都不太高,只能长期依赖进口,受制于人。一些行业在高端的产品设计、制造方面同样存在质量和可靠性方面的问题。产品质量欠缺导致市场竞争力弱,从而使我国的制造业处于价值链的低端,无法实现成为制造强国的目标。随着我国居民收入不

---

① 习近平.决胜全面建成小康社会 夺取新时代中国特色社会主义伟大胜利——在中国共产党第十九次全国代表大会上的报告[N].人民日报,2017-10-28.

② 中共中央关于坚持和完善中国特色社会主义制度 推进国家治理体系和治理能力现代化若干重大问题的决定[R/OL].(2019-11-05).http://www.gov.cn/zhengce/2019-11/05/content_5449023.htm.

断增长,消费需求不断升级,公众对产品质量的要求也不断提高。越来越多的中产阶级愿意为高品质的商品付出溢价。产品质量直接关系到消费者的购买决策,关系到人民对美好生活的向往。

中国制造普遍存在质量和精度不高的问题,本质上是因为制造业企业的发展方式比较粗放,急功近利,质量标准意识不强。要改变这种状况,企业需要发扬工匠精神,企业必须如同工匠一样琢磨自己的产品,精雕细琢,精益求精,长期专注于专业发展,只有这样才能积累经验,获得追求科技创新、技术进步的能力。要想把中国制造企业的制造优势变为优势制造,需要成千上万个具有工匠精神的一线工人、设计人员、管理人员、市场人员。只有把工匠精神作为一种文化,融入生产经营的每一个环节中,才能更好地满足群众消费升级和国家发展的需要。

2. 弘扬工匠精神是中国产品迈向中国品牌的需要

据统计,创业 200 年以上的企业数量最多的是日本,有 3000 多家,第二位是德国,有 1000 多家。相对而言,中国把 1956 年以前开始经营并持续至今的企业称为"老字号",超过 100 年的企业仅有 200 多家。日本、德国有众多长寿企业,这与工匠精神紧密相关。工匠精神成就了不少国家品牌的名声。德国的西门子、奔驰、宝马等品牌享誉全球,不管是大型的机械制造产品还是日常用品,都深深刻上了"德国式精致"的印记。"德国制造"的百年口碑,靠的是精益求精的工匠精神,体现了德国工人具备的良好素质和复杂技能。在很多日本人看来,将简单的事情精心专注地做到极致,不仅可以使人获得成功,也诠释着生命的全部意义。日本的这些"百年老店"都是专注某一种商品或技术,并将工匠精神作为企业的文化及共同价值观,由此培育出企业持续发展的内生动力。正是由于这种工匠精神的支撑,日本的汽车及电子产品著称于世,享誉世界。

当今世界,品牌已成为国家的名片,体现的是国家形象和民族文化。良好的品牌形象是企业的一项重要的无形资产,品牌的影响和价值远远大于产品本身的价值。在激烈的国际市场竞争中,没有品牌的产品无法进入世界主流市场,品牌已成为大国之间力量的重要指标。中国正在加快培育具备国际影响力的一流品牌,迫切需要提升品牌价值。品牌既是企业形象,也是企业文化,还可对消费者进行精神层面的引导。若无工匠精神体现在其中,企业品牌就无从谈起。近年来,华为、中兴、阿里巴巴、海尔等具有自主品牌的中国企业得到了快速发展,很重要的原因之一就是其发扬了工匠精神,自主创新,完善产品,最终赢得了广大用户的认可。

3.弘扬工匠精神是中国制造迈向中国创造的需要

在近现代工业的发展进程中,美国之所以成为全球经济的领先者,关键在于其不断创新。美国、德国、日本、中国等国的制造业正在不同空间、不同层次、不同环节展开激烈的竞争。从很大程度上讲,工业 4.0 将重构全球制造的竞争格局。作为工业 4.0 倡导国的德国,尽管其工业产品以品质优良、技术领先、做工精细在全世界享有盛誉,但已经明显感受到亚洲竞争对手的威胁,也感受到美国"先进制造伙伴计划"的高水平竞争压力。英国、日本等国也都纷纷出台各类向制造业倾斜的政策,以期进一步促进和提升制造业的发展。技能工艺和职业水平不高、工匠精神不足已成为我国制造业与发达国家产生差距的重要因素。我们要加倍重视现实短板,才能看到未来的巨大潜力。

新华社中国经济信息社发布的《中国制造业高质量发展报告(2019)》(白皮书)对国内外制造业的前沿动态进行了比较研究,发现我国制造业竞争力在持续增强的同时,"大而不强"的问题依然存在,关键核心技术与高端装备依然高度依赖外力,劳动生产率依旧比不上美国、德国、日本等传统制造业强国。因此,我国制造业亟待进一步优化产业结构,由要素驱动向创新驱动转变,以缓解由全球贸易结构变化带来的压力。

工业 4.0 是以智能制造和智能服务为标志的生产方式的革命,相伴的是整个传统工业的转型与创新。机械化、电气化、信息化以及智能化将释放人的劳动价值,将人从重复、枯燥的体力与脑力劳动中解放出来,帮助人更高效地工作,向更高价值转移,使劳动力和企业有更多的精力钻研技术,不断雕琢产品工艺,掌握这一领域的核心科技,打造自身领域"国际领先"的产品。工匠精神不只是满足于把别人的技术学到手再生产出毫不逊色的国产货,而是要认真消化发达国家的先进技术,在学习中锻炼出自主创新能力,锻炼出相应的技术人才。

(三)工业 4.0 背景下工匠精神的时代特征

1.从行业上看,工匠精神从传统手工领域扩展到所有行业

随着现代化机器大生产对传统手工业的取代,传统工匠逐渐退出了人们的视野,但这并不意味着工匠精神已经过时,这种对工作精益求精、追求

完美与极致的精神品质在今天的社会中仍然具有重要价值。不管是在发达国家还是在中国,"工匠精神"已经不仅限于传统手工业、劳动密集型产业。钢铁、汽车、集成电路、航空航天、生物技术等资本与技术密集型产业的飞速发展,造就了新的工匠技能。制造业与服务业的融合发展也离不开工匠精神。不管是农业、工业、服务业还是新兴产业都在提倡崇尚工匠精神的工作哲学。

2. 从生产方式上看,传统工匠的手工作坊已转向大机器生产下的价值链分工

在传统手工业领域,产品往往是手工生产而非机器制造,产品从设计、生产、质检再到销售等环节往往都由工匠独自或师徒合作完成。和传统工匠不同,新时代工匠的生产方式往往是大机器生产,承担的工作只是众多工序中的一个。工业 4.0 不只是要建设智能车间、智能工厂,更是要以此为基础,以工业互联网为载体,构建一个智能产品、智能制造和智能服务并存,大中小制造企业协同,平台企业、软硬件服务商共同支撑的制造业生态系统。在这个系统中每一道工艺流程都是经过反复实践提炼出来的必要环节,不同环节的衔接有着严苛的规定。虽然现代工匠只是负责产业链、价值链中的某一个工序和环节,但他们并不是像流水线上的工人那样进行机械化的操作,更多的是保证所负责工序的执行质量,避免下一个工序产生连锁反应,以致对整个产品的品质造成影响。

3. 从供需关系看,传统工匠重视供给,现代工匠更重视需求

过去,产品基本上处于短缺状态,往往是工厂生产什么,人们就用什么,企业重视的是通过标准化、大批量的生产来降低产品成本。传统工匠的主要任务是把产品做好。现在,传统的高效、大规模批量生产已经不能满足市场的需求了。中国特色社会主义进入新时代,我国社会的主要矛盾已经转化为人民日益增长的美好生活需要和不平衡不充分的发展之间的矛盾。人们的消费观念以及消费水平都在不断升级,很多时候,人们愿意为了更加人性化、智能化,更能符合个人审美的产品支付更多的金钱。将来是人们需要什么,工厂就能生产什么,每一个产品都是量身定制的。

在工业 4.0 时代,科学技术飞速发展,人们的生活方式、价值观念等都有了极大的转变,对于生活质量的要求也有了进一步提升,因此对产品也提出了新的要求。制造业企业就要根据消费者的需求进行全新的设计,实现产品的创新。德国工业 4.0 战略的实质是通过智能制造满足消费者的个性

化需求,并实现人类社会的可持续发展。在工业 4.0 时代,产品所赋予的并不仅仅是其使用功能,更重要的是通过生产创新产品来实现全人类的生产生活的巨大变革。

在工业 4.0 时代,产品完全是按照用户的需求定制出来的,每个产品都是独一无二的,其所展示的独具匠心的设计、纯熟精湛的技艺以及专属的设计理念都让人心驰神往。升级的消费需求要求企业更加笃实专注,追求精益思维,专注深耕自身的特长领域,十年磨一剑。专注于细分产品市场的创新、追求品质、重视质量的意识也成为工匠精神的重要组成部分。工匠精神既涵盖了"以人为本"的理念,又契合了供给侧改革的需要,对于产品制造,不管是高品质的内在、精致优美的外观,还是安全可靠的使用感受,处处都体现了为用户着想的原则。

4. 从知识体系上看,传统工匠主要依靠经验,现代工匠更重视科学技术

传统工匠的高超技艺往往具有经验性,技术传承往往通过家传或世袭或学徒实现。现代制造业的趋势是机器大生产。智能制造离不开科学技术的进步。手工业时代的工匠所追求的精益求精靠的是不计成本地投入心血。现代工匠既追求精益求精,也讲求提升效率,更多的是靠技术上不断突破。现代工匠不仅要具有卓越的技术,还要对产品的材质、工艺、检测等具有系统性的科学认知,并能把知识与不断进步的技能有机结合。"互联网+"时代的智能制造,既是制造也是创造,不掌握一定的科学知识就无法实现从制造向创造的转变。基本的科学知识和高超的技能相互促进,相互转化,已经成为现代工匠的一个基本特征。随着工业机器人等智能化自动设备的出现,一些原本由人从事的重复性工作将转由智能机器完成。企业需要的是更多高端人才,比如数据科学、软件开发、硬件工程、测试、运营及营销等方面的专业人才。

5. 从个人素质上看,传统工匠偏向体力劳动,现代工匠更注重综合素质

前工业时期,在机械化不发达的情况下,工匠精神主要体现在对某一门手艺的熟练掌握上。在工业 4.0 时代,产业链将被分工、重组。在智能制造过程中,从接到客户订单,到根据订单数据选择原材料、原材料被运送到工厂、分配到相应的生产线、进行生产制作、入库、运送到指定地点等一系列制造环节,都由智能设备来完成,人的很多作用将逐渐被智能机器所取代。但人的作用并没有在整个生产制造环节中消失,而是转向了创新和问题的解

决、管理、决策等方面,更加注重的是保证机器更好地为生产服务,带来更大的业务增值等。例如全自动化的工厂仍然需要员工负责编程、监测和设备维护工作。

6.从理念上看,不再局限于技艺的提升,更重视绿色生产、高质量发展

当今的经济发展正处于由过去的高速增长转为高质量增长的阶段。在过去中国粗放型的增长模式下,制造业处在产业链的中低端,生产加工出的产品基本上都是劳动密集型产品,往往是高投入,再加上理念上片面追求经济效益,忽视生产过程对环境造成的负面影响,消耗了大量不可再生能源和资源,还付出了环境污染的沉痛代价。如今人们已意识到如果绿色生产做不到位,会危害到消费者和生产者的健康,因此越来越注重对生态环境的保护,越来越注重在绿色制造方面的技术创新。人们致力于在生产的各个环节通过技术创新降低物耗、能耗、水耗及污染物的排放,提高再生资源回收利用率、工业固体废弃物综合利用率,提升清洁生产水平。

(四)工业 4.0 背景下工匠精神的新要求

工业 4.0 的智能制造技术,将传统手工业的灵活精细与传统工业化的生产效率结合在一起。工厂可以用生产大批量标准化产品的规模来制造小批量、多种类、多批次的个性化产品,在把产品做精、做细、做出特色的同时,保持足够的规模效益。也就是说,传统工匠精神所倡导的专注、严谨、精益求精、追求完美等品格在先进技术的支持下将被提升到一个新境界。

除了传统工匠精神所倡导的精神内涵之外,工业 4.0 往往融合多种技术、跨越多个领域。机器替代人的体力劳动,人力劳动在智能制造中更多地从事计划、协调、创新和决策等工作。这对工匠精神的要求越来越高,因而复合型人才将是工业 4.0 时代的主要需求。工业 4.0 背景下的工匠精神还应注入符合新时代的新内涵。

1.高技能

工业 4.0 催生新的产业生态,需要的是适应时代发展及技术创新要求的高技能人才。工匠精神需要以过硬的技能作为基础。劳动力想要迎接变革,必须具备相应的资质和技能。高技能意味着精湛的技能、良好的理论、专业的技术素养和管理能力。

传统工业生产中的人才通常是劳动型的技术人才,主要从事生产制造。

在工业 4.0 时代,机械设备越来越智能化,还有了操作机器人,智能化贯穿企业生产制造的研发、生产、销售、服务全流程,人在生产过程中从操作者转变为管理者、规划者、决策者、协调者或者评估者。现代工匠的职责更多的是对联网的机器进行编程和维护,并且在机器发生故障时实施维修使之恢复正常;对模块化生产单元进行部署,使其能够各司其职、紧密配合;对智能制造方案进行设计规划;等等。工业 4.0 背景下的工匠要具备广泛的 IT 知识和网络安全能力、数据报告能力、根本原因分析能力、问题解决能力、全面的流程理解能力等跨学科和跨职能的技能。

粗放型的管理是无法实现精细化制造的。工业 4.0 需要人们不断优化生产的框架结构、智能制造方案、规章条款等,对人们的管理水平和管理能力提出了更高的要求。管理者必须管理、使用好企业的各类人才,以管理技术的提升带动生产效率的提升,应对技术创新所带来的管理创新。管理者要有善于统筹兼顾的协调平衡能力,使各个要素之间相互配合和促进,抓紧各个关键环节,解决主要矛盾,围绕工作中心,安排好其他方面,处理好次要矛盾。这就对管理者的各方面素质提出了极高的要求,如拥有过人的机智、独到的眼光、清醒的头脑,在遇到问题的时候能够独立自主、迅速敏捷地做出果断的决策。

2. 新思维

信息技术向制造业的渗透和融合,带来了品质、效率、环保等方面的重大变革,催生了新技术、新产品、新业态、新模式,给制造业带来了更多的灵活性和想象空间。智能制造可以说是一个多样化、充满想象和具有颠覆性的新世界,为人类带来了新的思维。在这个时代,制造业企业需要的人才必须具备系统思维、互联网思维、前瞻性思维和创新思维等。

虽然在信息化时代机械化生产可以逐渐取代人的体力劳动,但机械的设计者、操作者、维护者始终是人。面对越来越复杂的情境,单一的、光凭经验的思维方式是不够的,还需要更广泛的、更具探索性的思维方式,要突破一成不变的思维定式:要以不同于常人的眼光来观察生活,发现大家没意识到的东西,抓住创新点;不仅要"知其然",更要"知其所以然",知道操作背后的原理,这样才能妥善地处理问题;要立足长远,不能只顾眼前利益,否则会阻碍企业的发展;要有绿色意识,在生产制造过程中,以高效、优质的经济效益和资源节约、环境友好、安全健康的社会效益为优先目标,绝不以牺牲生态环境为代价换取一时的经济增长。

3.学习精神

当今时代,社会发展日新月异,几乎每一秒都会有新技术新产品出现。智能制造是一项庞大的系统工程,涉及网络技术、工厂车间、产品物流、产品设计服务等各个层面,特别是近年来人工智能、大数据、5G 通信等新兴技术的加速融入,使制造系统变得复杂而庞大。在这样的形势下,一个好的匠人不但要懂得继承和传承,更要懂得学习和创新。通过保持终身学习的心态、见证层出不穷的新事物、吸收不断升级的新知识来完善自身的知识体系,唯有这样才不会被时代淘汰。互联网的兴起,使得我们可以借助发达的搜索工具收集到更多的资料,学习更多的新知识。工业 4.0 背景下的工匠需要有自主能动性,自主学习、持续改善成为其自发自觉的行为。

4.创新精神

创新是有利于人类发展的突破性创造,随着技术发展的日新月异,人们永远不知道明天会被哪个微小的创意颠覆生活。创新意识可以说是工匠精神中最闪亮的明珠。只有富有创新精神的工匠才能在新事物尚未萌发的时候洞察到其发展潜力和未来的价值,催生新的技术和产品。创新是每个工匠用心钻研工作的必然思考,也是探索工作如何取得最好成效的必经之路。在当今社会,无论从事什么工作,没有创新,就只会是一个因循守旧的“工匠”,永远不会进步。

在工业 4.0 时代,消费者的需求日益个性化和品质化,没有创意的制造业将会失去生命力,创新意识和创新能力是工匠精神不可缺少的要素,两院院士、“两弹一星”元勋王大珩曾表示,各行业的各生产环节的劳动者最有条件、有能力以创新破解所面对的技术难题,成为推动物质生产全过程、全方位的原动力。这种发轫于全体劳动者的创新原动力,是未来我国先进生产力的基础和重要构成。工业 4.0 需要的是具有创新意识和创新能力的人才。

5.协作精神

在工业 4.0 时代,竞争不再是单兵作战,必须依靠整个团队。协作精神成为工匠精神中至关重要的元素。拥有不同技能的工匠在一起资源共享、技能互补,确保每个环节无缝对接,可以节约时间和投入,减少失误和风险。在这个过程中,沟通是必不可少的重要环节,畅通的沟通渠道、适宜的信息交流能够让成员之间产生思想的碰撞、创新的火花,工作才更容易出成效。

协作精神指的不仅是人与人的协作,还有人与智能机器的协作。尽管高度自动化基础上的人机交互有望改善工作环境,创造出大量新岗位,但也常被视为对人类自身工作机会的威胁。我们要认识到人机协作共进的价值。智能机器能够快速、准确地完成重复性工作,帮助员工提高工作效率,解放人类的双手,使劳动力可以高质量、安全地进行智能设计、运作、维护,或者更专注于有趣、安全的工作,并且实时获取数据。人类的判断力、创造力、想象力和抽象思维能力可以有效弥补机器的不足。劳动力加强与机器的协作能够提高生产力,改善企业的运营效率,加强价值链可视性、安全性以及风险管理。工业 4.0 不是简单的"机器换人",而是充分利用人的创意和机器的稳定性,把人和机器各自的优势发挥到极致,通过人机协作打造一个美好和谐的工业环境。

二、社会主义核心价值观视域下的工匠精神

(一)社会主义核心价值观的形成及提出

恩格斯曾强调:"每一个时代的理论思维,包括我们这个时代的理论思维,都是一种历史的产物,它在不同的时代具有完全不同的形式,同时具有完全不同的内容。"社会主义核心价值观的形成与提出源于我国发展的一定历史时期,契合中国现阶段经济、政治及文化等的发展状况。一方面其来源于我国五千年深厚传统文化的积累和沉淀;另一方面其得益于中国特色社会主义新时代取得的历史性成就。中国共产党领导中国人民进入中国特色社会主义新时代,带领中国人民从胜利不断走向新的胜利,在改革和发展的路程上,始终坚持为人民谋幸福,但是随着国内外环境的持续变化,我们面临着多种困难和压力。第一,始终坚持为人民服务是由我国的国家性质决定的,向人民负责是中国共产党坚守的理想信念。因此,国家既要肩负起经济发展、提高人民生活水平的重担,又要肩负起人民的思想和精神文化建设的担子,达到物质文明和精神文明双提升。第二,全面深化改革加快了我国经济的全球化进程,国家的大门越开越大,外来思维方式和价值观随之涌入,人民的思维方式和价值观也在悄然发生着变化,一些中华优秀传统文化在人民的认知和理想信念中不断被冲击、淡化,而享乐主义、娱乐至上等不

积极的价值观开始侵蚀人们的思想和内心，带来了社会风气的转变，出现了价值扭曲等情况。在伟大复兴中国梦的引领下，要能够持续推进党和人民的进步，就要在这样的状况下做出必要的改变，以应对国内外环境的变化。在坚持和弘扬中华民族优秀传统文化的基础上，要结合新时代中国特色社会主义的具体内容，整理、融合出一套符合中国人民需求的且具有鲜明中国特色的社会主义核心价值体系。在经过实践经验和升华总结、理论总结提升的基础上，社会主义核心价值体系在党的十六届六中全会上提出，其具有理论性、指导性的重要意义 。

为了使全国人民能够更加清楚、明了、深刻地认识这一价值观的重要内容，2013 年 12 月发布的《关于培育和践行社会主义核心价值观的意见》按照一定的标准将其主要内容从一个角度的三个不同层面进行了合理而科学的划分。其中，将"富强、民主、文明、和谐"这四个词划分为国家层面的意志价值目标与要求；将"自由、平等、公正、法治"这四个词划分为社会层面的价值目标与要求；将"爱国、敬业、诚信、友善"这四个词划分为个人层面的价值目标与要求。总之，社会主义核心价值观是我们不断追求的中国精神的集中体现，它的提出对国家的发展、社会的稳定、公民的价值培养具有重要意义，为党和全国各族人民无论是在工作上，还是在日常生活中都提供了明朗而正确的道路方向，是全人民高度认可的、努力追求的价值目标。因此，我们要坚持党的领导，在渴望求知和上进的道路上，努力学习和积极弘扬与培育社会主义核心价值观，为推进伟大事业、实现伟大梦想而共同努力。

(二)社会主义核心价值观的基本内涵

党的十八大报告明确指出："倡导富强、民主、文明、和谐，倡导自由、平等、公正、法治，倡导爱国、敬业、诚信、友善，积极培育和践行社会主义核心价值观。"

"富强、民主、文明、和谐"作为社会主义核心价值观内容的重要组成部分，被置于三个层次中最高的一层，它所追求的价值目标是从国家层面出发的，是我们共同追求的价值目标和对未来美好生活的期盼。其中，富强是指国家足够富裕和强大，是我们追求经济方面的整体价值目标。我们要通过经济的发展，壮大国家的力量、缩小贫富的差距，实现美丽的梦想。民主是人民的权利，是国家的制度，也是国家性质的具体体现。它能够让人民实现按照自己的意愿选择自己的生活的愿望，能够帮助人民在社会中真正实现人民当家做主。自中华人民共和国成立以来,我国就有许多能够充分体现民主这一重要内容的国家政策与制度,为实现人民当家做主的愿望提供了重要的政治保证。文明是我国社会不断进步在文化方面展示出的一种状态,是社会主义核心价值观的一个重要范畴。我们要在社会主义精神文明建设中,在继承优秀传统文化的基础上发展先进文化,在先进文化的传承中培养新时代的四有新人,更好地传承与发展中国文化和中华文明。和谐是社会主义核心价值观中的重要内容,是全社会和全体人民共同追求的价值目标。西周末期的思想家史伯曾说:"夫和实生物,同则不继。"我们应当秉持和而不同的理念,始终将和谐作为中国特色社会主义建设中的一个重要目标。

"自由、平等、公正、法治"作为社会主义核心价值观内容的重要组成部分,被置于三个层次中的中间一层。它所追求的价值目标是从社会层面出发的,是社会不断发展和进步的需要,是一种对社会秩序的深刻表达与基本要求。其中,自由是指在尊重他人、不违规违法的前提要求下,人们能够自由自愿地表达自己的思想,发表自己的言论,支配自己的行为。这是人的一种最高本质,也是人行使的最基本的权利。平等是人们生存在社会中要求社会给予自己的最基本的待遇,是每个人内心深处的基本诉求。因为尽管我们的出身、职业等不同,但是人人生而平等是我们每个人最基本的需求,是我们每个人最基本的权利。公正是偏心、偏袒的反义词,是指人们在获取某些机会、行使某些权利时受到不偏不倚的待遇。它的妥善处理有利于协调社会利益关系,解决社会内部矛盾,维护个人合法权益。因此,人们有权要求公平正义的待遇,国家也有义务满足人们对公平正义的要求。法治是指用明文规定的法律制度进行国家治理、管理国家事务、维护社会秩序、规范人民行为、保障人民权利。它的建立与完善有利于维护社会秩序,有利于实现国家的长治久安,是一个法治国家的灵魂。

被置于三个层次中的第三层的是"爱国、敬业、诚信、友善"。作为社会主义核心价值观内容的重要组成部分,它所追求的价值目标是从个人层面出发的,体现了个人生存与发展所需要的基本道德品质的要求。爱国是热爱自己祖国的一种情感表达,是对自己祖国的一片真诚的赤子之心,是加强民族团结、凝聚人民力量、促进人民团结奋斗的一面旗帜。在不同的时代爱国的定义有所不同。在战乱时期,保卫祖国、抵御外敌是爱国;在和平时代,做好每一件事、为祖国发展贡献自己的力量是爱国。敬业是指热爱自己的工作,坚守自己的岗位,是公民在职业生涯中首要遵循的职业行为准则,是选择干一行、热爱一行、钻一行、精一行精神的具体体现,是人民在劳动工作过程中所体现的一种积极的、向上的工作态度,是实现人民幸福、赢得社会尊重、增强国家力量的重要精神支撑。诚信是指做人要有诚实守信的道德品质,不能够有谎言、欺骗,要信守自己的承诺,要言出必行、言行一致。它是我们中华民族几千年来一直坚守和传承的美德,是中国思想道德建设的基石,在社会主义道德建设中具有不可替代的重要作用。友善是指能够友好善意地对待自己身边的人,例如家人、朋友、同事、邻里,它是一种良好的、和谐的人际关系,能够友好善意地对待我们身边的一草一木、一人一事,能够实现相互帮助、相互尊重的良好社会关系。

(三)社会主义核心价值观与当代工匠精神的关系

1.社会主义核心价值观是工匠精神形成的动力来源

一种精神的传承与发展,一方面是因为这种精神具有丰富的内涵、重要的价值、独特的魅力,另一方面要依靠先进文化与正确价值观对其加以不断引导、支撑与推动。如今被党和人民高度认可的、具有科学性和先进性的社会主义核心价值观已然是引领人们树立正确的世界观、人生观和价值观的一面旗帜和航标。它作为构筑中国精神的重要支撑,作为我们进行价值判断和价值选择的重要依据,对实现国家未来的美好期盼,加快社会不断进步的步伐,引导人的思维方向与判断选择,具有重要的作用。它是人们行为方向的指南针,是推动社会进步发展的方向标,它的弘扬一定程度上影响着一个国家的繁荣昌盛。工匠精神在新时代被赋予了更加丰富和广泛的内涵。我们发现工匠精神不仅仅是一种执着、专注、细致、严谨、创新、精益求精的优良工作精神,更包含了丰富的、伟大的爱国主义情感,展现了热爱劳动、敬业、精业的职业精神,彰显了诚实守信、与人友善的个人魅力,体现了脚踏实地追求创新的时代精神。它与社会主义核心价值观中的内容高度契合。因此,工匠精神作为我们凝神聚力的精神载体和价值追求,在社会中发挥着重要的引领作用,像是一只带有光芒的、集聚了强大能量的手,既为我们指明了方向,又为我们提供了动力。

这一动力具体来源于以下几个方面。一方面,社会主义核心价值观的重要内容在国家层面为我们设定了追求国家繁荣富强、民主政治、文明进步和和谐幸福的总目标,而这一总目标的实现需要社会主义核心价值观为我们照亮前行的道路,指引前行的方向。工匠精神是现下我们急需培育和弘扬的重要精神,它有利于净化社会不良风气,树立社会良好风尚,在为个人成长指引方向的同时,承载着社会进步和国家强大的精神动力。为了能够更好地培育和弘扬工匠精神,我们必须紧跟时代主流价值观的发展步伐,因为对国家的美好期盼,同样也是培育工匠精神的初衷。另一方面,社会主义核心价值观的重要内容在社会层面向我们提出了共建一个自由平等、公平法制的美好社会的基本要求。近几年,在国家的号召下,在社会主义核心价值观的引领下,我国在建设自由社会、法制社会、平等社会和公平社会等方面取得了不少的成就。这就为工匠精神的培育提供了一个自由、平等的空间,以及一个公平、正义的发展环境。再一方面,社会主义核心价值观的重要内容在个人层面对人的价值底线、道德规范提出了基本的要求,要求我们做一个具有热爱国家、勤劳敬业、诚实守信和团结友善精神的有素质的公民。社会主义核心价值观这样明确的、严格的、具体的要求指引,为工匠精神的培育奠定了坚实的、丰富的思想基础,给予了我们不竭的、强大的精神动力。

2. 工匠精神引领社会良好风尚的形成

由于经济发展、社会转型的需要,我国实施了"走出去、引进来"的战略。在此过程中,各种社会思潮相互交流、交织、交融,人们的世界观和价值观呈现出多元化的态势,社会上出现了一些追求不劳而获、唯利是图、崇尚金钱与利益的不正之风。执着、专注、严谨、细致、创新、追求完美、精益求精的工匠精神像一股清风,拨云见日,净化空气,有利于形成良好的社会风尚。

(1)工匠精神有利于爱国风尚的形成

中国梦的实现离不开社会中每个人对自己祖国美好未来的期盼和付出。特别是当前中国处于社会转型的关键时期,需要人才和精神的支撑来实现我们的伟大梦想。工匠精神包含执着、专注、细致、创新与精益求精的精神,它有利于培养人们在社会中奋发向上、砥砺图强、报效祖国的爱国主义情感。一方面工匠精神的具体内容是对中国传统爱国主义内容的延展,坚持执着、专注、细致、创新、精益求精的精神不仅体现了对自己工作的要求,更是为祖国事业拼搏发展、努力奋斗的要求。另一方面工匠精神的培育内容是我国爱国主义教育内容的重要组成部分,我国所倡导的爱国主义教育就包含了热爱劳动、艰苦奋斗、勤劳敬业等相关内容。工匠精神的培育有利于帮助人们树立正确的价值观和工作观,能在个人利益与国家和人民的利益发生冲突时让人们做出正确的、理性的选择，能让人始终秉持艰苦奋斗的工作信念，用自己的聪明才智和劳动成果为祖国添彩。

（2）工匠精神有利于敬业风尚的形成

随着社会的转型，经济、文化、政治的发展需要，我们与世界的联系加强了，但是任何事情都具有两面性，在与世界文化交流的过程中，人们的价值观发生了改变。有些人陷入了金钱主义、享乐主义的漩涡，不愿意再兢兢业业工作，一味追求短期的经济回报，敬业精神开始被社会中的不良风气所消蚀。工匠精神的培育有利于让人们在社会中重新积极地投入自己的工作中，坚持勤奋，继续努力，在要求最好的同时追求更好，帮助人们重新树立热爱劳动、敬业精业精神的社会风尚。

（3）工匠精神有利于诚信风尚的形成

产品的质量不过关，却贴着合格的标签；用料廉价，做工普通，却大喊这是物美价廉；为了赶工时，产品质量缺失，却声称每一件产品堪称完美。这样的自说自话、"王婆卖瓜"的现象在当今的社会已经屡见不鲜。这并不会给大家带来实惠，反而在时间的积累下，会对大家造成伤害，商户企业因质量问题经营不善而倒闭，人民的生活因为这些粗制滥造的产品而导致生活质量下降。

生产出价格合理、质量有保证的产品，推动企业快速发展，为我国实现制造强国的梦想又拉近了距离，实现工作者对自己、对企业、对祖国的诚信。

（4）工匠精神有利于友善风尚的形成

经济利益优先，唯利是图的诱导，让人们似乎忘记了什么是与人为善，什么是和蔼可亲，什么是大家好才是真的好。大家似乎都在为获得快速的利益回报，争分夺秒地与对手竞争，虽然说有竞争才会有进步，但是也不能完全将团结协作抛之脑后。因为失去了原本的友善，不能精诚合作，就是失去了团结带来的力量，人们的生存与发展也会多一份潜在的危机。况且人们的美好生活不仅是从物质生活中获得乐趣，也需要团结互助，相亲相爱的氛围。工匠精神的培育，使得我们在工作中既是对手、又是朋友，相互分享、相互帮助，有助于人们更好地完成自己的工作，减少自己与同事和领导之间的摩擦，使得工作的气氛融洽。更有助于提高人们的消费、生活水平，增强人与人之间的信任。

(5)工匠精神促进个人自我价值的实现

动机是能够促进个人不断成长与发展的一种内在力量,这种力量不是由一种需求组成的,它是由多个不同性质的需求共同组成的。马斯洛曾在他的需求层次理论中将人的需求按照一定的层次和标准进行了划分。其中生理需求被划分为人的最低层次需求,自我实现需求被划分为人的最高层次需求。也就是人在满足自己的基本需求后,才能够在此基础上,通过不断地提高自己,将个人的能力发挥到极致,追求最高的理想和愿望,最终满足个人价值的自我实现。工匠精神有利于将人的需求由低到高层层推进,从而满足个人生存的需要,实现个人的职业认同和提升个人的社会价值。人生价值包括以社会对个人需要的满足程度为评判标准的自我价值和以个人对社会的贡献程度为评价的社会价值。而人的社会性本质决定了在评价一个人的人生价值时,主要看其社会价值。新时代下的工匠精神经过历史的洗礼,充分地吸纳了传统工匠文化中的第一性要素,以敬业为前提、精业为核心、奉献为取向,内在地包含着对人们道德修养、职业素质等方面的要求。因此,工匠精神的培育,有利于正确引导人们的价值观,激发自己的潜能,在提高人们工作能力的同时,提升人们的职业素养,从而促进个人社会价值的实现。

3.工匠精神与社会主义核心价值观相辅相成

从工匠精神中所体现出的丰富内涵和重要内容看,它与社会主义核心价值观的丰富内涵和重要内容所体现出的价值追求在多方面高度契合,两者之间有着相互促进、共同发展、相辅相成的密切关系。

一方面,社会主义核心价值观是工匠精神的思想基础和价值根基。在此基础上人们更加容易理解工匠精神是以国家利益为重的爱国精神,是执着专注、精益求精的敬业精神,是说一不二的诚信精神,是共同分享、共同进步的友善精神。也就是说,从工匠精神的内涵解读来看,工匠精神更像是对社会主义核心价值观的个人层面内容的细化与升华,它的形成、产生及培育都与社会主义核心价值观息息相关。而社会主义核心价值观作为现阶段党和人民共同追求的价值目标,拥有一套完整的理论体系,这对工匠精神的培育具有重要作用,它为工匠精神的培育提出了总的目标要求,提供了良好的社会环境和更加丰富的内容。

另一方面,工匠精神的培育同样对社会主义核心价值观的培育与践行具有促进作用。在时代的强烈呼吁下,工匠精神的培育在全社会快速展开,并取得了一定的成效。它的培育与弘扬让我们看到了一批又一批的敬业匠人,他们肩负着祖国发展的重担,执着专注于自己的工作,不辞辛苦、日夜辛劳,奋斗在建设祖国事业的第一线。让我们看到了更多的人拥有执着、专注、严谨的敬业精神,看到了他们日夜辛劳、不为经济利益、无私奉献的爱国情怀,看到他们乐于分享自己的成功经验,看到他们兑现质量第一的承诺与保证。这样一幕幕动人的场景,更是让我们看到了实现中国梦的希望。所以,我们为了祖国的发展必须积极开展工匠精神的培育工作。因为工匠精神向我们展示的爱国主义情怀,向我们展示的敬业、精业、奉献精神,向我们展示的诚信友善精神,恰恰是社会主义核心价值观的精神追求。而基于工匠精神的培育成果努力实现的繁荣富强、质量品质、幸福和谐,恰恰也是社会主义核心价值观所追求的目标。

三、新时代工匠精神培育的现状分析和培育目标

新时代工匠精神培育对国家发展、社会进步和劳动者个人发展都起着非常重要的作用。新时代伟大复兴中国梦的实现离不开当前劳动者的努力奋斗,劳动者是中国特色社会主义事业的重要建设者。近几年国家在政策方面进行了积极引导,拍摄了《大国工匠》系列宣传片,学校也从专业课和思政课程入手,让即将步入劳动岗位的学生意识到工匠精神的重要性,劳动者工匠精神培育取得了一些成效。但是培育效果还不太理想,还存在一些不足之处,需要我们去完善。

(一)新时代工匠精神培育取得的成效

1.国家对工匠精神培养的重视程度不断提高

党和国家高度重视劳动者工匠精神的培育工作。习近平总书记多次强调了技能型人才培养和大学生创新创业工作的重要性并做出相关指示。党的十九大明确指出,要致力于培养知识型、技能型、创新型的高素质劳动者,以劳模精神和工匠精神引领社会风尚,形成精益求精的敬业风气。2015年5月19日,国务院正式印发《中国制造2025》。文件明确了我国实现强国目标的十年行动引领,要想在2025年实现国家制造强国的战略目标,我们就需要在全社会普及并进行工匠精神的培养。2016年3月5日,李克强总理

在《政府工作报告》中正式提出"工匠精神",将工匠精神首次提升到国家战略层面;2017 年 3 月 5 日,李克强总理再次强调要大力弘扬工匠精神,厚植工匠文化,恪尽职业操守,崇尚精益求精,培育众多"中国工匠",打造更多享誉世界的"中国品牌",推动中国经济进入质量时代。

新时代工匠精神的培育不论对于国家还是劳动者自身都是十分重要的。在当前全面深化改革开放的推进过程中,工匠精神的作用也越来越突出,尤其是对于中国的品牌塑造、创新创业、经济转型都具有直接的影响。对于劳动者工匠精神的培育,习近平总书记明确对青年劳动者的成长成才提出了一系列富有创见的新思想新观点新论断新要求。青年的价值取向决定了未来整个社会的价值取向,正确的价值观起着积极的导向作用,劳动者树立工匠精神能够为实现"两个一百年"的奋斗目标、实现中华民族伟大复兴的中国梦提供强大的智力保障和人才资源。

2.社会推崇匠人匠心榜样的风尚正逐步形成

不同的时代会有不同的社会文化,新时代工匠精神的培育离不开时代环境,要营造推崇工匠精神的社会环境。社会即学校,生活即教育。当下,社会环境正在潜移默化地影响着劳动者的思想和行为。综艺节目和短视频是近几年舆论界的热点,"工匠精神"这几个字多次受到政府的强调,是国家发展的重点战略,各类以"工匠精神"为主题的综艺节目和短视频也如雨后春笋般出现。《大国工匠》第六季《大国工匠·创造力》向社会展示了一群国家科技行业的顶级技工。三百六十行,行行出状元,虽然他们没有接受过正规的高等教育,但是他们凭借着自己高超的技艺、精益求精的工匠精神,掌握了行业内部最顶尖的技术,成为极具社会价值的劳动创造者。节目通过报道他们在追逐梦想时的各种经历,让观众更加深刻地感受到普通劳动者的匠人精神和劳动之美。纪实体验类节目《百心百匠》《非凡匠心》则把目光聚焦于传统工艺精品和国粹精石匠等传统制造业的手艺人。我们可以透过节目感受到手艺人对行业的那一份执着的热爱和钻研精神。我们在积极探索劳动者的工匠精神的同时也应该积极探索工匠精神与其他优秀民族精神、社会主义核心价值观、我国思想政治教育的具体联系,注重事物发展之间的整体性和联系性,完善工匠精神培育的范围,更好地推动工匠精神培育工作的开展。

3.劳动者的工匠精神培育意识有所增强

工匠精神是一种无形的极具感染效果的精神力量,这种精神力量的形成受许多因素的影响,其中各行各业的劳动者的主观因素是最重要、最关键的影响因素。经过国家和社会对工匠精神的大力宣传,劳动者本身也意识到要想把工作做精做透就必须弘扬工匠精神。一部分劳动者在学习、工作中树立了正确、科学的职业观,对未来的职业岗位心存敬意,看重岗位所代表的意义和价值,做到了自我价值和社会价值的统一。例如浙江省劳模、建德市天羽茶叶有限公司负责人欧阳立明以传承"建德苞茶"品牌为己任,采用"公司＋基地＋专业合作社＋农户"的运营模式,带动周边茶农共同致富。敬业精神和职业责任感,在工作过程中刻苦上进的钻研精神都是工匠精神的内容。在正确职业观的指引下,大学生们根据学业任务自觉制订学习计划和学习目标,这种有学习目标和学习规划的行为非常利于大学生职业素养和职业精神的养成,也利于大学生向社会工作者的身份转换,满足社会工作的岗位要求。工匠精神的培育是一项长期而又艰巨的系统工程,一些劳动者在学习过程中有挑战精神,面对工作上的困难迎难而上,越挫越勇,在解决问题的同时也将工匠精神内化于心,深刻理解工匠精神的内涵。

(二)新时代工匠精神培育存在的问题及原因分析

新时代工匠精神培育虽然已经取得了良好的成效,但是要达到既定的目标还要进一步推进。在劳动者工匠精神培育的具体工作中还存在各种问题,找到问题所在,对新时代工匠精神的培育工作顺利开展很有必要。

1. 工匠精神培育内容有待丰富

新时代工匠精神培育是一个系统化、理论化与实践结合的过程。在国家层面上,培育政策文件较多,在具体实践过程中还需要细化,具体问题具体分析。在学校层面上,工匠精神培育更多是集中在高校。由于部分高校对自己的培养目标、办学导向定位不准确,只强调人才的培育与企业的需要保持协调同步,导致它们在管理模式等方面呈现出明显的僵化特征,缺乏时代性和创新性,而这与国家强调的培育"工匠型"技能人才要求相去甚远,成为制约我国职业教育教学质量和职业教育事业发展的关键性要素。高校主要通过思想政治理论课来进行工匠精神的培育,但是在课程中也只有在职业道德教育专题中涉及少部分内容,引导学生对学习一丝不苟的态度,对职业认真负责的意识,而并没有具体针对工匠精神培育相关的内容,培育内容不够丰富。有些高校还没有专门的研究工匠精神的机构,还有些高校对劳动者工匠精神的培养课程主要有"职业生涯规划"和"劳动者就业发展指导",从职业发展的角度引导学生树立争取的职业观,很难深入具体讲解工匠精神,由此可见高校培育内容不够丰富。

在企业层面上,工匠精神作为一种文化软实力要在企业文化中体现出来,类似《大国工匠》等系列专题片在企业文化中还需要进一步转化。一些企业只是将培育内容停留在理论层面,创新、敬业等品格尚未通过实践激发出来,导致培育内容不够丰富,且缺乏与社会实践的结合。企业培育工匠精神,需要与学校进行合作,培养能够对接企业需求的人才。校企合作需要系统化的职业精神教育、创新精神教育、工匠精神历史文化知识、思想道德教育等众多教育内容和学科相融合,这也是目前工匠精神培育工作内容所欠缺的;就社会环境而言,拜金主义、享乐主义和个人主义的思潮仍然是某些人的错误价值导向,需要加以引导。社会主义核心价值观是当今时代所倡导的,里面涉及了一部分爱岗敬业的内容,但是没有针对劳动者提出具体措施,没有对敬业意识、创新教育、精益求精等相关内容具体展开,没有形成完整的工匠精神文化。

2. 工匠精神的培育体系建构还需完善

新时代背景下,我国工匠精神的培育体系还不完善,企业、高校与劳动者都需要完善的培育体系。从社会大环境来看,市场经济是一把双刃剑。目前一些技术人员薪资低、地位低,市场上假冒伪劣产品、山寨产品层出不穷,劳动者的职业得不到尊重与重视,认为职业教育是低层次的教育,职业教育培养出来的人才是低层次人才。职业院校学生面临就业选择时,虽然说就业率很高,但是在就业单位和岗位的选择上,大部分都是一些中小企业,或者是一些技术含量低的岗位。与之相比,重点院校的毕业生,可以跻身于大型公司甚至世界五百强企业。以学历判高低似乎成为我国的一种"工匠文化"。就业体制不够完善,相关的法律法规不够完善,缺少法律的武器来保障劳动者的合法权益,会淹没大量富有创新意识的工匠,一些劳动者也会在这种环境背景下渐渐丢弃原有的匠人思想,最终必然会阻碍劳动者工匠精神的培育。因此,新时代培育工匠精神必须要有相应的制度来支持。

从高校工匠精神培育体系来看,工匠精神的培育多零零散散,缺少方法,不成体系,没有建立明确且完善的校园内部培育体系。一是工匠精神的培育缺少系统、科学的教材,高校工匠精神的培育大多融于部分课程的理论学习中,仅是思政类课程和职业教育课程中的部分内容。二是没有建立良好的校园文化氛围。校园文化是宣传工匠精神的重要途径之一,校园文化环境为工匠精神传播提供良好的氛围，起着潜移默化的作用，例如校徽校训对学生的影响。在实际的教学过程中，很多活动开展的形式很好，可惜影响力度不大。在校园文化宣传工匠精神方面需要进一步加大力度。三是缺乏成熟的工匠精神培育考核体系，精神培育和技能教学不同，我国现存的工匠精神培育工作尚未形成成熟的培训和考核体系，也没有规范化的工匠精神水平测试，劳动者工匠精神的培育无法真正评估，最终不利于劳动者工匠精神的培养和实践。

3.工匠精神培育方法需增加创新性

新时代的工匠精神培育是一项与时俱进的工作，培育过程中的方法要结合新时代的要求有所创新。从社会培育角度来看，社会各界都有主动担负工匠精神培养的责任，这样才能更好地适应未来社会发展的需要。目前社会对工匠精神培育的方法创新不足。虽然有《大国工匠》系列宣传片，但是主要表现在报纸、新闻、广播、纪念馆等传统宣传方式上，宣传的广度和深度都受到了限制。《大国工匠》系列宣传片一方面让我们通过镜头近距离感受到我们国家的隧道爆破工、特高压带电检修工、火箭燃料的"雕刻师"等"大国工匠"的了不起；另一方面也容易产生这样的误解：工匠精神好像只与那些制造业的工人们息息相关，别的行业不需要这样的精神。特别是有的人会认为自己以后不会从事制造业的相关工作，好像没必要培养这种精神。宣传还需要与实践相结合，将工匠精神内化，各个行业把培养工匠精神的重任，多数寄托于职业院校对学生的培育上，而忽视了企业自身对劳动者工匠精神的培育，企业培育工匠精神的方法也需要创新。

从高校培育角度来看，培育工作应与时俱进地创新培育方法。高职学生具有较强的动手能力，但对学习理论知识热情不足。如果将教学方式定位在课堂，会限制教学效果的延伸，也会使学生失去学习兴趣。目前学校对大学生开展新时代工匠精神培育的方法比较单一，主要通过高校的思想政治教育和职业道德教育进行，培育方式多以理论讲解为主，只是简单地进行理论知识讲解，考试也是对概念的剖析。这种模式并不适用于对学生工匠精神的培养，学生没有探究的积极性，缺乏对爱岗敬业、精益求精等工匠精神的深刻认识。另外，理论也没有结合具体的实践，只是通过课堂的讲授并不能将专注严谨、精益求精、追求卓越等工匠精神品质深刻细致地传授给学生，学生必须身体力行，才能感受工匠精神。原来的工匠精神培育方式缺乏与实践的结合，导致学生对相关课程缺乏兴趣，从而一定程度上影响了工匠精神培育工作的有效开展。

4.工匠精神培育效果有待加强

工匠精神培育工作虽然已经展开了,但是由于受不良因素的环境影响,目前培育的效果还不够理想。

一是一些劳动者尚未形成正确的职业观和就业观,缺乏强烈的责任感。每一名劳动者的职业价值观都与其自身的经历、兴趣、能力水平以及未来职业理想息息相关。个人的职业个性也会影响到他们的职业选择。劳动者的价值观、职业观受经济全球化和不良思潮的影响,行事风格更趋于实际,价值观呈多元化发展。具体表现在对职业素养的理解不到位,漠视职业的价值,职业敏感度较低,工作态度不端正,得过且过,功利性意识较强,缺乏爱岗敬业和脚踏实地的精神,缺乏专心致志和精益求精的执着精神,缺乏良好的团队合作和无私奉献等精神。劳动者如果自身规划能力不强且意志力较为薄弱,在选择工作时可能只愿意去选择一些高薪的职业却并不会理性分析自己能否胜任和是否适合。这必然会影响劳动者在工作中的具体表现。工匠型技能人才的培育离不开对工匠精神的灌输。国家、社会、企业和学校应找对渠道,解决劳动者身上存在的这些突出问题。

二是在工匠精神培育工作中,一些劳动者没有形成良好的学习态度,缺乏良好的学习习惯、自律能力。在具体的工作中能力不足会影响劳动者发挥主观能动性和工匠精神培育的效果。一方面,劳动者专业能力不足。劳动者受到不良因素的影响,会产生急功近利的思想,只追求实用知识,忽视素质教育。劳动者接受培训是为了应付考试,或者为了一个证书,往往是机械式和应付式的学习,这就导致劳动者专业能力不足。自控能力差的同时,又不能很好地做到知行合一,导致学业不专,本领不强,从而导致敬业、乐业观念较弱。部分劳动者沉迷于手机或电脑游戏,学习的主动性和积极性下降,少数劳动者在实际工作中与学校的专业不匹配,通过一段时间的学习之后发现自己对职业的兴趣不够而丧失对职业学习钻研的主动性。另一方面,劳动者综合素质方面能力不足。一些劳动者只重视学习成绩,忽视了工匠精神所提倡的素质教育,一些劳动者存在投机取巧、急功近利等性格特点,从而导致其各项综合能力不足。这些人普遍缺乏创新能力和精益求精、锐意进取的精神。劳动者对工匠精神的认知不足,导致其工匠精神的缺失以及对自身培育工作的失效。

三是缺少工匠精神培育的实践锻炼机会。劳动者在对工匠精神有了一定的认知之后，还需要在实践中不断地体会、理解，最终内化为自己的精神。当把认知真正落实到行为之中，要求更具体，更细致，因学习专业的不同，其实践方向也会有所差异。认识是工匠精神培育的前提，最终的落脚点还是在行为的实践之中。招聘单位对劳动者的技能要求越来越高。大学生动手实践的能力薄弱，导致的后果就是，在未来的就业大潮中，就业情况堪忧。高职院校工匠精神的培育光靠理论的灌输，对学生培育工匠精神是远远不够的，因此，在教学中增加学生实践、实训、实习的机会，无论是对大学生就业还是对其工匠精神的培育都是必需的。

四是家长对工匠精神培育的认识不足。一些家长缺乏正确的职业观，对子女的培养更侧重学业，而忽视敬业、奉献、创新、专注等品质的正确引导，导致在对子女的教育上产生偏差。

五是社会对工匠精神培育的氛围不浓。社会中缺乏敬业、诚信的文化氛围和风气，导致假冒伪劣产品的出现。受社会上崇尚娱乐氛围的影响，明星低龄化现象严重，许多年轻人的梦想是成为明星，安于享受，忽视奉献精神，缺乏敬业、创新精神。娱乐文化盛行导致学习氛围不浓，相应阻碍了对工匠精神的培育和发展。加之，工匠的社会地位普遍偏低，尤其是专业技术人员的福利待遇较低，导致学生学习劲头不足，影响了社会上学习工匠精神的氛围，造成了工匠精神的培育工作在今天阻碍重重。

(三)新时代工匠精神的培育目标

1.心怀梦想，做不忘初心的"追梦人"

所有的工匠在内心都有一个不可磨灭的梦想和目标，那就是在自己专长的领域内做得更好。工匠们不遗余力地坚持着这个梦想，将其作为人生的信仰和支柱。

新时代工匠精神要培育心怀梦想、不忘初心的"追梦人"，每一个职场中的普通员工，都要给自己定一个长远目标，并持之以恒，一步一个脚印，走出一条匠人之路。

首先，要明确自己的目标。在职场中，要想成为有价值的员工，必须明确自己的发展和工作目标，追求一个目标时，先列出一个详细的计划，想好要做什么、具体怎么做、做出什么样的成果、设定什么时间完成。其次，遇到困难不退缩。很多年轻人刚进入职场，内心充满了远大抱负，给自己列了很多目标，然而过了一段时间后，便疲于应对，甘于平庸，所以不能忘记自己最初的追梦心,在坚持梦想的过程中,往往会经历很多的磨难,很多时候一开始的目标进程并不顺利,这个时候就需要克服浮躁情绪,对目标有耐心,避免过早放弃,才能练就匠心思维。再次,把梦想当作信仰来付诸努力。从自己的兴趣和企业的发展环境和趋势出发,在工作中学会保持积极的心态,尤其要脚踏实地、从眼前的工作着手,一步一个脚印,踏踏实实地学习和历练。最后,将"工匠"二字渗透其中。很多员工之所以在一个岗位上工作了很久之后,依然没有晋升或者被认可,不是因为领导不赏识你,也不是因为别人看不到你的努力,原因在于你的意识里没有"工匠"二字,选你所爱是"匠心",爱你所选也是"匠心"。

2. 铭记责任,做爱岗敬业的"道德人"

工作是一个不断进取、不断发现问题并解决问题的过程,责任是我们对待工作的一种整体态度。在这个过程中,每个员工都应该具备积极主动的工作态度,有强烈的问题意识。不管自己的职位是什么,都要把自己当作工作的主角,对小事也要有高要求。在工匠精神视域中,任何一个员工,无论职位高低,无论做的事情大小轻重,都不该抱有侥幸、逃避心理,而应有专业、敬业和责任态度。在匠人眼里,无论是临时加派的工作,还是突如其来的工作,最好的态度就是服从,把责任扛下来,暂时放下手上不太重要的工作,去完成比较紧急的任务,即使时间再紧,也要好好工作,力求一丝不苟,尽量做到完美。

在匠人的眼中,爱岗敬业不是一种标准,也不是一个条框,而是发自内心达到的能力,不由自主就能全身心投入的状态,专心、专注,对工作负责。要想做到爱岗敬业,我们必须先杜绝敷衍了事,在工作上一心一意,脚踏实地才能走得更远。随着职场生存压力的不断加剧,越来越多的人开始加入"抱怨大军"中,可以说这是一种自我心理防卫。但对我们而言,最应该做的就是停止抱怨,找到抱怨背后的真正需求,而后解决问题,进而培养对职业的热爱,干一行,爱一行,精一行。

3. 精益求精,做追求卓越的"技术人"

在平凡的工作中,做着平凡的事情,但就是在这些平凡中,依然有不平凡的人,工匠能够把一件平凡的小事做到极致,能够日复一日坚持高标准,在发现并质疑问题之后还需要去解决问题,并且在众多方案中选择一个最佳解决方案,精益求精、细心研究、认真琢磨,才能把平凡的事情做到极致、做到非凡。要做到精益求精还需要紧盯前沿，培养良好的自我认知能力，不断突破个人瓶颈，努力去追求完美。做任何事情都一样，哪怕是有一点问题，重新来过，设法做精做好。

新时代的工匠是与效率挂钩的，而效率的来源之一恰恰就是创新。真正的匠人是不会满足于现状的，他们需要不断推陈出新。只有这样才能更有效率，也更有质量。因此培育工匠精神，劳动者也必须学会创新。劳动者要想成为新时代工匠需要有灵活多变的思维，不做搬运工，在工作中不局限于一个点，跳出固有框架，用新方式解决。在培养创新思维时，劳动者需要先去质疑，带着质疑和批判的精神看待问题，大胆提出自己的设想，然后发现合适的方案，最后解决问题，并在此基础上不断创新。只有这样，才能把工作做得更好，走得更长远。

4.合作共赢，做道技合一的"职业人"

任何工匠，即便有高超的本领，只要身在公司，身在企业，就离不开团队。工匠精神从不是一个人的战绩，所以劳动者需要有高度的团队意识，必须意识到自己身在一个"大家庭"中，做任何事情要以团队的利益为主，秉承一种团队精神，员工不仅会成为一名工匠，更会成为团队中的一名精英。一个企业的发展，不仅依靠强大的设备和专业管理人员，更需要一支高技能的职工队伍，真正的匠人对产品精益求精的同时，还能把技艺传承给后人，并且带动身边的人不断进取，使产品在市场上创造更大的效益。新时代的工匠需要德才兼备、道技合一，拥有卓越的技术是劳动者安身立命的根本，但是精神方面也要主动培育工匠精神，还需要有大德，这样才能成为真正的工匠。

第二章 内涵与机理：新时代工匠精神的价值意蕴与行动逻辑

强国梦背景下工匠精神的弘扬具有其重要的时代意义和历史价值，是提高产品质量、树立品牌形象、产业升级换代、自主创新和提升国际竞争力的根本需要。社会主义核心价值观赋予了工匠精神新的价值意蕴，是推动中华民族伟大复兴中国梦的实现和社会良好风尚的形成和发展的重要保障。新时代背景下的工匠精神具有什么价值意蕴，其又有什么样的生成逻辑，是本章要探讨的具体内容。

一、新时代工匠精神的内涵及特征

新时代工匠精神究竟具备什么样的内涵，又有哪些具体特征呢？我们先从精神的具体内涵出发，再去明确工匠精神所具有的精神特征和精神属性，从而提出工匠精神在新时代背景下的内涵与特征。

（一）新时代工匠精神的内涵

1. 精神

"精神"是一个十分复杂的概念，且具有多重含义。在《辞海》中，"精神"有 5 个方面的含义：一是指人的意识、思维、情感意志和心理状态；二是指神志、心神的集中与指向程度；三是指精力和活力；四是指神采、韵味；五是指内容实质等。① 实际上，不同学科视角对"精神"的定义也有所不同。心理

---

① 夏征农，陈至立.辞海（缩印本）[M].第 6 版.上海：上海辞书出版社，2010：958.

学认为,"精神"与人的各种心理机制有关,是人的意识、思维活动和心理状态的表征;在宗教中,"精神"是独立于人类社会之外的某种神秘力量的特殊存在;从历史和文化的宏观视野来看,"精神"是一种抽象的集体意识集合,是社会、民族、国家的思想凝练和升华。同时,不同的地域和文化,对"精神"一词的理解也不同。中国人对于"精神"的理解具有强烈的伦理色彩,主张精神对物质的超越,侧重于从整体上把握"精神"的本质,即"精神"是人的本质和价值问题、人生理想和完美人格问题、人生准则和人生态度问题以及人生修养和养生之道问题。而西方人对于"精神"更多的是从理性、意识、观念、思维等方面来理解,主要包括与物质的客观性和自然性相对应的主观性、社会性,与身体相对应的人的灵魂或思想,与手工的、操作的相对应的心智的、大脑的活动方式,以及当下的某种意向、打算、愿望。①

历史唯物主义在纷繁复杂的"精神"现象背后发现了掩藏着的"物质事实",揭示了我们对于"精神"的理解并不能根据个体思维活动或主观想象,而是要从人的社会活动中寻找"精神"的内涵。马克思在《德意志意识形态》中明确指出:"人们的想象、思维、精神交往在这里还是人们物质行动的直接产物。表现在某一民族的政治、法律、道德、宗教、形而上学等的语言中的精神生产也是这样。"②基于历史唯物主义的视角,我们发现"精神"是由社会生产和生活实践的客观基础所决定的、体现在思想文化层面的"社会历史事实",即本质上是建立在"现实实践"基础上的"社会意识形态"。因此"精神"作为社会实践的产物,其一经产生就具有相对的独立性,并反作用于社会实践,对社会发展起到能动的反作用,这种反作用可能是积极的也可能是消极的。在社会变革过程中,精神的变革往往发挥着先导和引领作用。但是"精神"并不完全等同于社会意识,"精神"源于"意识"又高于"意识",是"社会意识"的价值抽象物。

通过理解"精神"的内涵,我们既能够明确"工匠精神"所具有的精神特征和精神属性,又能够从历史唯物主义的视角找到分析中国精神的基本方法,即"始终站在历史现实的基础上,不是从观念出发来解释实践,而是从物

---

① 王坤庆.精神与教育:一种教育哲学视角的当代教育反思与建构[M].武汉:华中师范大学出版社,2009:29-31.

② 马克思,恩格斯.马克思恩格斯选集:第1卷[M].北京:人民出版社,1995:72.

质实践出发来解释观念的形成"①。

2.工匠精神

2016年3月12日,李克强总理在《政府工作报告》中明确使用了"工匠精神"一词,并提出"培育精益求精的工匠精神"的重大任务。这一新概念和新任务的提出,引起了全社会的高度关注和热烈反响。那么,究竟什么是"工匠精神"? 它的基本含义和主要内容是什么? 我们应该如何理解工匠精神呢?

（1）工匠的含义

理解工匠精神,必须要了解什么是工匠。不同的时代,有不同的工匠。在工业文明产生以前,工匠是存在于手工业中的手工劳动者,即手艺人。他们是熟练掌握一门手工技艺并赖此谋生的人,如铁匠、木匠、皮匠、钟表匠等。随着社会生产力的发展,工匠便与工业文明的发展、熏陶和浸润联系在一起,是指长期受到工业文明的训练而培育出来的一种专门人才。这种专门人才在整个专业活动中掌握着较高的技能、技艺和技术,只有达到这个高度才能称之为工匠。同时,工匠还具备独特的精神境界。他会在专业上专心致志、精益求精、坚持不懈地追求,他会把自己的职业生涯、人生目标、精神生活都寄托在对专业的奉献上,这才是工匠应具有的一种精神。

（2）工匠精神的基本内涵

"工匠"是"工匠精神"产生的源泉,"工匠精神"是"工匠"的深化与发展。从古至今,从古代的木匠、鞋匠、泥瓦匠到现代的电工、焊工等各行各业的技术工人,"工匠"的内容和种类不断变化,工匠身上体现出的气质则得到传承。这种气质经历了"劳心者治人,劳力者治于人"的落后时代,迎来了"劳动光荣"的工业4.0时代。得到传承的这种气质与时代要求的内容相结合,便是工匠精神。工匠精神的基本内涵和突出特征是精益求精。李克强总理在政府工作报告中提到的就是"精益求精的工匠精神"。抓住了这一点,就抓住了重点和核心,也就可以比较容易地理解和把握工匠精神的其他相关内涵和意蕴。但我们从理论上分析问题,当然不能只满足于"精益求精"四个字,而是要对其丰富的内涵逐一进行分析和阐述。

首先,工匠精神是一种精益求精的精神。工匠在制造自己的作品时是

---

① 马克思,恩格斯.马克思恩格斯选集:第1卷[M].北京:人民出版社,1995:92.

追求完美的,有一种精益求精的精神追求。他总是要打造精品,而且精而又精。他不断地打磨作品,使之更加完美。注重细节,而且在细节处理上不怕费大的工夫,这是工匠精神的一个突出特点。一件物品能否成为精品,很大程度上是由细节决定的。大的方面不出偏差是容易的,但要在每一个细节上都不厌其烦地精益求精,没有瑕疵,则是很不容易的。这不仅需要有责任心,而且需要一颗平静的心,以及细腻敏感的心。只有这样才能处理好细微之处,并达到极致的境界。精益求精不仅是一种量的概念,不仅是在数量上的打磨和完善,而且是一种质量层次上的提升,是一种对卓越的追求。同时,工匠根据自己长期的技术实践经验和对技术方法的思考,对前人发明的制品或技艺进行改良式的创造,以得到"青出于蓝而胜于蓝"的技术制品,推陈出新、革故鼎新就是工匠精益求精的创造精神表现。

其次,工匠精神是一种专注专一的精神。工匠在打造自己的产品时,特别是在制造精品力作时,是高度专注、心无旁骛的,表现出一种全身心投入的工作状态。这不仅是一个人的工作态度和个性修养问题,而且和人与自然的关系有关。在手工业时代,在工匠与物品的对峙中,工匠一方并不强大。自然是强大的一方,而人力是渺小的一方,因此,工匠要以一己之力去把握对象、改变对象,就必须全身心地投入其中,使出自己的全部力量,以驾驭神秘的自然力。大工业时代则不是这样,人是强大的一方,人们随心所欲地对待自然物,因而不再全情投入和有敬畏之心。因此,我们需要向手工业时代寻求智慧。在劳动过程中的某些特定的时刻,工匠会与加工对象处于一种融合的状态,达到主客体的内在统一。工匠的心灵全部寄托于工作上面,感情也会投入其中,发生某种移情作用。尽管通常情况下作为工作对象的物件不过是些死的材料,但工匠却会像对待有生命的东西那样去对待它们。工匠不仅将自己的精神和生命投射于工作对象之中,而且在他们眼中工作对象本身也是有生命的。木料有自己的脾气,石料有自己的秉性,金属也有自己的意志,工匠的加工首先要掌握对象的脾气秉性,尊重和顺应它们的特性,最后才能成就最好的作品。

再次,工匠精神是一种敬业乐业的精神。敬业乐业的前提是对自身职业和工作有高度认同。从历史上看,工匠对自己的职业都有高度的认同,将之作为安身立命的根本。这其中自然有生活本身需要的原因。依靠自己的一技之长立足于社会,养家糊口,这当然是第一位的事情,是认同的基础。同时,他的认同更在于工匠对自身特长和技能的自豪感。工匠的技艺在社会中可能算不上显赫的资本,甚至还可能受到许多人的鄙视,但工匠本人对自己的技能是有自豪感的。旧社会某理发馆有一副对联很能说明这一点:"虽是毫末技艺,却是顶上功夫。"这里"毫末"和"顶上"当然是双关语,直接意指头发和头顶,但也另外有价值评价的含义,是对自身技能的肯定和自豪之感。工匠的技艺往往是家族传承的,是一种"祖传"技艺,因而这在具有家族意识和祖先崇拜传统的中国,又具有了另一种更深刻的社会意义,成为工匠对自身技艺和职业认同的深刻原因。此外,工匠在通过自己的劳动为他人服务的过程中,也得到一种自豪感和心理的满足。这对职业认同起着支撑作用。总之,工匠们不仅把工作当作挣钱养家的途径,而且当作一种事业、一种文化来传承,这就是一种高度的认同。在这样的职业认同基础上,就能做到敬业和乐业。敬业是指对自身职业和工作有一种敬畏之心,甚至有一种使命感和神圣感。不是把职业当作工具,而是当作目的本身。坚信自己的职业和工作具有不平凡的价值,并以恭敬的态度来对待它。这里就不仅是职业态度问题,而且包含着职业理想和信念的成分。乐业则是以职业和工作为快乐的源泉,不以工作为苦为累,而是从平凡的工作中得到生活和创作的乐趣。孔子说过,好之者不如乐之者。说明以此为乐的人,比单纯爱好的人境界还要高些。

最后,工匠精神是一种守正创新的精神。所谓守正就是要守住自己的核心价值、产业优势,所谓创新就是利用科学技术,实现产业升级。比如说,在支付、大数据、智能化等国际先进技术和产品的结合下,可以做到产品私人定制,满足消费者多元化的需求。因此工匠精神不仅仅只与保守甚至守旧相联系,还应该与创新、创造相联系。在家族代代相传的技艺中,通常每一代传人都不仅是继承上一辈积累起来的经验,而且总是加入自己的某种创新和突破。只有这样,一门技艺才能日益臻于完善,并且得到更好的传承。新时代工匠精神所包含的守正创新精神一方面是一种在坚守初心的基础上的创新,另一方面又具备了一定的深度和广度,这也是传统手工业时代的劳动者很难做到的。可见新时代工匠精神所蕴含的守正创新精神有非常广泛的可能性,还依托于工匠自身的精神境界和自我修养。

因此,新时代工匠精神最基本的内涵是精益求精、持之以恒、爱岗敬业和守正创新,而其内涵又可以解构为"匠心""匠术""匠德"三方面。

(3)工匠精神内涵的解构——三"匠"合一

第一,"匠心"——工匠精神之基。

什么才是真正的"匠心"？所谓"匠"，代表高技能；而所谓"心"，代表的是高素质。因此"匠心"指的就是既掌握高超的技能，又兼备良好的人文素养，在技术或技艺方面有着较好的创造性。"匠心"不单单指对手工业者的要求，更代表一个时代劳动者坚定、踏实的气质，暗含着对职业精神、职业承诺、职业智慧的要求。因此，工匠精神包括两个层面的精神：一是工艺精神，表现为产品意识、质量意识，以及对工艺精雕细琢的追求；二是人文精神，这是一种普遍的人类自我关怀，表现为对人的价值、尊严的追求和关切。当前对工匠精神的日益重视，让我们看到了社会对一种产品意识和人文素养的关心。"匠心"的营造，是一项社会、学校、政府互动、共振的系统工程。

第二，"匠术"——工匠精神之本。

所谓"匠术"，是基于技术、技能运用所追求的合理、科学的技巧，指工匠拥有的技艺。所谓"技"，是指手艺、本领，即一技之长，这是一个手工业者所具备的最基本的能力。所谓"艺"，包含方法、策略和知识、学习等含义，指才能、富有创造性的方式方法。细细琢磨，其意义包括两个层面：一是工艺的审美，即劳动者利用生产工具对各种原材料、半成品进行增值加工或处理，最终使之成为制成品的方法与过程；二是工艺的创造，即当劳动者有了积极的情感体验，真正爱上这种劳动时，就能激发无限的创造力。工匠对"技"和"艺"有了体悟之后，经过自己的磨炼，方可进入"道"的境界，这是每个工匠孜孜不倦追求的终极目标。有人曾怀疑工业 4.0 和智能制造在解放人的同时，也会因为无人化车间的存在而给技术传承带来消极影响。现在看来，这种担心是多余的。因为人的智慧在人类历史发展进程中永远是不可或缺的，人的作用也会在传承与创新中得到更加淋漓尽致的展现。不管是工艺审美还是工艺创造，工匠精神所蕴含的"匠术"都是现代产品中不可或缺的因素。

第三，"匠德"——工匠精神之魂。

所谓"匠德"，是对职业的专注，敬业而有为，这是"工匠精神"之魂。技术革新、社会进步正以前所未有的速度发展着，今天的新技术可能在三四年以后就有了新的变化。面临快速革新的技术，劳动者们必须面对的课题就是如何静下心来学好、用好一门技术。合格产品、高品质产品、卓越产品，这是产品的不同境界，也是做人的境界。技无止境，具有"匠德"的工匠，会专注于自己的产品或服务，永远行走在追求"把 99％提高到 99.99％"的极致之路上。一味追逐"投资少、周期短、见效快"的生产方式，或许可以带来一时的增长速度与回报,但绝不是长久之计,而且还极大地沙漠化了"匠德"的成长土壤。

3.新时代的工匠精神

(1)工匠精神在新时代的回归

现代社会工匠精神在诸多因素的作用下一步步衰落和被遗忘。一方面,进入大工业时代,传统工匠的生产方式迅速衰落。产品的生产方式发生了巨大变化。机械化工厂与旧时家庭作坊的区别,不单单是添加了几台机器,而是整个生产体系的变革。在效率和成本方面,传统工匠在与现代工厂的竞争中,败下阵来。另一方面,工业革命带来的生产力的提高使得大多数人的收入增长了,并带来消费能力的提升,消费社会第一次出现在人类历史上。在从商品短缺到丰富的阶段中,人们追求更多的是商品的性价比,即在有限的预算下买到更多的商品,满足更多样的功能需求。因此,企业追求的是价格优势和速度优势,要用更低的成本和更快的速度去生产,这时所谓坚守质量就显得多余,也是不划算和不理性的。

但近些年,"过时"的工匠精神突然又呈现了某种强劲的回归趋势。这种回归其实是国家、企业和个人三方合力共同作用的结果。[①]

首先,在国家层面,各国重塑制造业、再提"实业立国"是工匠精神回归的大背景。经历了互联网泡沫和金融危机的人们开始意识到,制造业基础地位的弱化不仅会危害经济发展,而且会损害长期创新能力。制造业仍是这个世界最核心的部分。没有制造业,所谓高附加值的服务业根本无法立足。因此,实体经济的战略意义被重新评估,许多国家对制造业有了更具战略意义的部署:美国的"再工业化"、德国的"工业 4.0"、日本的"再兴战略"、法国的"新工业法国"。我国的制造业不仅面临发达国家和新兴经济体的"双向挤压"挑战,而且处于新科技革命与转变经济发展方式的历史交汇阶段,提出制造业强国的"中国制造 2025"战略也是势在必行,必须推动我国由制造大国向制造强国的转变,实现从中国制造到中国创造的跨越。要完成这一目标,急需造就一支有理想守信念、懂技术会创新、敢担当讲奉献的宏大的产业工人队伍。而要切实推进产业工人队伍建设改革,必须大力弘扬工匠精神。在这样的语境下,工匠精神必然超出个人微观层面,被赋予更

---

① 张培培.互联网时代工匠精神回归的内在逻辑[J].浙江社会科学,2017,01(01):75-81+113+157.

深、更广的战略意义。发源于制造业的工匠精神,传递的是追求卓越的,而不是粗制滥造的理念,这恰恰是过去一段时间被大环境所忽视的。于是,原本应在个体语境中的工匠精神与宏观层面的国家产业战略调整产生了紧密的联系,找到了完美的契合。

其次,在企业层面,工匠精神回归的逻辑是消费社会后期的转型需要。生产端的工匠精神一定是由消费端对高品质产品的需求推动的。一个追求速度甚于质量、追求价格甚于性能的社会,即使有工匠精神做出的完美产品,也不会有足够的生存空间,只能归于小众。反过来,一个呼唤工匠精神、呼唤好品质的社会,一定是一个在消费端做好转型升级准备,并且有充分甚至急迫需求的社会。当品质和审美成为首要诉求,当消费者愿意为细节买单的时候,企业自然会被驱使不断打磨产品,精益求精。无论是博朗兄弟的"设计改变生活",还是乔布斯的"科技和人文的结合",都传达了伟大工匠们的理念:设计不仅关乎产品的外观,更是一个人工作品的核心灵魂。任何商品都应尽可能做到实用和艺术相结合,哪怕是一个无聊枯燥的电子产品。

再次,在个人层面,互联网时代"个体化生存方式"的回归是工匠精神回归的内在逻辑。这不仅体现在一部分人重回传统手工业,更体现在席卷全球的创客运动以及各行业互联网时代手艺人的出现。创客运动产生和发展于互联网时代,它实现和证明了人人都可以制造,都可以从事创造性活动,人人都可以是工匠。当前,我国正经历着从工业化向信息化时代的转变。飞速发展的互联网、大数据、物联网、人工智能技术,正改变着人们的生产方式和生活方式。与千篇一律的工业化生产不同的是,如何满足消费者个性化和定制化需求,已经成为企业竞争的新蓝海。因此,随着信息化时代的到来,重提工匠精神也就具有了某种历史必然性。

(2)对新时代工匠精神的各种误读

对工匠精神的理解,不仅包括对其"精益求精"基本内涵的把握,还要对新时代中国工匠精神的特殊性进行研究。实际上,新时代的中国工匠精神,除了具有一般意义上工匠精神的内涵,还具有自身的特殊性。它既是对中国传统工匠精神的继承和发扬,又是对外国工匠精神的学习借鉴;既是为适应我国现代化强国建设需要而产生,又是劳动精神在新时代的一种新的实现形式。它与劳模精神、劳动精神构成一个完整的体系,成为激励广大劳动者实现中华民族伟大复兴中国梦的强大精神力量。但是,目前依然存在有关新时代工匠精神的错误观念或偏见,识别这些错误观念和偏见,有利于我们更好地理解新时代工匠精神的内涵。具体来说，对工匠精神的误读有以下三种观点。[①]

首先，对于工匠精神时代意义的误读。随着现代机器化大生产对传统手工业的取代，传统工匠逐渐从历史舞台中退出，有观点便认为，工匠精神已经过时了。事实并非如此。工匠精神是一种对工作精益求精、追求完美与极致的精神理念与工作伦理，它包含了严谨细致的工作态度、坚守专注的意志品质、自我否定的创新精神以及精益求精的工作品质。在信息时代、智能制造时代，工匠精神并没有过时，甚至比任何时候都更重要。

其次，对工匠能力素质构成的误读。有人对工匠有着片面的认识，认为他们因循守旧，墨守成规，一味地追求慢工出细活的生产方式，偏执于守着古老的技艺，恪守传统，裹足不前。有些老观念认为工匠"唯技能、轻理论"，其高超技艺具有经验性，不需要理论知识，只需"知其然"，无须"知其所以然"。的确，古代匠人的技能都是从实践中"心领神会"或者通过师傅"言传身教""口口相传"得到的。但这仅仅是工匠能力素养在科技和教育不发达年代的表现。在知识经济和信息时代，一个优秀的工匠不仅要有高超的技艺，还须具有一定的理论知识和科研能力，唯有如此方可不断创新、求精、求卓越。另外，工匠精神有着丰富的内涵，除了技艺层面，更有做人层面；除了追求自由的科学精神，更有追求永恒的人文精神，即对责任、道德的坚守。

再次，对工匠阶层社会地位的误读。"形而上者谓之道，形而下者谓之器"，受传统思想影响，有些人误认为，具有工匠精神之人具有的是形而下之技，工匠阶层是社会低级阶层。孟子提出的"劳心者治人，劳力者治于人"实际上是一种社会分工，但经过中国几千年的文化演变，成为官本位思想的文化土壤和合法化依据。"恒公读书于堂上，轮扁斫轮于堂下"，本是理论与实践相结合才能获得真知的寓意，但最终演变为庙堂之下匠人社会地位低下的象征。虽然我国改革开放已40多年了，但有些传统的等级观念、官本位思想、学而优则仕思想并没有完全消除，仍会产生一些消极的影响。

---

① 叶美兰，陈桂香. 工匠精神的当代价值意蕴及其实现路径的选择[J]. 高教探索，2016，10（10）：27-31.

(二)新时代工匠精神的特征

1.民族性

在全球,日本是拥有长寿命企业最多的国家,德国也有很多类似企业。这些长寿命企业都有一个共同特征,就是企业里一直传承着"工匠精神"。所以很多人认为工匠精神是个舶来品。但实际上,中国的工匠文化深厚而悠久,中国的工匠精神也有着鲜明的民族特质。历史对文明创造始祖和历代能工巧匠给予了高度评价,如历史传说中的黄道婆、庖丁、鲁班、欧冶子等。根植于中华传统丰厚土壤之中的新时代中国工匠精神具有鲜明的民族性。中国传统工匠精神中那种德艺兼修、物我合一的境界,始终为新时代的中国工匠精神提供着源源不竭的动力。中国工匠群体在古代被称为"百工",俗话说"三百六十行,行行出状元",指的主要是各行各业的工匠群体。古代工匠分为两类,一类是固定服役于官府手工业作坊的官匠,另一类是为主家制作取酬或者是为自己制作交换用以谋生的民匠。不论是官匠还是民匠,都要严格遵守职业伦理操守,对于技艺要精益求精,容不得半点马虎,"炉火纯青"就是源于冶炼锻造而后泛指高超技艺的表达。但随着西学东渐,近代工业兴起,工厂化、机器化等近代工业制度削弱了传统工匠伦理,某些传统工匠的技艺开始走向衰落,乃至失传。

新时代工匠精神的民族性还体现在对民族精神的弘扬。习近平总书记强调:"实现中国梦必须弘扬中国精神。这就是以爱国主义为核心的民族精神,以改革创新为核心的时代精神。这种精神是凝心聚力的兴国之魂、强国之魂。"①长期以来,中国的工匠以平凡的劳动创造了不平凡的业绩,铸就了具有中国人自己的精神气质的工匠精神,丰富了民族精神的内涵,是我们极为宝贵的精神财富。工匠精神汲取了中华优秀传统文化,如重义轻利、勤劳勇敢、淡泊名利的美好品行,勤奋好学、锲而不舍、知难而进、甘于奉献、宁静致远的民族情怀,辛勤劳动、诚实劳动、创造性劳动、知行合一的文化思想。新时代工匠精神是民族精神的重要内容和组成部分,彰显了民族精神的核心要素和基本内涵。新时代工匠精神传承了中华优秀传统文化的基因,树立并发扬了勤劳、奋斗、进取的精神理念,生成并营造了勤勉工作、一丝不苟

---

①　习近平.习近平谈治国理政[M].北京:外文出版社,2014:40.

的良好社会氛围,引领并发展了技能最宝贵、创造最伟大、劳动者最崇高、奋斗者最美丽的时代风尚,让人人尊重技能、热爱劳动、勇于创新、甘于奉献在中国大地上蔚然成风。这些宝贵的精神财富涵养了新时代工匠精神,创新了新时代工匠精神。同时,新时代工匠精神也为民族精神注入了新能量,促进了民族精神的创新和发展,丰富了民族精神的内涵和外延,是推动民族精神与时俱进的重要力量。

但是,对于现实我们也应当有清醒的认识。无可否认中国是一个制造大国,然而中国却不是一个制造强国,我们的制造工艺、产品质量、品牌价值与发达国家相比还有较大差距。中华民族伟大复兴的中国梦,既需要现代科学技术成果的支撑,也需要千千万万能工巧匠的亲手打造,我们需要进一步唤醒中华民族优秀的工匠基因,让本来就具备民族气质的工匠精神在新时代焕发出生机活力。

2.人民性

2013年五一国际劳动节前夕,习近平总书记在全国劳动模范代表座谈会上指出:"人民创造历史,劳动开创未来。实现我们的奋斗目标,开创我们的美好未来,必须紧紧依靠人民、始终为了人民,必须依靠辛勤劳动、诚实劳动、创造性劳动。"我们奋斗目标的实现,说到底要依靠全体人民的劳动。这一历史唯物主义的观点,与"劳动群众创造历史"的观点一脉相承。劳动具有创造历史的魔力,而这种创造历史的过程需要每个人的参与,这就体现了劳动作为一种实践活动的人民性。"人民性是马克思主义最鲜明的品格"①,是中国共产党先进性的集中体现。同时,在"辛勤劳动、诚实劳动、创造性劳动"的表述中,我们看到了在对劳动和劳动者高度认可的同时,也看到了对工匠精神要素的肯定,看到了工匠精神与人民性的密切联系。"人民性"是马克思主义经典著作中的重要术语。唯物史观第一次正确评价了人民群众在社会历史发展中的创造主体地位,指出历史的发源地"在尘世的粗糙的物质生产中"而不是"在天上的云雾中"②。人类社会存在与发展的第一个前提是:人们为了能够生活,"首先就需要衣、食、住以及其他东西。因此第一个历史活动就是生产满足这些需要的资料,即生产物质生活本身。

---

① 习近平.在纪念马克思诞辰200周年大会上的讲话[N/OL].人民日报,(2018-05-05) [2020-06-01].http://cpc.people.cn/n1/2018/0505/c64094-29966415.html.

② 马克思,恩格斯.马克思恩格斯全集:第2卷[M].北京:人民出版社,1957:191.

而且，这是人们从几千年前直到今天单是为了维持生活就必须每日每时从事的历史活动，是一切历史的基本条件"。此外，"已经得到满足的第一个需要本身、满足需要的活动和已经获得的为满足需要用的工具又引起新的需要，而这种新的需要的产生是第一个历史活动"。在这里，创造历史的人不是抽象的人，而是现实的、活生生的人；也不是英雄人物，而是人民群众。正如恩格斯所说："在 17 世纪的英国和 18 世纪的法国，甚至资产阶级的最辉煌灿烂的成就都不是它自己争得的，而是平民大众，即工人和农民为它争得的。"①

　　从另一方面来说，工匠精神是一种很高的生命状态和工作状态。这表现在劳动者对于自己专业的学习、钻研和掌握，对自己工作的忠诚、专注和认真，对自己工作意义和价值的整体认知。工匠精神的养成是一个长期的磨炼和沉淀过程，需要意志和坚持，因此，需要劳动者发挥主体性、自觉性和能动性，需要劳动者对于自己的职业始终如一、持之以恒，百折不挠地坚持到底。工匠精神的终极表达是人的自由而全面的发展，其内核是人的主体性。"人的主体性是人作为活动主体的质的规定性，是在与客体相互作用中得到发展的人的自觉、自主、能动和创造的特性。"②主体性是人性的精华。有主体性的人"使自己的生命活动本身变成自己意志的和自己意识的对象"③，体现了人超越物质化生存的能力和意志。有主体性的人，能够运用理性，按照目标、规划和蓝图来指导自身实践，以改造客观世界，实现自身目的。在主体的对象化活动中自觉实现人的目的，在客体改变了的形态中确证主体的本质力量，同时也使主体本身得到全面、自由的发展，才算真正证明了自己的主体性。因此，人的主体性的程度，具体到某一社会实践领域中，体现为人的知识、能力和道德素养发展的综合水平，以及运用理性改造客观世界的能力。人的主体性的获得是一个循序渐进的过程，是一个由觉醒到奋进、由自在到自为的过程。只有"当人认识到自己所具有的拓展人的力量的能力，他才能完成如下任务：成为自在自为的人，并通过充分实现人的潜在的诸能力而达到幸福"④。主体性的发挥程度就是人的发展程度。

①　马克思,恩格斯.马克思恩格斯全集:第 18 卷[M].北京:人民出版社,1964:325.
②　郭湛.主体性哲学[M].北京:中国人民大学出版社,2010:23.
③　马克思,恩格斯.马克思恩格斯选集:第 1 卷[M].北京:人民出版社,1995:46.
④　马斯洛.人的潜能和价值[M].林方,译.北京:华夏出版社,1987:108.

工匠精神本质上是人类运用理性的结果,主体性越强的人,越善于利用理性来调整自己的行为和手段,以实现自己的目标。因此,工匠精神的养成需要劳动者主体性的自觉和苏醒,而人的主体性的发展则体现了人的自由全面发展理念,即体现了工匠精神的人民性。

3. 时代性

可能有人会问:既然工匠精神是人类手工业时代的精神遗产,而手工业时代早已成为遥远的过去,那么工匠精神是否真的属于这个时代? 具体来说:工匠精神在新时代为什么还有存在的可能? 它得以存在的基础和支撑条件是什么?

实际上,机器大工业并没有也不可能完全消灭手工劳动,从事手工劳动的匠人仍然可以在现代和当代社会的生产与生活的夹缝中生存。[①] 首先,社会生产具有丰富性和多样性,人类社会生活的多样性能够容纳人类历史上曾经出现过的许许多多的事物,尽管这些事物已经大量消失,但总会以某些个别的方式在社会的某些领域中遗存下来。其次,传统的手工技艺发生了文化转向,因而在当代世界能够以文化传承和文化创造的形态继续存在并得到发展。如今,一些传统的手工技艺在当代的存在具有两重性:一方面它是一种生产和经营,是一种经济活动;另一方面它又是一种文化活动,承担着家族文化传承的使命。这两个方面在不同时代所起的作用是不同的。如果说它从前主要是一种经济活动的话,那么它在现代社会中则主要是一种文化传承。因此,虽然它也追求市场的成功,但它的成功并不以经营利润为目的,而是以传承文化为目的。再次,手工劳动进入机器工业体系,成为其中的一个必不可少的辅助环节。机器工业无疑是以机器为主的,但也不可能完全没有手工的协助。虽然在一些主要的车间和生产环节,可以完全由机器完成生产,但总是有些细节之处和衔接之处需要手工协助。这种手工劳动起到一种润滑或转接的作用,同样也是不可缺少的。最后,现代工业的进一步发展日益表现出人性化和个性化的新趋势,这在一定程度上重复了手工劳动的某些特点,并为工匠精神提供了更为广阔的发展前景。流水线式的大批量生产有其优势,那就是生产效率高,产品数量大,能够为社会提供更丰富的产品。这在社会发展的一定阶段,在人们为解决生活温饱问

---

① 刘建军.工匠精神及其当代价值[J]. 思想教育研究,2016,10(10):36—40+85.

题而努力的阶段，是非常重要的。但是，批量生产也有其不足，就是人性化和个性化不足，不容易满足人们日益多样化和个性化的需要，而且过于机械化的生产过程会使人们觉得单调乏味。这样，机器化生产在达到一定阶段的时候，在社会提出新的多样化需要的时候，就要发生一定的转型，就是加强私人订制式的生产，增加人性化和个性化的成分，而这一点恰恰是传统的手工劳动的特点。

因此，工匠精神在新时代具有存在的必要性，同时面临新的时代机遇和时代发展诉求，它将进一步融入时代的发展洪流中，成为必不可少的**精神支撑**。

4.创新性

我们不能把工匠精神只是与保守甚至守旧相联系，还应该与创新创造相联系。创新精神是工匠精神的灵魂所在。工匠的创造性主要表现为累积式的渐进和改良。工匠的"造物"能力和技艺不仅是衡量和决定工匠水平高低的先决因素，也是工匠智慧和灵感的集中体现。只是，在工匠精神发展延续的不同阶段，创新的内涵有所区别。手工业时代工匠们的"创新"与改革开放时代所讲的"创新"有所不同。

在家族代代相传的技艺中，通常每一代传人不仅要继承上一辈积累下来的经验，而且总是要加进自己的某种创新和突破。只有这样，一门技艺才能日益臻于完善，也才能得到更好的传承。手工匠人的创新通常不是以节省劳力为目的的，而是以作品完美为目的的。在这个阶段，在工匠精神中创新并不是最重要和最突出的因素，它具有"精益求精"的意味，它是在坚守初心的基础上的有限度的创新。匠人工作、师傅授艺，并不会对创新特别重视，因为相比之下，传承更为重要。

在新时代，工匠精神中的创新内涵比任何时代都更为显著。当今时代的创新是起统领作用的，创新的广度和深度都是手工业时代的劳动者不可能想到和做到的。过去，创新可能只是一种生产活动的副产品。而现在却完全不同。创新被单独提出来成为主语，甚至一种首要价值。即使是最简单的工匠行为都包含创造性。无论是创客运动、个体化生存，还是国家层面的需求，创新无一例外都被特别看重。因为飞速变化的世界，过去的经验已经远不能应对未来的复杂挑战，于是创新本身成为一种解决之道。再者，强调创新也是对现代化弊端的一种超越。现代制度一方面带来高速、高效的发展以及巨大的财富，另一方面又无法摆脱体制规则僵化、工具理性下的急功近利等负面效应,这些都需要依靠创造性活动本身去突破。创新意味着承担风险和拥抱失败,意味着非常规行为和打破界限。一切创造性活动都是面向未来不确定性的行动。这其实也正是现代工匠活动的本质。对现代工匠来说,改变世界并不仅仅指轰轰烈烈的革命,也不是只有英雄人物可以做到的事情。制造一个更好用的活动扳手、提供一次更优质的美食服务、开创一个更好看的网络视频节目——属于这个时代的新世界就这样被创造出来。

5.实践性

马克思基于历史唯物主义的视角指出:"在不同的占有形式上,在社会生存条件上,耸立着由各种不同的、表现独特的情感、幻想、思想方式和人生观构成的整个上层建筑。"按照马克思所提出的"经济基础决定上层建筑"的一般原理,处于较高层级的、具有思想文化性的工匠精神与处于基础层级的、具有实践性的物质生产生活之间有着内在的辩证统一。即工匠精神来源于中华民族物质生产生活的实践之中,同时又超越物质实践,形成了文化理念和思想理论。

首先,工匠精神的养成具有实践性,就是说,工匠精神都是在实际工作的磨炼中所形成的品质。工匠操持技术、制作器物和传授技艺的过程是知识从隐性转化为显性的实践过程。工匠的技术实践活动,可以从"知""行"两方面进行描述。工匠从学徒时起,就需要尽可能多地"知",除了要向师傅学习各种工具的使用和操练技术环节中的关键窍门外,还需要在平时自己操练技术时,对师傅所授的技艺"心得"不断加以揣摩和领悟,并长年累月地坚持。在"行"的方面,工匠不仅需要对自己所制器物进行反复比较、总结,以期加以改进,更需要大胆实践自己的设计理念,勇于突破前辈的发明创造。可以说,"知""行"的结合程度是影响工匠技艺造诣高低的最直接因素,也只有在技艺的操持过程中做到了知行合一,才能更好地发挥出工匠的技艺水平。其次,就社会层面来说,工匠精神的培育具有实践性。工匠精神的培育是一个系统工程,需要专业教师、德育教师、企业技师的相互配合,不是学校、企业、社会任何一方可以独立操办的,必须齐心合力。最后,工匠精神必须指导实践、应用于实践,才能焕发出应有的活力。对于大学生来说,工匠精神需要大学生运用到实践学习中,切实发挥其激励作用,真正地做到"外化于行,内化于心"。"外化于行"即将工匠理念转化为具体行为,以行为活动的方式凸显出来,使得工匠精神开花结果;"内化于心"即将工匠理念内化为理想信念，在心中扎根，成为外在行为的指导理论，提高执行的自觉性，亦可称之为"匠于心，品于行"。同时，大学生在实践中要注重主观能动性的发挥，只有加强自我管理、自我服务和自我教育，才能正确认知，实现理想，使自己成为对社会有用的栋梁之材。

精神具有复杂和多元的含义，它源于意识又高于意识，可以说是社会意识的抽象性价值。而工匠精神更是基于精神内涵之上生发出的具体领域的精神概念，其最基本的内涵和突出的特征就是精益求精，除此之外还包含了敬业乐业、专注专一的精神，可以解构为"匠心""匠术""匠德"三重架构。工匠精神具有民族性、人民性、时代性、创新性和实践性的突出特征，在新时代背景下，呼吁工匠精神再次回归是国家、企业和个人三方合力的共同结果。

二、新时代技术技能型人才工匠精神培育的内涵

当下的社会是一个日新月异的社会，新生事物的层出不穷、新兴技术的日益发展都直接或者间接地影响着整个社会形态。在此大环境下，社会、经济、行业的发展变革对于用工的需求是紧密围绕社会贴合度展开的，也就是紧密结合社会发展、科技进步和经济增长的需要的。社会经济的发展、生活水平的提高、人类文明的进步都离不开具体问题的解决与推动，尤其是社会分工的细化更加需要专业的人员解决专业的问题，这也正是回应社会供给侧结构性改革的需要。① 因此，现在的社会正迫切需要具体社会门类的技术技能型人才。

技术技能型人才是在产业一线或者是在生产现场从事产业相关工作的人员，他们通过发挥自身工作环节的具体作用来让加工型人才的理念设计呈现具体的样态，而在这一具象化过程中，要想产品出现极致的状态则离不开工匠精神的培育。新时代下培育技术技能型人才的工匠精神是社会具体分工下的合理追求，而新时代下技术技能型人才工匠精神培育的具体内涵、重要价值也是本部分探讨的应有之义。

---

① 张轮.人才培养须蕴含工匠精神的教育[N/OL].工人日报,(2016-05-03)[2020-06-30].
http://acftu.workercn.cn/41/201605/03/160503073726602.shtml.

(一)技术技能型人才的内涵辨析:技术型人才与技能型人才

就人才类型而言,目前比较一致的看法是:学术型、工程型、技术型和技能型人才四类。其中,技术型和技能型人才由职业教育来培养,但两者是有一定区别的。

技术型人才也称工艺型、执行型、中间型人才,只有经过他们的努力才能使工程型人才的设计、规划、决策转换成物质形态或者对社会产生具体作用。这种人才又可分为三类:生产类,如工厂技术员、工艺师、农艺师、畜牧师、植保技术员等;管理类,如车间主任、作业长、工段长、设备科长、护士长、护理部主任以及行政机关中的中高级职员;职业类,如会计、统计员、牙技师、导游、空勤人员、农业生产经营者等。技术型人才需具备一定的理论基础,但不必达到工程型人才的技术要求,而是更强调理论在实践中的应用。由于他们大都是在生产现场工作,因而与工程型人才相比具有以下不同特征:一是相关专业知识面要更宽广,如工艺人员除需要工艺知识外,尚需经济、管理等方面的知识;二是综合应用各种知识解决实际问题的能力更强,特别要具备解决现场社会性问题的应变能力,以及一定的操作技能;三是由于生产现场的劳动常常是协同工作的群体活动,因此,人际关系能力、组织能力是这类人才极为重要的素质;四是在人才成长过程中,更强调工作实践的作用。

技能型人才也称技艺型、操作型人才,他们在生产第一线或工作现场从事为社会谋取直接利益的工作,主要应掌握熟练的操作技能以及必要的专业知识。他们与技术型人才的区别在于技能型人才主要依靠操作技能进行工作。技术工人不属于这类人才。一些高技术设备的操作者,虽有操作任务,但不能简单地归入技能型人才,尚须分析其智力含量的多寡,才能决定其是技术型人才还是技能型人才。

把上述各种人才类型与教育联系起来,培养技术型人才的可称之为技术教育,培养技能型人才的可称之为职业教育(或技能教育)。在国外,同样存在这两种教育,分别为 vocational education(技术教育)和 technical education(技能教育)。因此,职业技术教育既能够培养技术型人才又能够培养技能型人才。从中可见,技能型人才和技术型人才不仅有分工上的区别,还有层次的区别。同时,不可否认两者有交叉重叠之处。随着科技的进步,智能含量在许多工作中都占一定的比例,其交叉重叠之处在逐步加宽。

尽管如此,两者仍然不可等同。

(二)技术技能型人才的特点及成长规律

目前,技术技能型人才队伍建设问题已经引起了国家的高度关注,相关部门正在着手研究和制定促进高技术技能型人才成长的政策和措施,各企业和职业教育培训机构正在加大高技术技能型人才的培养力度,无论是政策层面,还是培养实践环节,都需要建立在技术技能型人才的特点和成长规律的基础之上,需要相关的政策和具体的培养措施来保障预期结果的有效实现。

1.如何认识技术技能型人才的特点

在认识技术技能型人才的特点之前,首先需要对"知识""技能""能力"几个关键词进行清楚的界定和梳理。

知识是人类社会历史经验的总结和概括。一般而言,知识和能力的提升并不是同步的,知识转化成能力需要一个转化过程,知识多并不必然等于能力高。

技能是指个体运用已有知识、经验,通过训练而形成的一定的动作或智力活动方式或者活动技巧。技能的基本特征在于:技能提升的内在联系性强,技能的形成取决于练和用的程度;技能的发展与技术发展和技术应用关系密切,有着制约与被制约的关系;技能的标准同岗位任务相关联,有时代发展的特征。技能可以划分为动作技能与智力技能(即认知技能)。动作技能指运动技能和操作技能;智力技能指借助于语言信息在头脑中进行的智力活动。

能力,一般指劳动者胜任、完成某种活动具备的个性心理特征。能力的基本特征是同活动联系在一起的。能力虽然是无形的,但又是具体存在的,是个性化的。能力分为潜在能力和现实能力。能力有类别和层次之分,有一般和特殊之别。

知识、技能、能力,这三者之间的关系是紧密相连的,但同时它们又都各自具有内在的特点与含义。知识是技能型人才成长的理论基础,技能是知识在岗位操作中的具体实践应用,能力是知识和技能在运用过程中的提升。

由此我们可以认为,技术技能型人才具有以下特点。

(1)岗位关联性

技术技能型人才和特定的岗位相联系,离开了岗位,技术技能型人才就失去了存在的基础,比如电工高级技师、钳工高级技师等,都紧紧和电工、钳工的岗位联系在一起,如果离开了电工、钳工的岗位,其就不一定具有高级技师的技能和资格了。

(2)经验丰富性

因为技能是对知识和经验的运用,所以技术技能型人才需要同时学习知识和积累经验,尤其是需要不断训练,积累丰富的经验,也就是说生产岗位的实操训练对于技术技能型人才有着特殊的意义。

(3)任务标准化

人才的标准和岗位任务相联系,换句话说,技术技能型人才存在着企业间的差别性,企业间岗位工作内容和职责不同,其技术技能标准也不同,这也正是自主培养技术技能型人才的原因所在。

(4)与时俱进性

是否是高技术技能型人才,是需要用动态和发展的眼光进行评判的。原来的高技术技能型人才,随着技术的发展和新设备的应用,可能就不符合现有的高技术技能型人才的标准了。

2.如何认识技术技能型人才的成长规律

(1)学科性教育与职业性培训的区别

虽然在技术技能型人才的培养中,基础教育的基础性作用不容忽视,但技术技能型人才的培养基本属于职业性教育,而不同于学科性教育。总的来说,学科性教育和职业性培训存在以下几个区别:从社会发展需求看,两者的职业倾向与能力不同。前者的定位是着重培养研究型人才,培养学生对理论的理解能力与创新能力;后者主要输送的是技术技能型人才,着重培养学生的实际动手操作能力和实践能力。从教学内容来看,前者强调理论系统性,后者强调技术技能的连续性。从教学过程来看,教师、教法、环境和教学过程等都有区别。

(2)人才的成长规律

第一,技术技能的个性化特点是技术技能型人才成长规律的核心要素,所以培养技术技能型人才不能像普通高等教育那样把学生集中到一起,千篇一律地进行教育,而应该注重企业的差别性、注意岗位的差别性、关注学员的差别性,从而选择适当合理的培训内容、培训教材和培训方法。

第二,技术技能的岗位性特征,使得技术技能人才的培养具有目标性、针对性。因此,技能型人才的培养必须和岗位紧密结合,立足岗位培养和成长,根据岗位特点和岗位要求设置培训内容和培训课程,强调在实际岗位中进行现场传授和训练。

第三,技术技能的动态性和技术技能水平提升的渐进性,决定了技术技能型人才的成长是在生产、工作的实践过程中一步步螺旋式完成的。它与实践密不可分,并且随着企业技术的发展和设备的更新而不断发展变化。技术技能的境况,要求在一个动态的过程中进行训练和学习,在生产、工作的实践过程中一步步掌握和提高,谁也不可能做到一步登天,总是存在着从"生手"向"熟手"逐渐转化的过程。

第四,技术技能型人才的成长与实际岗位的实践训练是直接并行的。离开了岗位生产实践的技术技能是不可能存在的,技术技能既从岗位实践中来,也要通过岗位实践获得经验,两者是产生与发展并且反作用的关系。而且要掌握技术技能必须亲身进行操作,在反复的训练过程中,运用和验证学习的理论知识,在揣摩和摸索中逐渐积累经验,掌握技巧。

3.技术技能型人才的培养要求

(1)必须遵循技术技能型人才成长的客观规律

技术技能型人才成长的客观规律是内在的,是不以人的意志为转移的。技术技能型人才的培养必须遵循技术技能型人才成长的客观规律,注重技术技能型人才培养的针对性、动态性与技术技能提升的渐进性,并根据技术技能的特点,科学合理地设置培训内容和培训教材,选择适当的培训方法。

(2)开放灵活和自主创新的培养模式

技术技能型人才的培养,不能死搬教条、墨守成规,应当在实践过程中解放思想,具体内容具体分析,走开放灵活的道路。培养方法、培育途径等要勇于自我探索,逐渐摸索出符合自己实际情况的培养模式。在培养过程中注意知识与技能的配比关系,对知识的学习和技能的训练都不能忽视,知识是技能操作的理论基础,技术技能是知识在岗位操作中的具体实践应用,两者要保持适当的比例。

(3)校企合作是职业院校培养技术技能型人才的主要方式

企业是技术技能型人才培养的重要基地,技术技能型人才培养的许多关键环节必须在实际生产岗位、在接近或等同企业的实际工作环境中完成。校企合作应该作为职业院校培养技术技能型人才的主要选择方式,并明确校企合作的形式和内容。在校企合作培养高技术技能型人才的过程中,需要解决好两个问题:一是如何理解企业在技术技能型人才培养中的主体性作用;二是如何发挥学校的育人优势,并充分利用和挖掘企业的资源。

技术技能型人才的最终使用者是企业,所以必须从企业的用人标准出发,从企业生产岗位的实际需求出发,去设计培养方案和教学模式,特别是技术技能的训练环境必须接近或等同企业的实际工作环境,尽量利用生产现场和岗位进行实训,按照技术技能型人才的成长规律,科学、合理地去培养技术技能型人才。

职业院校要尽可能地去了解企业,包括企业的技术水平和特点、企业现有的岗位情况和岗位技能要求、企业的用工需求等,并形成制度化、责任化管理,定期、定人到企业去走访、调查。同时,职业院校要加大自身的资源开发和管理的工作力度,切实提高学校的培养能力,构建受到广泛认可的终身职业培训平台,提高自身在高技术技能型人才培养中的地位。而具体的校企合作的培育路径会在本书第五章做进一步的阐述。

(三)新时代技术技能型人才工匠精神培育的基本内涵

在新时代背景下工匠精神渗透进了各行各业。该精神是个人成长、企业腾飞和民族复兴中国梦实现的精神力量。尤其是在供给侧结构性改革的背景下,对于"卓越"和"品质"的追求更是各行各业的职业信仰。工匠精神的培育应满足社会发展和人民日益增长的美好生活向往的普世追求,而工匠精神的培育离不开职业教育的环境与氛围。职业教育在改革道路上不断前行,也为我国的经济社会发展培养了一大批优秀的技术技能型人才。工匠精神正是这些技术技能型人才的优秀基因之一,是这些技术技能型人才特质的本质表现,同时也是职业教育的基本规律和特征。[①] 新时代技术技能型人才工匠精神培育的基本内涵大致可以从内涵逻辑、价值取向和实践内容等方面展开。

1. 内涵逻辑

新时代技术技能型人才工匠精神培育可以以职业院校为孵化器,以工匠精神为导向进行技术技能型人才的培养,从职业院校的教育教学原则入手,将工匠精神的培育作为职业院校的立校之本以及教育初心,从而为国家发展培养大量的技艺精湛、守正创新的大国工匠以及数以万计的技术技能

---

① 成涛,王俊.新时代工匠精神引领高职院校技术技能人才培养的研究[J].科教导刊,2019,9(27):5-6.

型人才。

2.价值取向

新时代技术技能型人才工匠精神的培育是实现中国从制造大国到智造大国再到创造大国跨越发展的催化剂以及这一梦想的助推器,是提高劳动者的职业技术技能和培养其职业精神的高度融合表现,更是贯彻落实"职教20条"①精神的具体举措。

3.实践内容

从实践内容来看,新时代技术技能型人才工匠精神的培育可以通过职业院校完善的实践教学平台,让学生掌握专业的技术技能,再让他们到企业锤炼匠心匠德,融合多方共同培育以及实践,不断养成具有精湛技艺的工匠精神。

三、新时代工匠精神培育的内在逻辑

新时代工匠精神的培育离不开职业价值观、职业人生观的形成基础,而精神的培育更是要建立在职业精神的内核之上,从而形成具体的内涵。下文就着重探讨新时代工匠精神培育的历史逻辑、生成机理、逻辑起点和逻辑框架。

(一)工匠精神培育的历史逻辑

工匠精神蕴含着最本质的文化基因,是国家与民族宝贵的精神财富。不管是东方还是西方,工匠精神都与其历史文化一脉相承,但各个国家因其自然资源、民族特性、历史文化的不同,形成了本国独特的工匠文化。工匠精神在历经文化的打磨与时代的变迁之后,历久弥坚,愈加彰显出其深刻而广泛的时代意义与时代价值,是国家与民族宝贵的精神财富。

我国历史上并没有直接出现"工匠精神"这一词语,但其所包含的伦理及内涵古已有之。华夏大地拥有着五千年的文明,中华文化源远流长、博大精深,蕴藏着丰富的工匠伦理思想文化。比如早期神话里工匠的溯源、先秦

---

① 2019年1月24日国务院印发《国家职业教育改革实施方案》,简称"职教20条"。

时期的工匠、封建王朝时期的工匠记载等,都为我国工匠精神的培育提供了历史依据和逻辑依据。而西方的工匠精神同样得到重视和推崇。在日本,工匠精神被称为"职人精神";在德国,工匠精神被称为"劳动精神";在美国,工匠精神被称为"职业精神"。虽然提法不同,但含义相近,这些精神都具有严谨、细致、专注、精益、创新等特点。因此工匠精神的培育有其历史逻辑。

(二)工匠精神的生成机理

物质与意识(或存在与精神)是辩证唯物主义的一对基本哲学范畴。基于物质或存在的基本观点,人们产生了世界观、价值观和人生观。个体在最基本的人生观基础上,再产生人际观、社会观、国家观等。因此,当一个人的人生观、价值观映射在其职业之上时,就形成了这个人对自己职业的观念。而在一个人形成自己的职业观念之后,进一步对自己的职业进行深入挖掘,就会逐步聚焦于职业的核心精神内容也就是工匠精神,并且逐渐形成敬业乐业、专注专一、精益求精的职业品质,具体就会体现在匠心、匠术、匠德的三重维度上。

一个人对职业的认识和认同取决于其人生观的养成,只有具备向上的人生观进而形成积极的劳动价值观,个体才有可能对自己的职业有成熟、全面和理性、清晰的认识。价值创造离不开劳动,而幸福的获得也离不开劳动。因此,对于不同行业、不同职业和不同岗位中的劳动价值或者说幸福指数要有相对客观的认识和判断,这样才能对自己的行业、职业和岗位有认同感和接受度,然后才会对自己所从事的岗位、职业、行业有一定的价值荣誉感和职业满意度。① 基于这种价值观就会产生一种精神,这是一种对于自己职业、行业和岗位的价值凝练,也是一种工作状态,也就是工匠精神(如图 2-1所示)。

首先,个体的价值荣誉感的高低决定了其对自己的职业所持有的态度是否正向;其次,个体的职业态度的好坏又决定了其在具体工作中的品格和表现;最后,个体的工作品格和状态又会决定其能否在自己的行业、岗位、职业中升华出更高的理想追求和精神境界,也就是工匠精神的最高维度。

个体的人生观决定了个体对于工匠行业的认知,而这种认知又影响了工匠精神。工匠精神包括对于这份职业的态度、品格和理想三个螺旋上升

① 赵绚丽.职业精神的逻辑体系及高职生职业精神培育模式[J].江苏教育,2019,8(60):32-33.

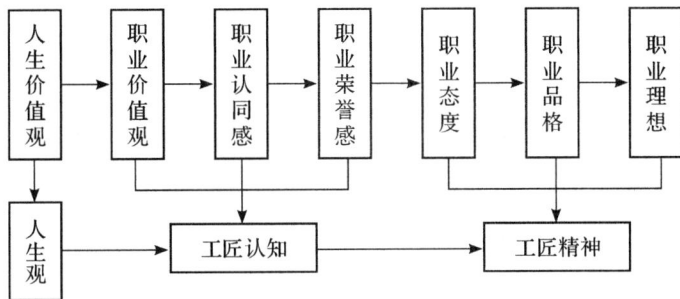

图 2-1 工匠精神的生成机理和生成过程

的结构和层次。个体对职业的喜爱程度决定了其对自己职业的责任感,而责任感又决定了其在职业中的专注程度。只有喜爱,才会具有责任心;只有具备责任心,才会专注于这项工作;而专注于这项工作,才能具备认真的态度;而有了认真的态度,才会注重细节、注意程序,做到敬业和细致;在敬业的基础上,才能把时间、精力投入工作之中,也就是实现了从匠心到匠术再到匠德的三个层次(见图 2-2)。这样就能在行业、职业过程中真正体现工匠精神,而个体就会激发出超越别人的勇气和毅力,也会催生出真正的追求卓越的工匠精神。

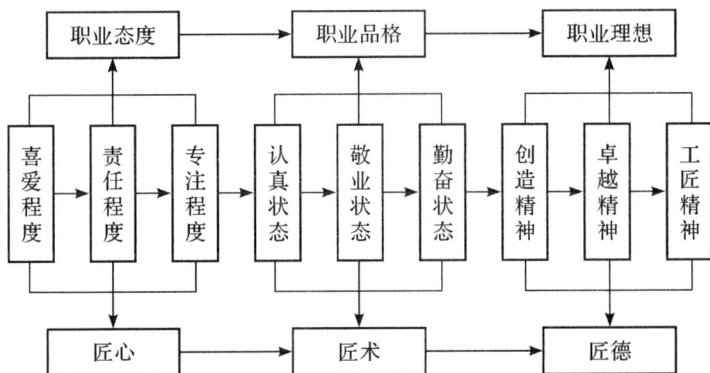

图 2-2 工匠精神的逻辑层次

工匠精神始于人生观,体现在工匠的态度、品格、理想方面,是环环相扣、层层递进的过程。所以在看待工匠精神的时候不能割裂地单独去看,而是要整体全面地看待,去溯源、解构工匠精神,从而才能对工匠精神的培育有更加清晰的逻辑理路。

(三)新时代工匠精神培育的逻辑起点

新时代工匠精神的培育需要以人为本,关注人的主体价值,倾力培养"工匠之师",把恪守、精益、卓越和创新等珍贵品质融入职业教育之中,帮助准职业人追求自我价值的实现,进而满足产业需要,促进国家发展。

"工匠精神"的培养需要建立在个人的主体价值之上,一切从人出发,以人为本,否则职业教育就会成为舍勒所言的"人之为物"的教育,而将人的"生命价值隶属于有用价值"[①]。然而,目前职业教育中仍然存在着功利化和工具化的倾向,我们往往偏重于培养个体的"职业性"而忽略了"育人本性",着眼于学生的"就业率"而忽略了对他们的"职业发展"和"职业迁移"能力的培养。对于被功利化或者工具化的人,工作之于他可能只是个"饭碗"或者责任的存在,而不会成为毕其一生去追求的事业,这也就是为什么社会总是会出现"高薪不喜欢"和"低薪很喜欢"工作的争论和博弈。寻求现实利益的劳动者,在职业过程中是无法去谈及超越、创新和自我价值的实现的。所以,职业教育必须要回归到育人的初心之上,关注教育的目的和教育的幸福感以及获得感,在奠基技术技能的基础之上也要提升文化的熏陶和着眼于软技能的养成,这样才可能培育出优质的工匠型人才。

劳动者要建设社会、改造社会的前提是能够实现自我主宰、自我规范、自我超越和自我创造。我们每个人都在为社会贡献中实现自我,又在实现自我的过程中产生着社会价值,从而达到自我价值和社会价值的统一。在这种情况下,内在的主体性被激活,成为一种创造自我价值、实现自我本质的巨大动力,个体的主观能动性才能被调动起来,职业信仰和职业理想也才能够建立。任何科学技术的发展都与发明创造者的精神引领密切相关。稻盛和夫认为,纯粹的心灵对于人生和工作至关重要,要把工作当作修行,让这种精神力量不断升华和提炼,它就会成为支持科技发展的动力和力量。也正因为如此,稻盛和夫成功创办了京瓷与 KDDI 株式会社两家世界五百强企业。对于职业院校来说,应当摒弃偏颇的价值倾向,"制器"更要"育德",要让工匠精神成为职业院校的精神标杆,培养具有主体性、能动性,能乐观、积极地对待工作的人。只有这样,教育的社会服务价值与每个个体的人生幸福目标才能对应起来,新时代工匠精神才能够得到有效树立和培育。

---

① 舍勒.舍勒选集[M].刘小枫,选编.上海:三联书店,1999:512.

(四)新时代工匠精神培育的逻辑框架

新时代工匠精神培育的框架体系涉及内容、手段、机制三个方面。

1.培育内容

工匠精神是技术技能型人才的培养目标,其概念中涵盖品德素养、技能知识等全部要素,即前文所述的"匠心""匠术""匠德"。匠心是工匠精神之基,匠术是工匠精神之本,匠德是工匠精神之魂。匠心的萌发孕育了匠术与匠德,匠术与匠德的精进又滋养着匠心。由于技术与品德是可以通过外界的教育环境直接干预和影响的,因此,工匠精神培育的核心内容便是匠术与匠德,即"技"与"德"。对于具备工匠精神的技术技能型人才的关键要求便是"技"与"德"的统一。新时代工匠精神培育的根本任务就是培养"德技并修"的有用人才。一方面,要将道德教育和精神培育作为培养技术技能型人才的重要内容,将工匠精神内植于心;另一方面,要将工匠精神的培育付诸具体的技术技能操作过程和实践,将工匠精神落到实处。总之,只有实现"德"与"技"的有机统一,才能使工匠精神"内化于心、外化于行"。

2.培育手段

工匠精神的培育手段是指在技术技能型人才工匠精神培育过程中所利用的具体的方式方法。新时代工匠精神培育的手段主要是打造涵盖"课程、实践、创新"三方面的教学平台。[①] 教育课程平台围绕工匠精神的内核设置适应技术技能型人才个性发展的培养方案和基础平台课程,注重理论知识学习和实践技能训练的衔接,打造特色课程体系;技能实践平台以强化工匠精神、培养匠心文化为目标,从组织、资金、场所三方面创造良好条件;创新活动平台开展创新教育、培养创新能力,通过创新精神的引领,实现工匠精神的培育。技术技能型人才工匠精神培育要依托"教育课程平台""技能实践平台""创新活动平台"三大平台,并将其作为重要的抓手和手段,激发学生的学习积极性和创新思维,实现从课程基础到实践提升、再到创新升华的量变到质变的飞跃过程。其中,技能实践平台是沟通学生在校学习与企业实践的桥梁,必须强化"校企合作、工学结合"的育人模式。与国外相比,我

---

① 李慧萍.技术技能人才工匠精神培育研究——理论内涵、逻辑框架与实践路径[J].中国职业技术教育,2019,5(13):43-48.

国"校企合作、工学结合"的职业教育历程比较短,在政府的政策支持和大力推动下,大多数的高职院校都开展了不同形式的"校企合作、工学结合"教育,形成了有中国特色的教育模式。"产学合作"教育制度充分利用了学校和企业的优势资源。一方面企业为学生提供奖学金、实训设备等资源,定期选派员工到学校参加进修和培训;另一方面,企业选拔优秀的一线"职人"到学校进行讲学或实训指导。[①] 学校和企业在人才培养上紧密合作,将更好推动工匠精神的培育。

3.培育机制

建立和健全培育机制是增强工匠精神培育的实效性、持久性和稳定性的有力保证。新时代大学生工匠精神培育机制是指新时代大学生工匠精神培育系统的各构成要素之间相互联系、相互作用的过程和方式。本书从动力机制和功能机制两个方面对此进行分析。

(1)动力机制

动力是一切力量之源,它指事物运动、变化、发展的推动力量。新时代工匠精神培育的动力系统包括引导力、驱动力、支撑力三个子系统,它们相互联系,相互制约,相互作用,有效耦合,协调发展,构成新时代工匠精神培育的动力机制,有效促进新时代工匠精神培育的良性运行与创新发展。

新时代工匠精神培育的引导力是一个多方共建的动力体系。从教育主管部门来看,各级教育主管部门在整个培育过程中发挥着指导和督促的作用,构成工匠精神培育的督促力和推动力。从高校尤其是高职院校来看:高校领导机构根据本校的办学特色、人才培养方案、校园文化等因素进行综合研究,对工匠精神培育进行整体规划和统筹布局,形成引领力和统筹力;担任专业课教学的教师直接对大学生进行与工匠精神相关的理论教育和实践教育,形成新时代工匠精神培育的教育引导力;辅导员、管理人员和其他服务工作者对大学生的精神生活和行为举止发挥一定的教育影响作用,形成辅助性力量。从家庭来看,家长及其他家庭成员对大学生精神世界的形成和发展发挥着基础性的、潜移默化的影响,构成工匠精神培育的家庭影响力。从其他社会组织来看,地方政府、社会团体、企业、社区、乡村等组织为工匠精神培育提供资源和平台,构成新时代工匠精神培育的协同支撑力。

---

① 汤艳,季爱琴.高等职业教育中工匠精神的培育[J].南通大学学报(社会科学版),2017,33(01):142-148.

总之,上述四个方面及其各层级的力量纵向贯通一致、横向有机耦合,在同向同行中构成新时代工匠精神的主体引导力。

新时代工匠精神培育的驱动力主要是指作为工匠精神培育对象的大学生的内在驱动力。大学生接受工匠精神教育的驱动力主要来自其自身成长的精神需求,其中最重要的是对实现自我的需求。实现自我是指个体对追求未来最高成就的人格倾向性,是对个人理想和抱负的实现。大学生实现自我需求的满足要求大学生掌握个人与国家、民族、社会及他人关系处理的思想原则,更要求大学生掌握满足时代发展需要的过硬本领或技术技能。

新时代工匠精神培育的支撑力是指来自社会大环境的环境支撑力,包括国家主流新闻媒介和各级党政机构贯彻落实新时代弘扬和培育工匠精神的战略规划和战略布局,并开展工匠精神宣传教育系列活动所提供的社会氛围支撑;新时代中国特色社会主义文化建设构筑劳动者平等、劳动光荣、奋发进取、勇于创新、敢于创造的社会风尚所提供的社会精神环境支撑;新时代深化供给侧结构性改革、推进科技创新发展、实施乡村振兴战略、建设"一带一路"等经济工程建设为工匠精神培育提供的物质基础支撑。

(2)功能机制

新时代工匠精神培育的功能机制主要包括激励机制和保障机制两个方面。其中,激励机制是指在新时代工匠精神培育过程中,培育主体采用合适的激励手段和方式,唤起培育对象的思想意识,促进工匠精神品质的塑造。激励机制是激发工匠精神培育内生动力从而提高培育成效的有效方式。保障机制则是指为保障工匠精神培育活动得以正常、有序、顺利进行而提供的内部条件和外部条件。保障机制是确保新时代大学生中国精神培育的正常开展、有序运行和可持续发展的基本手段。

新时代工匠精神培育的激励机制需要明确激励对象、激励内容和激励方式。在激励对象上,应实现以技术技能型人才为重点的全覆盖。既要实现对培育对象的激励,还要对管理者等各层级或各部门的培育主体进行激励,以提升其工作的主观能动性。在激励内容上,除一定的物质激励外,还应重点进行精神激励,即既要运用适宜的物质手段调动培育对象传承、弘扬和践行工匠精神的积极性、主动性和创造性,又要对在此过程中表现突出的优秀大学生或技工授予一定的荣誉称号,给予表彰宣传。在激励方式上,一方面,要运用好在各行各业具有精湛技术技能的先进人物事迹,使培育主体发自内心地想要效仿榜样,或者通过培育主体的躬身示范带动培育对象弘扬和践行工匠精神;另一方面,在工匠精神教育过程中充分展现工匠精神教育的人文关怀品质,做到理解、信任和关爱,从而激励和鼓舞培育对象主动传承和弘扬工匠精神。

新时代工匠精神培育的保障机制既需要制度保障,也需要物质保障。制度保障是以制度的确立和完善确保工匠精神培育的顺利有效展开。要建立工匠精神教育信息反馈平台、实效评价体系和成效评估制度,使培育对象在接受工匠精神教育的过程中所呈现出来的认知、情感和践行情况得到真实、及时的跟踪、反馈与总结,从而更好地指导进一步的培育工作。新时代工匠精神培育的保障机制也包括经费、设备等物质保障。在工匠精神培育过程中,举办技能创新大赛、开展实践体验教育等都需要一定的经费和设备予以支撑。

精神具有复杂和多元的含义,它源于意识又高于意识,可以说是社会意识的抽象性价值,而工匠精神更是基于精神内涵之上生发出的具体领域的精神概念,最基本的内涵和突出的特征就是精益求精,而除此之外还包含了持之以恒、爱岗敬业、守正创新的精神,可以解构为"匠心""匠术""匠德"三重架构。工匠精神具有民族性、人民性、时代性、创新性和实践性的突出特征,在新时代背景下,再次呼吁工匠精神的回归,这也是国家、企业和个人三方合力的共同结果。

在社会经济的发展、生活水平的提升、人类文明的进步的推动下,社会分工更加细化,也更加需要专业人员来解决专业问题,也催生出技术技能型人才的发展。技术技能型人才的培养依托职业教育,更加注重动手操作能力、实践能力,强调技术技能的连续性。而新时代技术技能型人才的工匠精神培育内涵则主要包含内涵逻辑、价值取向和实践内容三个层次。

工匠精神始于人生观,进而影响职业态度、职业品格和职业理想三重逻辑结构,在职业态度上包含对职业的喜爱程度、责任程度和专注程度,职业品格上包含认真状态、敬业状态和勤奋状态,职业理想包含创造精神、卓越精神和工匠精神。而其培育建立在一定的历史逻辑之上,理论的逻辑起点则是建立在个人的主体价值之上,以培育内容、培育手段和培育机制作为系统性框架。

第三章 传承与借鉴:中外工匠精神研究

工匠精神是工匠对设计独具匠心、对质量精益求精、对技艺切磋革新、对作品竭尽心力的精神追求,蕴含着最本质的文化基因,是国家与民族宝贵的精神财富。不管是东方还是西方,工匠精神都与其历史文化一脉相承,但各个国家因其自然资源、民族特性、历史文化不同,形成了本国独特的工匠文化。了解工匠精神的文化渊源及历史发展,借鉴吸收人类文化的优秀成果,有利于我们真正认识工匠精神的内涵,为新时代工匠精神的研究与传承提供良好的历史借鉴。

一、传承:古代中国的工匠精神

提到工匠精神,可能大部分人第一反应联想到的国家是德国或者日本。德国人的高度严谨及日本产品的精细化,世界闻名,给人们留下了非常深刻的印象。但工匠精神对于我们中国而言并不是舶来品。虽然"工匠精神"四个字是非常现代的词语,我国历史上并没有直接出现"工匠精神"这一词语,但是其所包含的伦理及内涵古已有之。华夏大地拥有着五千年的文明,中华文化源远流长、博大精深,蕴藏着丰富的工匠伦理思想文化。

(一)古代中国工匠精神的源起

1."工匠"词义溯源

"工"字,在甲骨文里写作"δ",是象形字,字形像古代匠人的多用途器具,上面是"丁"形"T",下面是可握可箍的圈"○"。有的甲骨文写作"工"以简化字形。发展到后期的金文字形为"工",由一个丁头"T"和一个刀铲

"◡"构成。有的金文与篆文里的"工"字则直接承续简体甲骨文字形。从"工"字的字形变化中,我们可以发现其造字本义指的就是古代匠师的多功能用途器具,可量可画,可撬可锤,可劈可削。《说文解字》中对"工"字解读如下:"工,巧饰也,像人有规矩也。"①也是"工具"的意思。《周礼·考工记》中关于工的记载为:"审曲面势,以饬五材,以辨民器,谓之百工。"②这里提到的"百工"是职业的一种,对"工"的解释也开始深入职业职责领域,认为"百工"的职责在于充分了解自然物材的形态、性能,并根据材料本身的性状,施加人工,制为器具,为百姓所用。"工"一词还有其他含义,例如《诗经·周颂·臣工》中有:"嗟嗟臣工,敬尔在公。王厘尔成,来咨来茹。"③这里的工代指"群臣百官"。随着时间的变迁,"工"字的含义逐渐演变成为现在我们常见的"工业""工人"。

　　"匠"字,甲骨文中未见该字,金文中有出现"匡",由"匚"(竹筐)和"斤"(斤,斧子)组成,其造字本义为筐里背着刀斧工具。篆文中的"匠"字基本承续金文字形。后来的楷书"匠"则是将篆文字形中的"斤"写成"斤",也就变成了我们所熟悉的"匠"字。《说文解字》中解读为:"匠,木工也。从匚,从斤。斤,所以作器也。"④将匠定义为制造器具的木工。《周礼》中关于"匠"的描述可见于《周礼·考工记》中的"匠人营国"以及《周礼·匠人》中的"匠人为沟洫"等,这里的"匠人"主要是指建造宫殿及水利工程的工匠。因而《周礼·考工记》中就将"匠"描绘为"攻木之工七:轮、舆、弓、庐、匠、车、梓。匠人建国,匠人营国,匠人为沟洫。"这里的匠同为建造者之意。另外,"匠"也含有治理的意思,例如《小尔雅》中有:"匠,治也。"总而言之,在中国古代典籍中,"匠"多指在某一方面有专门技艺或者高深造诣的人。

　　关于"工匠"一词,中国古代早期并未直接出现"工"与"匠"的合用词,但类似"工匠"的词不胜枚举,比如"工""工巧""工尹""工匠""工人""工师""百工"等,"匠""工匠""匠意""匠工""匠人""匠氏"等。随着封建制度的不断完善及社会分工日益精细化,工与匠开始有了专门的户籍管理制度,称作"匠籍",于是便有"工在籍谓之匠"的说法。从此,"工"与"匠"合为一体,"工匠"

　　① 许慎.说文解字[M].北京:中华书局,1963:100.
　　② 闻人军译注.考工记译注[M].上海:上海古籍出版社,1993:117.
　　③ 刘毓庆,李蹊译注.诗经(下)雅颂[M].北京:中华书局,2011:823.
　　④ 许慎撰.徐钻等校.说文解字[M].上海:上海古籍出版社,2007:640.

也变成了拥有某一方面特长技能的一类人的统称,逐渐成为广泛使用的合成词。中国古代涉及"工匠"一词的古籍较多,比如《逸周书·文传》:"山以遂其材,工匠以为其器,百物以平其利,商贾以通其货。"《荀子·儒效》:"人积耨耕而为农夫,积斲削而为工匠,积反货而为商贾。"《辽史·圣宗纪八》:"禁工匠不得销毁金银器。"另外《周礼·考工记》《中国历代考工典》《营造法式》《天工开物》等,都有相关篇章专门论述工匠。随着时代的发展,"工匠"一词也被赋予了更为丰富的含义。

2. 早期神话里工匠溯源

在原始社会时期,古代中国并未产生工匠职业的分工,但在很多流传至今的神话传说中蕴含着先民对发明器物的技术高超的技术者的崇拜。在古代中国,各种和人们生活密切相关的技术和器物几乎都带有相应的神话传说。很多技术发明创造者均为神灵,这里面既包含了对神灵和英雄的崇拜,也体现了人们对高超技术的向往,这些神话中包含了最原始的古代工匠道德伦理诉求。

上古时期神话中的氏族领袖,也多为在某一方面有特殊技术技能的人才,甚至可以称得上是"工匠型"的圣王。比如大家经常说的"三皇五帝"。"三皇"是华夏的祖先,有很多著作对此有着不同的解释,不同著作列出来的"三皇"人物是不同的。在先秦古籍《世本》中,"三皇"指的是伏羲、神农、黄帝;而《吕氏春秋》所记载的"三皇"是伏羲、神农、女娲;在《史记·秦始皇本纪》中"三皇"则是天皇、地皇及秦皇,但在《补史记·三皇本纪》中所记载的又不一样,是天皇、地皇、人皇;《尚书大传》中的"三皇"指的是燧人、伏羲、神农;《风俗通义·皇霸篇》写的是伏羲、女娲、神农。"三皇"到底是指代哪些神话人物,此处不做论证,但是从神话传说中可以看出,"三皇"的主要功绩便是教会了人们生产生活的技能,使人们渐渐脱离茹毛饮血的时代。例如通常所认为的"三皇"伏羲教会了人们织网的技艺,让他们可以用网去打猎、捕鱼;女娲则为人类如何繁衍生息做出了典范,我们从小就听过关于女娲的很多神话故事,她是上古时期的创世女神,造物造人,补天救世,被世人称为大地之母;神农氏教会了人们怎样进行农业生产;祝融则被尊奉为火神、灶神。几乎每一位都有技能方面的创造,同时也反映了原始氏族从采集到渔猎,再到农业生产的演变情况。

"五帝"指的是中国传说中的五位部落首领。"五帝"在不同的史料中的记载也是不同的。关于"五帝"主要有三种说法。一种是指黄帝、颛顼、帝喾、尧、舜;第二种是指大昊伏羲、炎帝、黄帝、少昊、颛顼;最后一种说的是少昊、颛顼、高辛、尧、舜。一般情况下大家说的"五帝"是指黄帝、颛顼、帝喾、尧、舜。仔细研究,大家也会发现,某种程度上"五帝"也是"工匠型"圣王。黄帝最为重要的贡献为"艺五种"。"五种"即黍、稷、菽、麦、稻五谷。根据古史传说记载,神农氏只能种植黍、稷,而黄帝则在此基础上进一步推进了原始农业的发展,能种植多种粮食作物。而且,黄帝发明了井。中国史前农耕聚落分布呈现出沿小河而居的特点,井的出现让人们摆脱了对河流的依赖,从而能居住于离河流较远的地区,避免洪水对居住地的影响。颛顼也为农业生产做出了巨大贡献,例如修订历法,同时拥有斩妖除魔、造福人间的本领。根据传说记载,内黄(今河南省北部)西南一带出现了一个经常口吐黄水淹没农田、冲毁房屋的黄水怪,颛顼听说后就决心降服它。他与黄水怪激战九九八十一天,奈何黄水怪本领高强,神通广大,两人不分胜负。颛顼于是求助于女娲,女娲帮其借来天王宝剑,最终颛顼用天王宝剑打败了黄水怪,然后用天王宝剑把大沙岗变成了一座山,取名付禺山,又用剑在山旁划一道河,取名硝河。从此这里有山有水,林茂粮丰,百姓过上了太平的好日子。这个故事虽然讲的是对付黄水怪,其实应该指代的是颛顼治理洪水的事迹。帝喾的贡献则是修订节气。传说帝喾以前人们从事农艺畜牧没有科学的时辰顺序,只是日出而作,日落而息,这些严重限制了农业的发展。于是帝喾探索天象及植物变化规律,划分四时节令,指导人们按照节令开展农畜活动,极大地促进了农业生产力的发展,使得农耕文明走进了一个崭新的时代。尧则是发明了造酒术。传说中尧为了感谢上苍,祈福未来,精选最好的粮食,用潭水浸泡,用特殊手法去除杂质,提取出精华合酿祈福之水,此水清澈纯净、清香悠长,以敬上苍,并分发于百姓,共庆安康。舜擅长农耕,禹擅长治水,并制造了九鼎。某种程度上来说,传说中的"三皇五帝"都相应地拥有不同的技能,或能促进农业进步,或能提升生活水平,福泽万民,这些也体现了人们对技能的追求与崇拜。

除了神话外,这种对高超技术的尊崇和向往也深刻地体现在原始宗教行为之中。华夏文明起源于农耕文明,因为居于内陆,受地理环境限制,我们的祖先主要进行农业生产活动。一开始祖先们崇拜的多为自然力量,比如山神、水神、风神、雨神等等。随着生产活动的发展,先民们不断运用智慧制造了劳动工具,逐渐发明创造了石锄、石斧等农业工具,农业生产能力及生产水平不断提升,同时,人们逐渐产生了对生产工具的尊重与敬畏之情。

比如先民对弓箭、耒耜等生产工具非常珍惜和尊重，认为这些工具是有灵性的东西，对这些生产工具不尊敬会带来不祥的后果。尽管此时对工具的敬重并不是建立在善恶关系的评价基础之上，但有利于先民形成对工具的敬畏意识，是工匠伦理中工匠对造物工具的尊敬、对造物规则的遵守以及对人与自然关系的敬畏之情的萌芽。这种对器物的敬畏之心到后来逐渐演变成礼法制度中对于祭祀器物的重视及严格的等级规制要求。

3. 现实意义上的工匠起源

不管是传说还是宗教，多多少少有些神话色彩。如果要追寻现实意义上的工匠起源，大概要从制造工具开始说起。马克思认为，人和动物的根本区别在于人能够制造工具和使用工具。在原始社会早期，社会未出现明显分工，制造的工具通常也不精细，并未出现专门从事制造的工匠。随着智力的发展及经验的积累，氏族中的一部分人逐渐呈现出比他人更为突出的技能天赋，这些人逐渐被部落首领或者氏族成员安排去专门负责工具的制造。因而在旧石器时代，某种程度上已经产生了原始时期的手工业。《中国历代考工典》中有记载："制器"之事"盖有人事则有之"，"大禹始作祭器，及食用之器咸备"等。

到了新石器时代，人们的生活水平及器物诉求提升，生产工具及生活用具种类逐渐增多，技术要求也越来越复杂。比如新石器时代最具特色的制陶业，具体工序包括选用材质、制胚、装饰、烧制等一系列技术。制造者还需探索根据器物用途混入其他材质以增强耐火性等技术，例如浙江余姚河姆渡遗址中出土的陶器，就有掺入稻壳等形成了特有的夹炭黑陶。同时制造者还需具备一定的修削技术，甚至为了美观，需要在陶体表面绘画，还需掌握一定的烧制办法，这些对技术要求非常高。如此复杂的工序和劳动要求不是部落所有成员都能胜任的，需要由一些有技术专长的人担任并开展专门的制作活动，而这些人就是现实意义上的早期工匠。随着生产与生活用具制造要求的不断提升，手工业开始从农业中分离出来，并逐渐发展成为单独的行业。到了原始社会晚期，开始出现了部落氏族成员之间的手工业生产分工，甚至出现了专门的氏族工匠，例如椎工终葵氏、釜工锜氏、篱笆工樊氏、陶工陶氏、绳工索氏、巫氏、卜氏等，这些都是比较擅长某种手工业技能的氏族。这一时期人们从事手工劳动，并不受所谓的统治与剥削，工匠也只是氏族内部出现的分工而已。

所以不管是在传说中的圣王时代，还是在考古发现的旧石器与新石器时代,工匠们都受到统治阶级的重视,受到百姓的尊敬,工匠的地位是不低的,人身是自由的,同时在技艺方面非常富有创造性,他们为中国古代原始手工业的发展做出了巨大的贡献。

(二)中国古代工匠制度的变迁

经过原始社会长期的物质及经验积累,农业、畜牧业和手工业都得到了进一步发展,中国开始进入文明社会,同时行业分化日益明显。随着手工业的发展,出现了专门针对工匠的管理制度,甚至还出现了明文规定的工匠规范要求。私有制国家出现以后,人们按照所从事的职业分为士、农、工、商等,至此工匠正式成为国家行业领域的重要职业。

1. 先秦时期的工匠

夏朝时期,社会性质发生了变化,手工业从农业中分离出来,同时手工业内部开始出现了非常精细化的专业分工。夏代手工业包括王室、部落或氏族、私人手工业三种类型,其中王室设置"司工"来管理各部落的手工业[①],部落手工业以家庭工匠生产为主,生产所得上交部落,其中有一部分产品由部落上交王室;私人手工业则是民间自发。也就是说在夏代就产生了早期的类似"官匠"及"私匠"之别。此时的工匠因技术精湛,受到了广泛尊敬。《尚书·夏书·胤征》记载有"工执艺事以谏",以及《周礼·考工记》中"夏后氏上匠"等文字记录,可以看出,当时工匠社会地位较高,在社会政治生活中有一定的发言权。另外此时还有一些颇受人尊敬的工匠,比如大匠奚仲。关于奚仲的记载文字很多。他是一位擅长制造车驾的工匠,因技艺超群而受到了人们的尊敬,甚至被称为"车神"。民间还流传有"祭拜奚仲,平安出行"的民谚。此外,根据夏代墓葬考古发现,有的墓葬出土了大量的手工工具,基本可以判定墓主生前为手工业者,而其墓葬的规格及随葬品的种类显然比普通氏族成员要高,由此可以推断此时的工匠地位高于一般的平民和奴隶。

商代时期,根据当时的甲骨文、金文的记录,"工"字出现频率很高。根据学者的研究,甲骨文曾出现"多工、我工"这样的词语,大约指代奴隶主控制下的工奴。[②] 甚至还出现了"取工、丧工、执工"等关于工奴逃亡或被用来

---

① 常淑敏.殷墟的手工业遗存与卜辞"司工""多工"及"百工"释义[J].江汉考古,2017(3).
② 肖楠.试论卜辞中的"工"与"百工"[J].考古,1981(3).

祭祀的记载，说明此时已经出现部分被王室和贵族奴役的工奴。商代王室所需的工艺器具，例如兵器、钟磬、礼器等，规模宏大且质量要求高，仅靠一人或几人之力难以完成，于是"以职为氏"在商代越来越普遍，很多氏族开始从事专门的器具制造工作。《左传》中有记载：殷民有六族为条氏、徐氏、萧氏、索氏、长勺氏、尾勺氏，之后为七族，为陶氏、施氏、繁氏、锜氏、樊氏、饥氏、终葵氏，这些姓氏都是有专门的技巧和手艺的家族并且聚居于一处，同时有了"工不族居，不足以给官"的说法。可见在商代，从事手工业生产的工匠主要是氏族聚居，并以官府工匠为主，即"尤以王室和各级贵族掌控部门为最，这主要涉及陶瓷、玉石、漆木、丝绸和造车等方面"①。

到了周代，工匠聚集而居更为普遍，同时官匠与民匠分类日益明显。延续商代"工不族居，不足以给官"的同时，还出现"士之子恒为士、工之子恒为工、商之子恒为商"，即各行各业世代承袭日益固定化，工匠职业世袭也基本明确。周代对于工匠的记录主要集中于《周礼·考工记》，这是中国现存最早的手工业专著。《周礼·考工记》中专门讨论了百工之事，开卷明义："国有六职，百工居一焉"，即将国家分为六种分工，而其中"审曲面执，以饬五材，以辨民器，谓之百工"，"百工"可谓是社会职业体系中不可或缺的一部分。《周礼·考工记》对工匠的分类也做了详细的描述，分为三十个工种，即"凡攻木之工七，攻金之工六，攻皮之工五，设色之工五，刮摩之工五，抟埴之工二"。可见周代工匠的种类非常完备且详细。《周礼·考工记》中还记载了"知者创物，巧者述之守之，世谓之工。百工之事，皆圣人之作也"。把制作器物的工匠誉为"圣人"，说明当时的社会是十分敬重工匠的。而且工匠不仅在国家体系中有重要作用，在社会大众生活系统中也扮演重要角色。

春秋战国时期，诸子百家有大量关于工匠的文字记载，当时有很多著名工匠的记载，其中以墨家和工匠关系最为密切，甚至"很多学者认为墨家以手工业者（即工匠）为其阶级基础"②。春秋中后期，"井田制""工商食官"制度相继瓦解，越来越多的人从事私田的耕种和手工业生产，官府手工业与家庭手工业并存的局面开始形成。随着手工业的迅速发展，工匠群体不断壮大，引起了统治者的重视。春秋末年至战国时期，统治者担心私营工商业的发展会威胁到自身经济和政治地位，为了巩固其统治地位，开始颁布规范以

① 袁行霈.中华文明史[M].北京：北京大学出版社，2006：207.
② 常宝.论先秦工匠的文化形象[J].北京师范大学学报（社会科学版），2012(1)：73-79.

约束工匠行为。当时有的地方出台了一些征税措施等,同时设置了"市籍",对手工业者进行登记以加强管理,实现"重农抑商"的目的。但是,此时的手工工匠在依附于官府的同时仍具有一定的社会地位,甚至不用服徭役。

2. 封建王朝时期的工匠

秦始皇一统天下之后,没收了很多手工业私营者的大部分财产,同时"外设百倍之利,收山泽之税"①,以沉重的赋税来抑制民间手工业的发展,致使私营手工业明显低迷。秦朝刚建立时,百废待兴,众多民间工匠被征集到官营作坊和工程中劳动。官府征调各地工匠服劳役,建立了庞大的官工体系。例如,秦始皇陵和万里长城的修筑就动用了数以万计的劳动工匠。同时,秦代设立了非常严苛的律例,工匠的整体管理及产品的质量、数量都受到严格控制。虽然民间工匠所生产的器物呈现商品化倾向,但国家层面的严格管控极大地限制了工匠的自由。

西汉初年,历经战乱后统治者实施休养生息的国策,所以汉代初期的工匠管理一改秦代重税政策,民间手工业及工匠有了良好的发展环境,但很多能工巧匠还是在官府的管理控制之下。随着罢黜百家、独尊儒术的出现,汉武帝时期开始实行盐铁官营政策,实施"算缗钱"的税收政策,以控制工商业发展。官府推行的一系列"重本抑末"的经济措施,直接导致了工匠收入缩减及社会地位降低,民间工匠的发展又受到了限制。

魏晋南北朝时期,战争不断,天灾人祸频发,生产力处于极度萧条状态。官府对手工业采取严格管理与控制,工匠的社会地位极其卑微。如三国时,《魏书•韩麒麟传附韩显宗传》记载有"分别士庶,不令杂居,伎作屠沽,各有攸处"②,即工匠不能与庶民等阶层一起居住,甚至被直接排除出良民之列。西晋则通过法律形式对"百工"的出行和服饰都设置了严格限制,并将"百工"列为卑贱行业之中。东晋时期,工匠还需要承受沉重的徭役,到了南北朝时期,有的地方工匠的服劳役时间甚至比普通劳役者还要长。王羲之曾说当时"家户空尽,差代无所",体现了当时政府招收民间工匠服役时,甚至一度发生没有可招收对象的情况,可见当时徭役之重。这些都使得民间手工工匠地位大大下降。

---

① 桓宽.盐铁论[M].上海:上海人民出版社,1974:15.
② 魏收.二十四史全译•魏书[M].许嘉璐,主编,周国林,分史主编.上海:汉语大词典出版社,2004:1001.

从隋唐统一到盛唐，社会经济的蓬勃发展为手工业者创造了良好的外部环境。唐初，工匠分为短番匠、长上匠、明资匠三大类。短番匠是指按期轮番到官府作坊服役的工匠；长上匠是长期在官府作坊服役的工匠，但有假期；明资匠在官府劳作时能领取工资。唐代中期改变了工匠管理制度，实行"纳资代役和雇工劳动"，即可以雇佣他人代役。唐代中期以后，官匠与民匠的区别越来越小。另外隋代时规定"工商不得仕进"，唐代时亦有"工商杂色之流，假令术逾侪类……止可厚给财物，必不可超授官秩"的规定，这些都从仕途上遏制了工匠的社会地位的改变。

宋代的官府对工匠实施"雇募制"，就是官府在雇佣工匠时给予一定的雇值，但其雇值往往低于市场价，甚至还产生了一些虐待工匠的事件，比如"以和雇为名，强役工匠，非法残害，死者甚众"①。但与此同时，为了维护自身利益，工匠在民间开始自发集结组成了"行会"，然而行会后来也演变成了政府管理工匠的组织。此时的工匠在生活和人身自由上依然受到严格的限制，甚至还受到了不同程度的剥削。

元代实施匠户管理制度，规定工匠入匠籍不能脱籍，而且匠籍世袭。元代时期手工业工匠主要集中在军户、民户和匠户中。官匠受到了严格的控制，甚至还出现官匠逃离事件。民户工匠反而相对自由，可凭借手艺自由受雇。工匠的收入和地位在元代时得到暂时提升，但"匠籍"的实施从制度上正式确立了朝廷对工匠人身禁锢的开端。

明清时期随着商品经济的不断发展，民间手工业及工匠有了更大的自主发展空间。例如清代道光年间的《浮梁县志》对景德镇曾有如下描述："民窑二三百，终岁烟火相望，工匠、人夫不下十余万，靡不借瓷资生。"说明当时的景德镇已经发展成为商旅聚集的地方。明清时期像景德镇这样的商旅聚集城市不在少数。随着市场经济的发展，清代"纳银代役"工匠制度进一步实施，在清代顺治二年（即 1645 年），清政府正式废除了匠籍制度。于是，官匠和民匠的区别也就不复存在了，取而代之的是雇佣与被雇佣的关系。

通过对不同朝代手工业发展及工匠情况的梳理，我们可以发现，先秦时期工匠技术是受到全社会的重视的，工匠的社会价值得到承认，工匠拥有较高的社会地位。春秋战国时期还一度出现了工匠阶层的代表——墨家和对技术深化思考的庄子等。但是，秦汉以后，随着封建制度的发展及国家实施

---

① 李焘.续资治通鉴长编[M].北京:中华书局,1979:8502.

"重本抑末"的策略,上层文化呈现重政轻技、重道轻器的倾向。在秦汉之后的两千多年里,随着封建专制的不断加强以及儒家正统的不断完善,历代封建王朝都把"重本抑末"作为基本国策,逐渐将工与商排在社会职业末位,从而导致工匠地位不断下降,工匠甚至一度属于社会弱势群体,受到严重的剥削及压迫。后来,随着经济社会的发展,工匠的地位才逐步有所提升。

(三)古代中国工匠精神之流变

不同时代的工匠精神反映了不同时代工匠的发展特点,也体现出不一样的工匠精神内涵。虽然随着时代的变化,工匠地位有所变化,但是工匠们始终拥有着内心的"道德追求"。

1. 不同时期的工匠精神

(1)先秦时期的工匠追求

原始社会时期,我们的祖先利用身边最原始的材料制作生活工具,如石器、骨器、木器等。从出土的器具来看,从器皿形状到器具的打磨,都体现出制造者对完美工序的追求、对高超技术的向往。在距今 5300—4500 年的良渚文化遗址中出土了大量的玉器,大多数制造非常精美,做工细致。很难想象在当时没有金属器具辅助的情况下这些是如何实现的。从出土玉器的精美及复杂程度来看,一件玉器打造成型少则几个月,多则需要几年的反复琢磨,每道工序都需要花费很多工夫。其中作为良渚遗址出土中最为精美的玉器之一的玉琮最具代表性。良渚玉琮系由软玉雕琢而成,其形状外方内圆、上大下小。最精巧处是其表面细密的阴纹线刻,其雕刻技艺似乎在现今社会都很难做到。在既没有青铜又没有钢铁的良渚时期,对硬度超过一般岩石和各种金属的玉料,先人是如何进行加工的? 这个问题至今还困扰着研究良渚古玉的学者。不仅如此,良渚玉琮四面中间立槽,槽两边基本等距,误差在 1 毫米左右,每节上下间距也几乎完全相等,而且玉琮兽面纹的构图也基本相同。每个面的转角上有半个兽面,与其相邻侧面转角上的半个兽面组成一个完整的兽面,这样的组合使兽面更显生动。该玉琮帮助良渚人"上通神意,下达苍生",被视为与上天沟通的桥梁。如此精美绝伦的玉器背后体现的是良渚匠人对器物的崇拜,对制造物品的讲究。

先秦时期,特别是春秋战国时期,器物在社会生产、百姓生活以及国家发展中发挥的作用越来越大。从国家层面来看,诸侯争霸,战争频发,而军备器物的质量可直接影响战争结果,因此国家对兵车、弓、箭等军备器物的制造需求及质量要求大大提高。同时，从基础物质保障的角度出发，普通民众的日常生活及衣食住行都是建立在工匠技艺的传承与发展的基础之上的。因此，不同时期的统治阶层为了在冷兵器时代提高自身的军事实力，保障边境及国家版图稳定，高度重视器物制造的质量，将质量作为对工匠器具制造的首要要求，将"功致为上"作为工匠制造器物的首要道德规范。在文化思想层面，儒家思想逐渐成为社会伦理及治理的主流思想，衡量一个人的标准为重点关注"德"，"理想人格"成为当时社会普遍的道德追求。于是，工匠精神在此时也随着文化的发展有了更丰富的道德内涵。社会对工匠的要求不仅局限于高超的技术，同时也非常注重道德水平，以追求德技兼修。当时很多工匠故事的记录，比如巧夺天工——鲁班，以道驭术——墨子，道技合一——庄子等，都很好地体现了此时工匠精神的深化。

1) 巧夺天工——鲁班

鲁班，春秋时期鲁国人，姬姓，公输氏，名班，亦称公输班，惯称"鲁班"。鲁班发明创造的故事多通过民间口口相传以及部分书籍零星记载得以流传至今。鲁班是中国土木工匠的始祖。相传曲尺（也叫矩或鲁班尺）、墨斗、刨子、钻子、锯子等木工使用的工具器械都是鲁班发明的。这些木工工具的发明，大大提高了当时工匠的劳动效率，使得土木工艺出现了崭新的面貌。在兵器制作方面，鲁班也颇有建树。钩和梯是春秋末期常用的兵器，根据《墨子·鲁问》记载，鲁班将钩改制成舟战用的"钩强"，楚国军队用此器与越国军队进行水战并大获全胜。《墨子·公输》中亦记载鲁班将梯改制成可以凌空而立的云梯，用以攻城。在农业机械发明方面，《物原·器原》记载鲁班制作了砻、磨、碾子，这些粮食加工机械在当时是很先进的。另外，《古史考》还记载鲁班制作了铲。其实就某种程度而言，鲁班的名字已经成为古代劳动人民智慧的象征。两千多年来，人们把古代劳动人民的集体创造和发明也都集中到鲁班的身上。因此有关鲁班的发明和创造的故事，实际上是中国古代劳动人民的发明和创造的故事。鲁班身上集中体现了春秋战国时期工匠巧夺天工、热爱创造、造福社会的美德。

2) 以道驭术——墨子

春秋时期还有和鲁班并称的著名工匠墨子。墨子，名翟，春秋末期战国初期中国古代思想家、教育家、科学家、军事家，墨家学派创始人和主要代表人物。大部分人提到墨子联想的都是墨家"兼爱""非攻""尚贤"等政治主张。其实墨子在机械制造领域颇有建树，甚至创立了以几何学、物理学、光学为突出成就的一整套科学理论。

墨子出身工匠,精通百工,尤其以木工技艺最为高超,和当时的名匠鲁班不相上下。他曾花了3年时间精心研制出了一种能够飞行的木鸟,据说这是我国最早的风筝,因此,墨子也被视为我国古代风筝的创始人。他又是一个制造车辆的能手,他造车速度快且承重力强,所造的车子运行迅速又省力,且经久耐用。墨子在兵器制造及工程建筑方面也颇有建树。在《墨子》一书中,他详细地阐述了城门的悬门结构,城门和城内外各种防御设施的构造,弩、桔槔和各种攻守器械的制造工艺,以及水道和地道的构筑技术,对后世的军事活动有着非常大的影响。墨子除了有对精湛技术的追求、科学的理性思维,其思想还包含了强烈的人文关怀道德色彩。

首先,墨子非常重视法则和规矩,倡导以规载道。《墨子·法仪》强调"百工为方以矩,为圆以规,直以绳,正以悬,平以水。无巧工不巧工,皆以此五者为法",即主张无论工匠的技艺如何,操作必须有统一的标准、必备的仪器和工具,如规矩、准绳、悬垂和水平仪等。再如《墨子·天志上》曾记载:"我有天志,譬若轮人之有规,匠人之有矩。轮匠执其规矩,以度天下之方圆,曰:'中者是也,不中者非也'。"即借用"轮人"和木匠拿着他们的规和尺来量度天下的方和圆的例子,来判断世间的是非曲直。这些说法都显示了墨家对规则的重视,并且体现了传统工匠"以规载道"的理念。

其次,墨家追求致用,强调将审美价值与实用价值联系起来,蕴藏着"兴天下之利"的工匠伦理思想。"求天下之利"是墨家的政治目标,据《墨子》描述,理想的社会状态是"凡天下群百工,轮、车、鞼、鞄、陶、冶、梓、匠,使各从事其所能"①。墨家十分强调"中万民之利"的功利主义价值观,主张从生产劳动的实际出发,把追求实际利益、造福平民,即"兴天下之利"作为制造器具的最大目标,否定偏重享乐、缺少实际利益的物质享受。

此外,墨家也将"兼爱""非攻"的政治理想贯彻在器物制造上,支持制造守城器械,但反对制造攻城器械,主张将技术运用到正义的战争中。同时墨家对人与自然的关系开始有了朴素的想法,在制造器具过程中,主张将资源节约纳入造物目的考察的维度之中,要求工匠节约资源,降低技术对环境的破坏程度,并将之贯穿于器物制造的全过程。总体来说,墨家强调"足以奉给民用,则止",将是否能给百姓带来实际福利作为器物制造的检验标准,倡

---

① 孙诒让.墨子间诂[M].北京:中华书局,2001:161.

导"以道驭术"。

3)道技合一———庄子

庄子与墨子不同,其本身并不是能工巧匠,但《庄子》一书中记载了许多与工匠相关的寓言故事,如庖丁解牛、轮扁斫轮、痀偻承蜩、津人操舟、梓庆造镶、匠石斫鼻、东野稷驾马车等。这些故事从侧面反映了当时人们对于工匠精神的理解。

庖丁解牛见于《庄子·养生主》:

> 庖丁为文惠君解牛,手之所触,肩之所倚,足之所履,膝之所踦,砉然向然,奏刀騞然,莫不中音。合于《桑林》之舞,乃中《经首》之会。文惠君曰:"嘻,善哉! 技盖至此乎?"庖丁释刀对曰:"臣之所好者,道也,进乎技矣。"

庖丁解牛的故事浸透着精益求精、追求完美的工匠精神。庖丁将其毕生的精力都倾注到研究"解牛"工作中并将其做到了极致,达到了"心心在一艺,其艺必工;心心在一职,其职必举"的顿悟境界。而且庖丁始终对自己的工作心怀敬畏,即使解牛技艺已非常娴熟,但当遇到筋骨交错等不太容易的位置时,仍保持如临深渊、如履薄冰的心态,"怵然为戒",确保了技艺"日日新",工作"零差错"。庖丁甚至通过解牛感受到"提刀而立,为之四顾,为之踌躇满志"。这体现了他对技术的敬畏,同时通过技术本身获得精神满足感,是一种"进乎道"的享受。

梓庆造镶见于《庄子·达生》:

> 梓庆削木为镶,镶成,见者惊犹鬼神。鲁侯见而问焉,曰:"子何术以为焉?"对曰:"臣,工人,何术之有? 虽然,有一焉。臣将为镶,未尝敢以耗气也,必齐以静心。齐三日,而不敢怀庆赏爵禄;齐五日,不敢怀非誉巧拙;齐七日,辄然忘吾有四肢形体也。当是时也,无公朝,其巧专而外滑消。然后入山林,观天性。形躯至矣,然后成见镶,然后加手焉。不然则已。则以天合天。器之所以疑神者,其是与!"

梓庆造镶表达了庄子"心斋"的观点,创作者只有达到心灵没有任何外界的干扰和杂念,进入"无待"的境界,才能创作出与自然相合、与天工同化的作品。梓庆依三个步骤依次淡忘了利、名、我,才能将自己的天性和木材的天性相结合,做出了犹如鬼斧神工一般的钟架。这也是工匠精神的最高境界。

以庄子为代表的道家始终以"道"为核心,构建伦理规范体系,因而《庄子》中讲述的工匠故事也包含了"道寓于技,进乎技"的工匠伦理思想,主张顺应自然,在造物过程中讲究天人合一的境界,将"道"作为造物的基本要求并贯穿于全过程,使得"道"既存在于技术之中,又能提升工匠的境界,同时"道"能反之对工匠的生产活动起到指导与规范作用。这些都要求工匠在不断地练习中提高技能水平,发挥潜能,在不断摸索中逐渐领悟和掌握存在于技术中的"道",实现制造器物境界的升华。

(2)封建王朝时期的工匠精神

封建社会时期,随着经济的发展及技术的精进,工匠对精神的追求也变得越来越深刻,于是工匠精神的内涵也愈发丰富,包含精益求精、追求完美、专心致志等特点。这个时期民间出现诸多成功匠人,每位工匠都自觉不自觉地在践行与传承工匠精神,在师徒传承中不断深化工匠精神的内涵。此时较为著名的工匠包括魏晋时期的"天下之名巧"马钧、赵州桥建造者李春、清代建筑家族"样式雷"等,他们身上很深刻地体现了封建社会时期工匠精神的传承与延续。

1)天下名巧——马钧

三国时期的"名巧"马钧是中国古代科技史上最负盛名的机械发明家之一。他擅长改造与创造,他的不少发明对当时生产力的发展起了非常大的作用,被人们称为"天下之名巧"。

中国是世界上最早生产丝织品的国家。在丝织品的生产过程中,劳动人民逐步发明了简单的织绫机,但是其最大的缺陷是生产效率一直不高。马钧通过自己的技能天赋,改进了织绫机,大大提高了织绫技术。根据《三国志》中《马钧传》记载,马钧早年生活贫困,长时间住在乡间,少年时期并未发现自己在器具制造方面有特殊的才华。后来因为生活贫困,为提高生产效率多挣钱,他琢磨研究改进织绫机。旧式的织绫机,五十综(综:织绫机上经线的分组)的用五十个蹑(蹑:织绫机上的踏具),六十综的用六十个蹑。马钧认为这样的设计费力费时,于是他通过改造,全都改用十二个蹑。改进之后新的织绫机生产效率提高了四五倍,不仅操作简单,而且织出的提花绫锦花纹图案更为丰富。马钧改造的织绫机很快得到了大面积推广,极大加快了中国古代丝织工业的发展速度，并为后来织布机的出现奠定了基础。①

马钧的贡献还包括复原了指南车。指南车是传说中的一种能辨别方向的作战工具车。相传4000多年前，黄帝战蚩尤，蚩尤施法作雾气，使黄帝的军队迷失了方向。于是，黄帝制造了指南车，辨别了方向，终于击败了蚩尤。又传说3000多年前，越裳氏（在今越南）派使臣到周朝，迷失了回去的路线，周公遂制造指南车相赠，以作为指向工具。这些是传说故事中对指南车的描述。但是后来指南车失传了，人们只听过指南车的故事，却从未见过实物。当时，在魏国担任给事中官一职的马钧对传说中的指南车极有兴趣，决心要把它重造出来。然而，一些思想保守的人知道马钧准备复原指南车的决定后，都持怀疑态度，不相信马钧能造出指南车。有一天，在魏明帝面前，一些官员就指南车问题和马钧展开了激烈的争论。最终，马钧在没有资料和模型的情况下，反复实验，运用差动齿轮的构造原理，制成了指南车。马钧制成的指南车被用于战场，不管战车如何翻动，车上木人的手指始终指南，于是"天下服其巧也"。这充分表现了马钧肯刻苦钻研，精于创作，坚持不懈的精神。

马钧还改造了翻车。至今我们在一些乡村还能见到这种翻车，在实现电动机械提水以前，它一直发挥着巨大的作用。根据《后汉书·张让传》记载，东汉中平三年（公元186年），毕岚曾制造翻车，用于取河水洒路。马钧在京城洛阳任职时，为了能取水灌溉，制造了翻车（即龙骨水车）。马钧创造的翻车，"其巧百倍于常"，用时极其轻便，不但能提水，而且还能在雨涝的时候向外排水，可谓是当时世界上最先进的生产工具之一，受到了人们的广泛追捧。在马钧身上，我们能看到古代中国工匠善于创造与革新、勤奋钻研、尚巧且追求精益的特点。

2）造桥名匠——李春

李春与千千万万的古代工匠一样，用骄人的技艺造就了人类文明奇迹——赵州桥，但因为他们没有被加官晋爵，所以没能进入古代史官的视野，未被写入史册。幸运的是，李春和赵州桥被唐代名相张嘉贞写入了《赵州大石桥铭》，于是有了"赵郡洨河石桥，隋匠李春之迹也"，留下了造桥名匠李春的故事。

李春高超的技艺、创新思维及工匠智慧，在赵州桥设计和施工中体现得

---

① 本案例资料来源：http://baize.baidu.com/item/%E9%A9%AC%E9%92%A7/9362.

淋漓尽致。我国古代大型石桥的传统施工方法为多孔、小跨度、缓坡。但多孔桥的弊端在于桥墩较多,不利于船舶航行,也阻碍了泄洪。李春在设计赵州桥时,大胆地采用了单孔大跨度,中间没有桥墩。主孔净跨 37.02 米,拱高 7.23 米,拱高与跨比约 1∶5,实现了低桥面板和大跨度的双重作用,桥面平缓,便于车马通行。这种形式还具有节省材料、施工方便的优点。赵州桥同时还首创了敞肩拱结构,在大拱两端各设两小拱,增加了桥的泄洪能力,还可减轻洪水对桥身的冲击力。正如张嘉贞在《赵州大石桥铭》中所说:"两涯嵌四穴,盖以杀怒水之荡突。"更重要的是采用了敞肩结构后,4 个小拱可以节省 26 立方米的石料,减少 700 吨的重量,降低桥台和桥基上桥体的竖向压力和水平推力,防止主拱变形,提高了桥梁的稳定性。

后世许多建筑学家都推测李春一定在桥床下铺设了加固的石基。然而,考古发掘后发现,桥梁两侧完全使用了天然地基。李春根据多年丰富的实践经验,经过严格细致的探索和比较,选择了两岸相对笔直的地方建桥。这里的地层是河流冲积形成的,地层表面是一个长期被水冲刷的粗砂层,以下为细石、粗石、细砂、黏土层。李春在河床两侧的粗砂岩层上铺设了五层石板作为桥台,桥体就在桥台上,下面没有桩,也没有其他石头。地质力学专家进行了精确测算,这里的地层每平方厘米可以承受 4.5～6.5 千克的压力,而一般粗砂地基的耐压力为每平方厘米 5～6 千克,证明这地基正好能承载这座桥的重量。李春在没有精密仪器的 1000 多年前,能计算得如此准确,如果不是具备了较为全面的水文、地貌知识,不做仔细勘探是难以实现的。

赵州桥在世界桥梁史上占有很重要的地位,对我国乃至世界的桥梁建设产生了重大且深远的影响。1933 年,著名古建筑家梁思成参观赵州桥后,无比惊叹于赵州桥的设计,他专门写了一篇论文向国外介绍中国的赵州桥。中华人民共和国成立后,梁思成及著名古代建筑师刘敦桢、桥梁专家茅以升曾多次对赵州桥进行勘察。英国著名的中国科学技术史专家李约瑟在其代表作《中国古代科学技术史》中,列举了从 1 世纪到 18 世纪从中国到欧洲的 26 项科技成果,第 18 项就是以李春的赵州桥为代表的石拱桥。赵州桥经历了数次战火,承受了无数次人畜车辆的重压和自然风化腐蚀的考验,经受了无数次洪水冲击和多次地震摇撼,依然安然无恙。著名桥梁专家茅以升说,先不管桥的内部结构,仅就它能够存在 1400 多年就说明了一切。李春设计建造赵州桥,运用了太多睿智和创意,给这座大桥留下了太多神奇的印记，因此，后人附会出很多神话传说。

比如"圆形蹄印"传说。在赵州桥桥面中央东侧，有一道深深的车辙，车辙前方不远处，有两个圆形蹄印。而这两个蹄印就有着相关的神话传说。根据民间传说故事，赵州桥是鲁班修建的，大石桥之美轰动一时，连八仙都被震住了。张果老倒骑着毛驴、柴王爷推着独轮车来参观。他们问鲁班："你的桥能撑得住我们吗？"鲁班心想，骡马都能通过，更何况两个人，满怀信心地让他们上桥。谁知道，张果老褡裢里装有日月星辰，柴王爷的小车里载有五岳名山。当他们上了赵州桥时，桥剧烈地摇晃起来。鲁班见状连忙跳进水里，用手支撑着桥的东侧，张果老和柴王爷才得以通过，于是桥面上就留下了驴蹄印、车道沟和鲁班的手印。这个传说最早见于元初的《续夷坚志·湖海新闻夷坚续志》，那是一部志怪小说集。故事虽然情节荒诞，却给在民间广为流传的赵州桥传说增添了神秘色彩。那么李春修建赵州桥时为什么要在桥上留下驴蹄和车道沟的痕迹呢？通过对赵州桥建筑结构和承载力的分析，当代工程专家认为驴蹄和车辙是行车标志。李春在赵州桥的设计和施工中，采用纵向并排砌法，两侧有重型车辆时，桥体容易损坏。桥面上的驴蹄印在东侧位置的三分之一，也就是说，重型车辆应该进入驴蹄印内。桥腹上的掌纹是修复的工程标志，这意味着桥出现裂缝时，可以在掌纹处临时支撑，并能保持"平静"。[①]

再比如"浮雕蛟龙"传说。赵州桥在栏板、望柱、雕塑等方面也匠心独运。桥两旁的望柱上雕刻有狮子，栏板上雕刻有蛟龙。关于赵州桥栏板上的浮雕蛟龙，还有一个历史传说。相传在唐代武则天当女皇的武周时期，北方游牧民族的突厥可汗率兵南侵，先后攻克定州和赵州城，准备继续向南进犯。当可汗走到赵州桥时，他的马突然跪在地上不敢向前，突厥可汗定神一看，只见一条青龙卧在赵州桥上，瞪圆双眼，甩动龙尾，似乎马上就要扑过来吃掉他们。突厥可汗见状吓得滚下马来，扭头就跑，突厥兵也随着向北逃去。这个传说的真实性无从考证，但其大概体现了赵州桥浮雕蛟龙活灵活现之意。人们也把一些神秘的传说附会在浮雕之上。

李春设计的赵州桥建成后，对中外石拱桥的建造技艺产生了深远的影响，也成为世界大型石拱桥建造的一个伟大的里程碑。李春这种富有创造力的设计、深厚的专业积淀及桥梁设计的艺术追求，体现了那个年代善于创

---

① 本案例来源：http://blog.sina.com.cn/s/blog_a9ab01ab0102wn7b.html.

造、巧思设计、精益求精的工匠精神。后世有很多桥梁建筑师纷纷效仿李春的匠心,设计建造敞肩式石拱桥者比比皆是。

3)世代相传——雷氏

说到雷氏建筑,可能很多人感觉很陌生,但是说到"样式雷",对清代建筑有所了解的人应该非常熟悉。清朝时期承办皇家建筑的机构称"样式房",从顺治到宣统,在长达 260 多年的时间内,江西省永修县雷发达一家连续几代人长期掌管着"样式房",因此,这个世袭的建筑师家族被称为"样式雷"。第一代"样式雷"雷发达于康熙年间由江宁(现江苏南京)来到北京,第七代"样式雷"雷廷昌在光绪末年逝世。"样式雷"的作品非常多,包括故宫、北海、中海、南海、圆明园、万春园、畅春园、颐和园、景山、天坛、清东陵、清西陵等。这其中有宫殿、园林、坛庙、陵寝,也有京城大量的衙署、王府、私宅以及御道、河堤,还有彩画、瓷砖、珐琅、景泰蓝等。此外,还有承德避暑山庄、杭州的行宫等著名皇家建筑等。总之,占据了中国的世界遗产五分之一的建筑设计,都出自雷家人之手。

关于雷氏是如何起家的,民间有个有趣的故事。据说康熙在位时曾重修太和殿,在工程基本接近竣工的时候举行了一个上梁仪式。在举办上梁仪式那天,康熙皇帝亲临太和殿,可是到了上梁的关键时刻,可能是官员木工技术不好,脊檩安装时榫卯总是合对不上。当时主持的工部官员都急坏了。最后,雷发达(后来史学家考证应该是第二代雷金玉)自告奋勇上去装梁。按照当时朝廷规定,上去干这个活儿起码要有七品官职,他一个小工匠就临时换上七品官的衣服,爬上去啪啪几斧头,很轻松就装上了。康熙皇帝看了之后非常欣赏,当场就赐封七品官,于是雷发达当了样式房的掌案。不过这个是民间流传的故事。雷发达确实是在 17 世纪末来北京参加营造宫殿的工作的。因为技术高超,他很快就被提升担任设计工作。雷发达在很长时间内被认为是"样式雷"的鼻祖。而在"样式雷"家族中,声誉最好、名气最大、最受朝廷赏识的应是第二代的雷金玉。他因修建圆明园而开始执掌样式房的工作,是雷家第一位任此职务的人。康熙在《畅春园记》里曾经提到他非常牵挂一位杰出的匠师,指的就是雷金玉。

雷氏家族在建筑过程中体现了很多优良品质。"样式雷"是一个子承父业的工匠家族,勤奋做工是他们的立家之本。他们工作之勤奋,用鞠躬尽瘁、死而后已比喻一点也不为过。雷发达长期劳累,因病逝世;雷金玉前往热河建造行宫,勘测时受伤,仍带伤坚持;雷声澂以花甲之躯替儿子雷家玺前往云贵边境采伐珍贵木材，结果身染恶疾，病逝于押运木料途中；雷家玺为了勘测准确，落入洪水中，险些丢了性命；雷思起忍住脚疾伤痛，不畏艰辛，走遍"三海"勘测，完成修葺"三海"的数字编制工作……雷氏一家工作之精益求精一脉相承。雷氏八代人执掌竞争激烈的样式房，为确保每一代子孙都能沿袭先辈的建筑理念，雷家保存了较完整的历代工程设计文案以及建筑画样、烫样等，这些至今仍是研究中国古建筑的珍贵资料。在做建筑设计方案时，他们都按1∶100或1∶200的比例先制作模型小样进呈内廷，以供审定。模型用草纸板热压制成，故名烫样。其台基、瓦顶、柱枋、门窗以及床榻桌椅、屏风纱橱等均按比例制成。雷氏家族留存于世的部分烫样，至今仍作为精品存放于北京故宫博物院。同时"样式雷"在图样中独创的"平格网"同当代建筑外部空间设计理论和方法、CAD建模方法及DEM数字高程，特别是正方形网建模方法有着高度相似之处。雷氏家族不仅是建筑师，同时还是营造商，在主持建筑设计的同时，雷氏家族还兼办内檐装修，包揽从材料购置、设计到制作的全部工程。

正是因为雷氏家族代代传承的勤奋品质，精益求精的匠人精神，勇于开拓的创新精神，才使得"样式雷"在中国乃至世界古建筑史上创造了宏伟的业绩。另外"样式雷"的作品也体现了"天人合一"境界，其建筑选址非常讲究。"样式雷"的作品轴线感特别强，我们到东陵可以看到那里的景物和建筑是相互对应的。每走一步你都会发现，建筑和环境紧密结合在一起，实现了真正的"天人合一"。

2.古代中国工匠精神解析

中国古代工匠伦理萌芽于原始社会，产生于春秋战国时期，并在封建社会不断丰富与发展。不管是原始社会时期的三皇、五帝，还是先秦时期的鲁班、墨子，以及后世的马钧、李春等，他们虽然擅长的领域及创造的器物不同，但是所体现的工匠精神有很多共通之处，他们身上集中体现了中国古代工匠精神的三大特点。

（1）制作尚巧，追求创新

尚巧是工匠的鲜明特征。《荀子·荣辱》曰："故仁人在上，则农以力尽田，贾以察尽财，百工以巧尽械器，士大夫以上至于公侯，莫不以仁厚知能尽官职，夫是之谓至平。"在荀子的认知中，各个职业各司其职，而工匠的职业定位主要是把自己的技巧用在制造器械上。《礼记正义》曰："观其器之善恶，而知工匠巧拙，器善则工巧，器恶则工拙。"可见巧与拙是判断工匠水平高低的标准。《周礼·考工记》中也有记载:"天有时,地有气,材有美,工有巧,合此四者,然后可以为良。"这些都可以看出"尚巧"是自古以来中国传统工匠所贯彻的精神。

另外《周礼·考工记》中的"工有巧"不仅包含单纯的手工技巧,它还体现了创新的特质。中国古代出现了许多工匠,他们之所以受到后人的尊敬,不仅是因为他们的技术过硬,更是因为他们敢于打破规则,引领技术进步,促进生产力的发展。如春秋时期,鲁班因发明了方锯、刨子、墨斗等木工工具而被誉为木匠之祖。蔡伦致力于造纸技术的研究,他在总结前人经验的基础上,改进了造纸工艺,发明了可以代替丝绸的蔡侯纸,极大地促进了人类文化的传播和世界文明的进步。还有前面提到的马钧改造翻车,造福农业灌溉等。在中华文明几千年的历史长河中,创新与变革始终是中国古代工匠生产活动中不变的主题。

例如"四大发明"就非常深刻地体现了中国古代工匠的勇于创新的精神。"四大发明"的概念来自西方,最早是英国汉学家艾约瑟提出的,后来被许多中国的历史学家继承,普遍认为这四种发明对中国古代的政治、经济、文化的发展产生了巨大的推动作用。这些发明传至西方,对世界文明发展史也产生了很大的影响。欧洲科学家弗朗西斯·培根曾说过:"火药、指南针、造纸术和印刷术是帮助欧洲从黑暗的中世纪转向现代世界最重要的四大发明。"以四大发明为标志的中国古代技术创新活动都体现了中华民族不断进取的探索精神。以纸的发明为例,在先秦时期,我国的先民就发现了以植物纤维作为原料的纸片。考古学家在 1957 年发现了世界上最早的陕西灞桥纸,其以大麻为制作原料的纸片,大约诞生于公元前 140 年到公元前 87 年。东汉时期的蔡伦在已有的造纸技术上,勤于钻研与创新,最终研究出了以树皮、麻头、破布、渔网等为原料的造纸新技术,大大提高了纸的质量,同时降低了造纸的成本。继蔡伦之后,中国的工匠们不断改进、创新造纸的技术。到了唐朝时期,中国大地上出现了多种类型的纸张,例如安徽的宣纸、四川的蜀纸、北方的桑皮纸等。

中国历史上和蔡伦一样不断在前人基础上再创造的工匠甚众。中国古代技艺的传承基本上是子承父业或者师徒相授的传承方式,相对闭塞且保守,但这并不妨碍技术的竞争和技艺的推陈出新。

工匠们的产品不是简单的重复操作和复制,也不仅仅局限于一定的标准来制作完美的工艺模具,而是通过反复实践和不断思考,创造性地解决生产与创造实践中遇到的新问题，努力促进技术的发展，更好地服务社会的发展。

（2）如切如磋，精益求精

工匠精神在不同的时代侧重点不同，但是精益求精的专业精神始终是工匠精神的核心内容。"精益求精"是对物品精雕细琢，不断完善，使其"美中更美"的制作理念。中华民族自古以来就有精益求精的文化源流。早在两千多年前的《诗经·卫风·淇奥》中就记载有"如切如磋，如琢如磨"，形象地描绘了工匠对骨、象牙、玉石等材料的制品的精心雕琢与一丝不苟。在《论语·学而》中，孔子高度肯定并赞扬了这种"如切如磋，如琢如磨"的工作态度。宋代朱熹在注《论语》中说："言治骨角者，既切之而复磋之；治玉石者，既琢之而复磨之，治之已精，而益求其精也。"到了近代，孙中山为发展近代工业进一步明确提出要发扬精益求精的精神，这些都体现了前人对于精益求精的赞赏与不懈追求。

切磋琢磨、精益求精的精神也在中国古代工匠制作的手工业制品上得到了集中的体现，许多精工细作的制品以其细腻的工艺而闻名于世。比如中国国家博物馆的镇馆之宝，也被称为镇国之宝的商后母戊鼎（也称司母戊大方鼎），是已知现存的中国古代最重的青铜器，在其塑造泥模、翻利陶范、合范灌注等环节中存在着一系列复杂且精细的技术问题。再比如出土于长沙马王堆汉墓，现存于湖南省博物馆的素纱禅衣，其丝缕非常纤细，整件衣服用料约 2.6 平方米，而重量仅仅 49 克，可谓是薄若蝉翼，轻若烟雾。还有现存于英国大英博物馆的东晋顾恺之"春云浮空，流水行地"的《女史箴图》等。中国古代的纺织品、陶瓷器等工艺品因其制作技术的精湛及外观的精美，远销亚、非、欧等世界各地。再如前文所提，雷氏家族在建筑施工前都会以 1∶200 的比例做出一个模型。这些都体现了中国古代工匠精益求精的精神。工匠们对每一件物品都认真细致，制作每一道工序时都耐心与细心，在这个过程中，他们坚持自己，用心努力地使自己不受外界环境的干扰，不断追求产品的完美，巧妙地运用技术经验创造出完美的器物，并在现有的标准下发展和创新。这种切磋琢磨、精益求精的精神，不仅是古代工匠安身立命的根本，也提升了工匠精神，创造了中华民族灿烂的文明成果。

（3）以道驭术，道技合一

"道"是中国古代哲学的最高范畴，是指万事万物的运行轨迹或事物运动变化的场所；"术"是指技术、技艺。在中国古代，包括儒、道、墨、法在内几乎所有的传统思想学派都主张技术的发展必须用道德来制约,并且强调"以道驭术",即"技术行为和技术应用要受伦理道德规范的驾驭和制约"①。其中最为成熟的是道家和儒家两派。

道家的"以道驭术"是指:技术要与道相一致,如果某种技术破坏了人与社会、人与自然的关系,就要想方设法去克服,对其加以控制。同时道家讲究"技进乎道",就是在技术实践中来表达道。中国文化向来讲究经世致用。万事万物都有其道,道并行而不悖,万物并育而不相害,即使是在操作技术上,也有道。这些在前文提及的庄子论述之中有集中体现。庄子认为将工匠的技术上升到道,主要是通过一定的技术来阐述道。比如百发百中的粘蝉老人有着"用志不分,乃凝于神"之道;梓庆削镰,之所以能够惊犹鬼神,乃是"必齐以静心"之道等。也就是说,技术蕴含着道。技术的操作主体是人,技术与道的远近亲疏在于人心是否合于道。心是悟道的根本途径,人的心灵在对待自然生命达到一定境界之时,会出现物我两忘、无此无彼,甚至是非我非物的状态。这种状态就是心合于道,心与道达到最极致的融通,对物的操作更似心畅饮宇宙之精华,心物合而为一,所做之物则至美至善。所以工匠精神还包含诚其意、正其心、养乎德、以道驭术、道技合一的境界。

儒家"以道驭术"观的特点是:技术的使用和发展要遵循伦理道德的约束,伦理道德是用来规范技术行为的尺度,只有符合伦理道德的技术,才是善的技术;反之,技术一旦违背伦理道德,就走向了善的反面,是恶的一种表现。由此可以看出,"以道驭术"就是要求用道德规范对"术"进行约束,在发挥"术"正面作用的同时,限制它的负面影响,促进技术朝着造福人类的正确方向发展。比如说中国古代的四大发明,司南用于找到好的风水和航海事业;纸用来传播和继承知识;印刷术和纸一样,也是用来发展文化传播和信息交流;火药最初主要用于烟花的制作而很少用于战争,就是受到"道"的力量的约束。

不管是中国古代文献记载的工匠故事,还是流传至今的绝世技术及令人叹为观止的工艺品,都深刻地反映了中国古代工匠精神的尚巧、创新、精益,同时不断追求以道驭术、道技合一的境界。这些都是中国古代工匠留给我们的宝贵精神财富。但由于受到当时的政治、经济、思想的影响,中国古代工匠精神也存在一定的时代局限性,例如技术传承方式相对闭塞、过度排

---

① 王前.中国科技伦理史纲[M].北京:人民出版社,2006:7.

斥机械化生产等，因而要辩证地看待和继承中国古代的工匠精神。现当代工匠精神的丰富与发展，既要继承中国古代工匠伦理的优良传统，克服中国古代工匠伦理的局限性，又要积极吸收和借鉴国外的工匠精神成果。这样才能培养出具有中国特色的工匠精神。

二、国外工匠精神培育的实践经验和启示

在西方，尤其是在一些典型的制造业比较发达的国家，例如德国、日本、美国等，工匠精神得到广泛重视和推崇，并在现代企业中被发挥得淋漓尽致。在德国，工匠精神被称为"劳动精神"；在日本，工匠精神被称为"职人精神"；在美国，工匠精神被称为"职业精神"。虽然提法不同，但含义相近，这些精神都具有严谨、细致、专注、精益、创新等特点。本节主要通过讲述德国、日本、美国等三个国家的 5 个典型的工匠精神案例，来分析国外工匠精神的培育经验、教育理念和工作方法，从而对我国新时代工匠精神的培育提供启示与借鉴。

（一）德国的"劳动精神"

1. 世界上第一辆汽车的诞生——"汽车之父"卡尔·本茨的严谨[①]

如果说卡尔·本茨这个名字很多人不熟悉的话，那奔驰汽车一定无人不知、无人不晓。作为一个享誉全球的德国汽车高端品牌，奔驰汽车在市场上十分受消费者青睐，其完美的技术水平、过硬的质量标准、推陈出新的创新能力以及一系列经典的轿跑车款式令人称道。奔驰的标志三叉星已成为世界上最著名的汽车及品牌标志之一。而卡尔·弗里特立奇·本茨就是奔驰汽车公司的创始人，也被人们称为"汽车之父"。

（1）埋头苦干：甘于清苦，心无旁骛

1844 年，卡尔·本茨出生于德国卡尔斯鲁厄市，他从小就对机械的东西很感兴趣，总是一个人默默地摆弄着机械零件，并学会了修理手表。家庭贫寒的他还能利用放学的时间帮别人修理手表，赚钱贴补家用。1860 年，

---

①　本案例经过编辑整理。资料来源：巩佳伟，于秀媛，张丽丽.匠心 追寻逝去的工匠精神[M].北京：人民邮电出版社，2016：44-47.

　　16岁的卡尔·本茨到当地的卡尔斯鲁厄综合科技学校上学,在那里,他系统学习了机械原理、机械构造、发动机制造等课程,这为他以后的发展奠定了扎实的基础。毕业后,卡尔·本茨在机械厂当过学徒,在桥梁建筑公司当过工长。在积累了一些经验后,卡尔·本茨决定自己开公司。通过向周围的朋友借款,他在1872年创办了以自己名字命名的公司——奔驰铁器铸造公司和机械工厂,主营建筑材料的生产。不久后,因建筑业整体环境不佳,加之经营不善,公司濒临倒闭,卡尔·本茨本人也债台高筑,万般无奈下,他决定转而研制发动机,希望能够借此扭转财务上的困境。

　　很快,他获得了四冲程煤气发动机和双冲程发动机的生产经营执照,但转行倒腾发动机是一个非常冒险的举动,一边是负债累累的潦倒局面,一边是发动机制造的重重困难,能否扭转局面,成败在此一举。为了能够尽快制造出合格的发动机,卡尔·本茨心无旁骛、埋头苦干、潜心钻研,经过一年多的设计、试制与不断调试,终于在1897年12月31日跨年夜那天,卡尔·本茨制造出第一台单缸煤气发动机。他激动地对妻子说了一段诗一般的话:"世界上任何魔笛所不能创造出来的东西,这个双节拍的家伙或许可以创造出来。它唱的时间越长,就仿佛越具有魔力,可消除我们心头的忧愁。"

　　但可惜的是,当时这台发动机的研发成功并没有改变奔驰公司的经济窘境,破产的威胁依然存在,卡尔·本茨只好继续研究。他的妻子贝尔塔一直坚定地相信着自己的丈夫,在背后默默支持他,实在没有钱的时候,贝尔塔就变卖自己的嫁妆和首饰,用作丈夫的研究资金。卡尔·本茨终究没有让他的妻子失望,这位不服输的德国人经过多年努力后,终于又成功研制了火花塞点火内燃机。他试着将这个内燃机改进为卧置单缸二冲程汽油发动机,并突发奇想地将发动机安装在装有三个实心橡胶轮胎车轮的三轮车架上。他能够果敢地摒弃当时在技术上已十分成熟的蒸汽机而选用了并不被人看好的内燃机作动力,反映了他在观念上的巨大转变。因为技术眼光敏锐的卡尔·本茨看到,蒸汽机的最高效率大约只有内燃机的一半,而且锅炉太大又太重,跑不了几十公里就需要加水,最致命的问题是热机时间太久,会给驾驶员造成很大的麻烦。事实证明,本茨是正确的,到了1900年以后,蒸汽机机车逐渐在与内燃机汽车的竞争中败下阵来。

　　于是,这台时速仅有15千米的三轮车造型的交通工具成了世界上第一辆汽车。15千米的时速在现代人看来可能不值一提,但在当时,足以令人自豪。而且这辆三轮车,已经具备了现代汽车的基本特点,如水冷循环、钢管车架、电点火、钢板弹簧悬挂、后轮驱动和掣动手把等。卡尔·本茨向德国皇家专利局申报了专利。1886年1月29日，奔驰公司得到了世界上第一个汽车制造专利权，专利号为DRP37435，而这一天也被认为是"世界汽车诞生日"。

（2）认真严谨：安全问题一丝不苟

后面的故事并不是奔驰公司就此名扬天下，相反，由于这辆车的配套技术尚不够成熟，噪音很大，传动链条的强度不够，常常会断，因此车子总是抛锚，存在不少问题，经常要靠人来推着车子走。当时有人说这项发明实在是无用，甚至有人冷嘲热讽地说奔驰车是"散发着臭气的怪物"。怕出洋相的卡尔·本茨甚至不敢在公共场合驾驶它，只是默默地改进着奔驰车的各项功能。通过加强对发动机知识的学习，他发现发动机上有很多问题。以一个德国人的严谨态度，他决定改良发动机的构造，在新的混合气体进入气缸前，先将废气净化为新鲜空气，这样可以极大地避免之前同类产品容易发生爆炸的风险，大大提升了发动机的安全性能。涉及安全的问题可不能有任何马虎。

卡尔·本茨的妻子贝尔塔对这些嘲讽毫不在意，丈夫做出的所有努力她都看在眼里，她对丈夫的技术水平深信不疑，经过这么长时间的优化和改进，奔驰车是时候拿出来接受检验了，既然卡尔·本茨不好意思开出来，那"出街"的光荣任务自然是交给她了。

1888年8月的一天，贝尔塔做出了一个勇敢的决定，在本茨还在熟睡时，她早早唤醒两个儿子，密谋已久的长途旅行开始了。在没有任何驾驶培训的前提下，她带着两个儿子驾驶着世界第一辆汽车，一路颠簸来到了100多千米外的普福尔茨海姆探望孩子的祖母。一路上，三轮车的响动引来人们的注目，大家都从窗口围观这个驰骋在马路上的"怪物"，离得稍近点的人都被难闻刺鼻的汽油味熏跑了。贝尔塔开累了，就由两个儿子轮换着开；没有燃料了，就到街边临时购买；遇到很陡的上坡，就让小儿子来驾驶，她和大儿子下车推着走；遇到小故障，就想办法自己修理。直到傍晚，母子三人终于到达了目的地。祖母为此惊叹不已，小城里的人纷纷跑来祖母家参观这个刚刚发出了"轰隆隆"响声的"怪物"。

兴奋的贝尔塔来不及休息，就立即发了一封电报给丈夫本茨："汽车经受住了考验，速申请参加慕尼黑博览会。"现在看来驾驶汽车行驶100千米简直易如反掌，但在当时，世界上可没有任何一辆汽车跑过100多千米的路程,这是具有划时代意义的事件。本茨因此受到极大的鼓舞。妻子的行动给了他莫大的信心。当地的报纸也报道了这件事:"周六下午,人们怀着惊诧的目光看到一辆三轮车在马路上行走,人坐在车上,前面没有马,车竟会自己走,令人啧啧称奇。"

在慕尼黑工业博览会上,奔驰汽车引起轰动,大批客户满怀好奇地向卡尔·本茨咨询这辆汽车,订单接踵而来,世界第一辆汽车终于被世人认可,奔驰汽车公司终于走上了正途,开始蓬勃发展。不久,卡尔·本茨拥有了德国最早也是当时最大的汽车制造厂,开始正规地批量生产奔驰汽车。越来越多的人知道了奔驰车的名号,"奔驰"这个名头开始声扬四海。而卡尔·本茨的妻子贝尔塔也因此被人们认为是世界上第一位女性汽车驾驶者。

(3)不骄不躁:坚持事业久久为功

走上正轨后,卡尔·本茨并不满足于现状。1893年,经过5年的努力,奔驰汽车公司采用本茨获得了专利的3升发动机,研制成功了性能非常先进的"维克托得亚"牌汽车,为奔驰带来了极高的荣誉,这也预示了奔驰今后要走的高端产品路线。第二年,在中低端市场,本茨又发明了价格较为低廉的机动"自行车",作为世界上第一种批量生产的机动车,机动"自行车"的销路很好,在一年时间内就销出了125辆,为奔驰公司带来了很高的利润。本茨又用赚来的利润对前期生产的"维克托得亚"牌汽车进行了改进,将车厢座位设计成面对面的18个,于是世界上第一辆公共汽车诞生了。在汽车领域,卡尔·本茨始终坚持梦想,不追名逐利,希望自己的汽车事业久久为功,经过不懈的努力,1899年奔驰公司制造出了第一辆赛车。

1926年,奔驰汽车公司与戴姆勒汽车公司合并成立了戴姆勒—奔驰公司,已经82岁高龄的卡尔·本茨亲眼见证了这个将在日后叱咤风云的德国汽车巨头的成立,而他仍是董事会成员之一。3年后,为汽车梦想奋斗一生的卡尔·本茨于1929年4月4日离开人世,享年85岁。他用一生对汽车技术的执着钻研,实现了制造汽车的梦想。有人说,一心向着目标前进的人,整个世界都在给他让路。卡尔·本茨的一生就生动诠释了这一点。

如今,奔驰三叉星标志已经闪耀在全球各地。奔驰车的工艺精湛、细节考究,每一颗螺钉都是精益求精的。以其座位用料为例:羊毛是专门从新西兰进口的,其粗细必须在23~25微米,细的用来织造高档车的座位面料,以保持柔软舒适,粗的则用来织造中档车的座位面料。纺织时,根据各种面料的不同要求,还要掺入从中国进口的真丝以及从印度进口的羊绒。而制造皮革座位则选用全世界最好的皮子。为此,他们先后到世界各地考察,经过千挑万选,他们认为南德地区的公牛皮质最好。确定了皮革供应点之后,奔驰公司又要求在饲养过程中防止出现外伤和寄生虫,既要保持饲养场地良好的卫生状况,又要防止牛皮受到各种损伤。座椅制成后,还要由工人用红外线照射器把皮椅上的皱纹熨平。①

经典之所以成为经典,背后一定有一份执念和全身心的付出,深入了解过,才能知道个中艰辛与不易,令人肃然起敬。

2.如勃朗峰一样坚实、高贵——万宝龙钢笔的精致②

万宝龙公司1906年创立于德国,已经有100多年的历史,以钢笔、腕表等产品闻名于世。在最开始的时候,万宝龙只是一家制作笔的文具厂商,后来,凭借着别具一格的高贵、典雅韵味和精湛工艺脱颖而出,越来越受到人们的追捧,万宝龙钢笔的价格也渐渐水涨船高,成为市场上的"精品"。今天的万宝龙钢笔早已不是办公用品或精品的定位了,在钢笔界,它是经典中的经典,俨然是一件"奢侈品"。

英国女王伊丽莎白二世、德国总理默克尔、美国前总统奥巴马等都曾在公开的工作场合使用万宝龙钢笔来签署重要文件。许多著名的商业精英、好莱坞影星、文人墨客们,都对万宝龙钢笔爱不释手。一支小小的万宝龙钢笔售价折合人民币从最低三四千元到好几万元不等,在大家都习惯用电子产品写作和打字,越来越不需要提笔写字的今天,万宝龙依然坚持让每一支钢笔都保持初心,做到极致。即便需要写字的时候越来越少,但真正爱笔、懂笔的人还是渴望拥有一支万宝龙钢笔来傍身,这样的"笔"中翘楚,它的魅力究竟在哪里呢?

(1)书写传奇:"放慢脚步,尽享生命"的设计哲学

相传,万宝龙的创始人早年在做保险员时,因为有一次墨水笔漏水将合同弄脏,导致被竞争对手抢走了生意,于是他决定自己研究和制作钢笔。万宝龙诞生于1906年,但直到1910年才将Montblanc正式注册为品牌商标,这个名字取自西欧最高峰——勃朗峰,而万宝龙的标志是经典的白色六角星,正是俯瞰常年积雪的勃朗峰的形状和样子。近一个世纪以来,万宝龙以

① 金济. 世界著名企业缘何长盛不衰[J]. 乡镇企业科技,2000(2):34-35.
② 本案例经过编辑整理. 资料来源:罗赟. 奢侈品万宝龙的品牌性格[J]. 中国品牌,2010(9):80-81.

制造经典书写工具闻名于世,万宝龙的名号就代表着书写的艺术,万宝龙钢笔也如勃朗峰一样坚实、高贵。

万宝龙出厂的每支笔的笔尖上都刻有数字"4810",代表了勃朗峰的海拔高度是 4810 米。这串数字体现了万宝龙公司对自己生产的每一个产品的信心和对高品质的承诺,同时它也用这样的方式要求自己的每一位员工勇攀高峰、追求极致、做到顶级,并寓意希望品牌像勃朗峰一样恒久矗立。万宝龙"放缓脚步,尽享生命"的设计哲学沉淀了 100 多年,每一支钢笔都精益求精。

1924 年,万宝龙"经典的大班"(Meisterstück)系列钢笔横空出世。"大班"原意为杰作,果然笔如其名,巧夺天工的工艺及恒久的典雅设计、儒雅气派,彰显出万宝龙对书写艺术的钟情,一经推出便备受推崇,被各界名流追捧至今。

在一个钢笔爱好者的论坛中,有人这样评价万宝龙的钢笔:"大班系列的树脂笔杆握感温润,活塞运转流畅。金属件简直是极品,用了很多年了酒精一擦几乎没有使用痕迹。""这笔一点都不挂纸,笔尖软弹让你没有触纸感,非常滑,非常好写。""如果我只能拥有一支钢笔,那么我肯定选'经典的大班'149 款。""写字那种软绵的感觉非常美妙。"

(2)精益求精:令人惊叹的制作过程

百年来,万宝龙钢笔的独特性源于传统、细腻、考究的手工工艺。

在笔尖的处理上,万宝龙长期以来都坚持交给经验丰富的工匠进行手工打磨,而不是使用机器。作为量产的钢笔,能做到这点,实属不易。每位万宝龙打磨工匠都会经历 6~12 个月的学徒训练期。万宝龙钢笔的制作过程要经过 160 多道工序,其中光是打磨笔尖就需要 25 道工序。万宝龙认为笔尖是一支笔很有个性的部分,打磨笔尖的工艺师凭借多年积累的经验,可以在打磨过程中通过耳朵听来判断笔尖是否已磨好,通过对声音的感知来引导力度的掌握,甚至比机器更加精准。打磨完成后,每支笔的笔尖都要经过经验更为丰富的大师级工艺师近乎苛刻的检测,通过在纸上连续画"8"字,从各个角度对笔尖进行测试,以保证各种可能的书写姿势都能获得满意的书写感受。

万宝龙的笔尖除了刻有数字"4810"外,还有着很精美的印花,笔尖的光泽、印花的精细度都达到工艺品级别。根据笔尖由细到粗,万宝龙钢笔可以分为 F、M、OM、OB、OBB、B、BB 七个笔型,M 或 B 型的笔尖适合书写英文，OB 或 OBB 型比较粗，适合用来签字。此外还有 Especial 笔尖是专门为左手写字的人而设计的。

万宝龙钢笔不仅笔尖的制作过程精益求精，内部采用方便流畅、上墨量大的活塞上墨，外壳也同样十分讲究。万宝龙钢笔的外壳由独特的合成树脂材料制成，这种材料是万宝龙的专利技术，当年由 12 个万宝龙工匠花了数年时间才研制成功。这种合成树脂材料的优越性在于，即使钢笔被用户使用了十几年，笔杆的润泽度也只会有增无减。这种树脂材料更多地用于经典款钢笔。除了这种专利树脂外，在更加个性化的钢笔制作上，万宝龙也会采用其他更丰富多样的笔身材料，比如青金石、孔雀石、纯银、精钢、檀木、皮革等。

笔的重量也不是随随便便定的，以"经典的大班"149 款钢笔为例，整支笔重量在 32～34 克，这种配重使得用户在使用时感觉最为舒适，让书写成为一种享受。

不论是这支小小的钢笔的哪一个部分，万宝龙工艺师都当成工艺品精雕细琢地来打造。德国人正是凭借这样一股倔强和执着，造就了一个又一个享誉世界的品牌。

3.德国工匠精神培育的经验启示

(1)工匠精神融入民族精神

"德国制造"长盛不衰一直保持所在领域世界第一的背后，是他们把匠心融入国民教育的血液中，并积淀为一种公民意识、民族精神。

德国工业化起步比较晚，在 18 世纪 60 年代英国开始工业革命时，德国（普鲁士）还是一个落后的封建农业国。在 19 世纪 30 年代德国开始进行工业革命时，英国的工业革命已接近完成。德国进入工业革命后，也经历过"山寨"英、法的阶段，为此，英国议会还特别在 1887 年通过对《商标法》的修改，要求所有进入英国的德国进口货物必须明确标示"德国制造"的字样。从那时起，德国人进行了反思，开始了"逆袭"之路。

在这个过程中，"工匠精神"和对品质的执着追求是功不可没的。今天，再也没有人说"德国制造"是山寨货，"德国制造"成了质量和信誉的代名词。大到德国的汽车、机械、电器，小到厨房用具、体育用品，都成为世界公认的质量过硬产品。

在保时捷汽车工厂，组装一部车只需 9 小时，后序检测调试却需要 5 天，出厂则需要数月。保时捷汽车的订单最快也需 3 个月才能供货，有些配置高的甚至需要提前一年预订。尽管需求旺盛,但保时捷并不急于扩张。为了保障品质,保时捷除玻璃和发动机外,均为手工组装,因为挡风玻璃过于沉重,机器操作更精准严实,而发动机拧螺丝较单调费力,则由机械手代劳。至于其他工序,则均为手工组装。保时捷公司认为,好的工人永远比机器人更精准,更有灵活性。①

当精益求精超越了利润最大化而成为企业的终极追求时,才能称之为执着的"工匠精神"。这种执着与追求成为"德国制造"独特的精神文化,专注、标准、精确是德国的民族性格,他们几十年、几百年专注于一项产品领域,力图做到最强,并成就大业。

德国人的民族性格和文化似乎也在给其产品贴上"靠谱"的标签。德国人性格内敛,工作严谨、认真,遵守秩序和工作流程,有时甚至显得有些过于古板。据说,德国人的厨房精确得像一个实验室一样,煮鸡蛋要用量杯精确地量好要加多少毫升的水,煮面条要用天平称面条的重量,调味料加多少也要先称过,切食材须使用不同规格大小的刀具,全套下来几十把。还有厨房用的锅具。德国人生产的一口锅,据说可以用上 100 年,因此很多德国人用的都是奶奶传下来的锅。

无论如何,这种习惯和文化已经渗透到德国人的血液当中,"德国制造"注重品质,不搞低成本竞争,更不会利用货币贬值促进出口。尽管德国产品有时看起来外观并不新颖、华丽,但绝对结实耐用,具有同类产品中的顶级质量。

(2)一流职业教育:推行"双元制"育人模式②

德国把教育作为立国之本。德国的现代公民必须要服从的三大义务就是纳税、服役和受教育。德国通过教育来提高国民素质,尤其是重视职业技术教育。在培养尖端一线职业人才方面,德国一流的职业教育发挥着重要作用。从中世纪开始,德国就有了学徒文化,后来演变成"双元制"育人模式。

"双元制"育人模式源于德国,是德国在 1948 年就开始推行的职业教育模式。所谓双元制,是指学生分别在企业和学校接受教育,其中 60% ～ 70% 的课程在企业等校外实训场所中进行,如生产岗位等,主要学习实操技

---

① 马斌. 工匠精神:保时捷传承之魂[J]. 宁波经济(财经视点),2017(2):56.

② 王焕成. 德国"工匠精神"的培养及其对我国的启示[J]. 文教资料,2017:89.

能;30%～40%的课程在职业学校进行,主要学习职业相关的专业知识和理论知识。在不同的教学地点,教学形式与内容就有所不同。以企业为主的"双元制",培养目标更符合企业需要,真实的生产环境使学生更接近实践以及未来的工作需要,优势明显。此外,德国职业教育机构一向贯彻严格训练、注重实践的方针,接受双元制培训的学员在毕业时必须通过实际操作考试与理论考试。

德国用国家立法保障这种校企合作的育人模式,使得"双元制"在德国的企业中应用很广。后来,德国侧重实践的职业教育逐渐成为全球广受赞誉的教育模式。现在我国的职业教育机构大多也都借鉴和采用了德国"双元制"育人模式。

在德国,高等教育和职业教育只是分别负责培养社会所需的不同领域的高等人才,在重要程度上是不分伯仲的。德国具有深厚的工业文明背景,对掌握专门技术的人才十分尊重,德国的职业院校毕业生社会地位高,报酬丰厚,工作稳定,发展前景广阔。

有人调查发现,通过"双元制"大学毕业的学生,与其他类型高校毕业生比较,无论是在工作能力、管理能力还是领导能力等方面都非常优秀。在30～40岁的人员中,"双元制"大学毕业生收入最高,担任职务最高,进入领导管理层最早。

(3)脚踏实地,实业兴国

金融危机发生时,强大的制造业帮助德国在风雨飘摇的世界经济中站稳了脚跟,发挥着"定海神针"的作用。在过去100多年里,制造业始终是德国国民经济的内核。"德国制造"畅销世界、出口强势的背后,是德国坚持多年的工业基础。有人说,德国兴,其根本是实业兴。

德国股市和资本市场不发达,大多数德国企业不会进行资本运作,尤其是家族企业。他们顶着父辈和祖辈的心血,只想兢兢业业地把产品打磨到最好,把企业管理做到最好,无愧于祖辈的寄托,有的家族企业会将祖辈的梦想、追求、理念作为企业文化,将老一辈的严谨本分、执着倔强、完美主义代代相传。德国家族企业讲求家道、家风传承的重要性,许多知名家族企业都建有自家博物馆。为了使家族企业长久生存,经营者步步为营,绝不会生产劣质产品砸自家的招牌,这样的民族特点,使得德国的实体经济很强大,德国制造的产品也很强大。

2019年7月22日,美国《财富》杂志发布的2019年世界500强排行榜上,有129家来自中国,而德国的企业只有29家。德国的大规模企业数量较少,以中小企业为主,这其中又有许多家族企业。家族企业世世代代经营多年,在自己所在的领域深耕下去,涌现出很多业界翘楚,屹立着众多"百年老店",秉承着一以贯之的传统,从优秀到卓越,成为基业长青的典范。不求一夜暴富,但求脚踏实地,不求最大,但求最精,在专注的发展中,追求完美主义,将企业做成百年老店。

德国管理大师赫尔曼·西蒙在《21世纪的隐形冠军:中小企业国际市场领袖的成功策略》①一书中曾指出:德国保持所在领域出口世界第一的秘密,就在工匠这群"隐形冠军"身上。这群"隐形冠军"有一个共同特点,就是都有着优秀的手工艺传承,具有令人尊敬的工匠精神。德国企业家认为:一个专注的技能操作工人(工匠)和科学家没什么两样。"德国制造"成功的背后,有着庞大的工匠群体以及工匠精神作为动力支撑。

家族企业的长期稳定又让企业哲学、企业文化得以传承。是工匠精神、家族传承和现代科技形成的铁三角让"德国制造"立于不败之地,让德国产品行销全球,让德国企业基业长青。

(二)日本的"职人精神"

1. 工作即修行——顶级木工秋山利辉的严苛②

"一流的工匠,人品比技术更重要,如果人品达不到一流,无论掌握了多少高超的技术,也算不得秋山木工的一流工匠。"说这句话的人,是日本顶级木工秋山利辉。

秋山利辉曾出版过一系列十分受欢迎的书,包括《工匠精神:一流人才育成的30条法则》《匠人精神:追求极致的日式工作法》③等,书中非常详细地介绍了"秋山木工"所实行的学徒制度,包括学徒的选拔、生活与工作方式、等级制度,以及秋山利辉和他的学徒所取得的成就等。由于秋山利辉精湛的工艺水准和独特的匠人培育方式,他所创办的"秋山木工"被誉为当代

---

① 赫尔曼·西蒙. 21世纪最被低估的竞争优势[M].张非冰等,译.北京:经济日报出版社,2013:28-46.

② 本案例经过编辑整理。资料来源:巩佳伟,于秀媛,张丽丽.匠心 追寻逝去的工匠精神[M].北京:人民邮电出版社,2016:212-214.

③ 秋山利辉.匠人精神:追求极致的日式工作法[M].陈晓丽,译.北京:中信出版社,2017:167,86-87.

日本工匠精神的代表企业，受到全世界的关注。

（1）熟能生巧：天赋、努力，缺一不可

1944 年秋山利辉出生于日本奈良县的一个小村子。当时的秋山家是全村最穷的人家之一。父亲生意经营不善，入不敷出，母亲做些零工贴补家用，家里经常陷入吃不上饭的窘迫境地。母亲在外忙碌着顾不上孩子，向邻居讨米的事情就落在了秋山利辉几个兄弟姐妹身上。秋山利辉在乞讨的时候，见识了各种各样的人，有人慷慨相助，有人为富不仁，也有人虽自顾不暇但还愿意接济他们。从那时起，秋山利辉就知道好的德行和心性对一个人来说有多重要。

活下去尚且需要拼尽全力，更不用说上学了。没有书，没有本子，连拥有铅笔头都是一件奢侈的事。由于缺乏足够的学习条件，秋山利辉是班上成绩最差的学生。但是，秋山利辉的画画技能和动手能力很强，在手工方面展现出一定的天赋。当时村上住着不少手工艺匠人，有木匠、制伞匠、修理匠等，他们喜欢一边做一边卖，在人前展示自己的技艺。秋山利辉痴迷地观察这些匠人的手部动作，经常能坐在那儿一动不动地看一天，时间一长，有的操作秋山可能看了不下几百遍。

纸上得来终觉浅，绝知此事要躬行。回家后，秋山利辉就开始试着自己动手做东西，一来二去，秋山很快琢磨出了一些门道，会做一些简单的木工活了。小学四年级的时候，有一次，村里一位老婆婆需要一个架子用来修理漏水，手工活灵巧的秋山利辉很麻利地搞定了。从那以后，陆陆续续有一些人家开始找秋山利辉做一些家里的木工活了。秋山发现这样能赚到一些小钱，于是他不辞辛苦、非常积极地接起活儿来。

熟能生巧，接活接得越勤快，小小年纪的秋山利辉的技艺就越发娴熟起来。上了中学以后，秋山利辉的手工技艺变得更精湛了一些。这一时期，有三个小作品是秋山利辉印象十分深刻的，分别是鸟笼、房屋、船。

秋山利辉设计的大鸟笼，一共两层，有 3 平方米大小，算是鸟笼中的"豪宅"了，最精妙的是，他还设计了一个装置，让鸟儿下的蛋能自动滚下来。

制作房屋是学校的手工作业，老师要求用纸板搭建一个房子。交作业时，其他同学做的都是平房，只有秋山利辉的作品是两层楼。掀开屋顶，二楼展现在眼前，再拿掉二楼，又能看到一楼的布局。他还用纸板做了榻榻米，挖了窗户，甚至安装了可以通电发光的小电珠，在一排平房当中，只有秋山利辉的两层小楼灯火辉煌,像一个装修豪华的大别墅。①

第二次手工作业是制作一艘船。别的同学都拿一根筷子插在板上,挂上纸做的帆,做成筷子似的小船。秋山利辉的船特别酷,是一艘涂成了黑色的军舰,上面还有大炮。同学们的纸船放进水里后,都向下游漂去,只有秋山的"军舰"快速地逆流而上,因为他在船上安装了马达。这个马达是极具巧思的秋山利辉用大号干电池自制的。为了使这个简易的临时马达下水后不会坏掉,在接头的地方他还用蜡烛的蜡进行密封处理,做了防水措施。

这三件小作品得到了包括老师、同学在内的许多身边人的夸奖。村里的老人们也都对秋山利辉的手工天分赞赏有加,说他将来"可去当木匠"。就这样,成为一名木匠变成了秋山利辉心里的一颗种子。怀揣着"木匠梦"的秋山利辉,在一次偶然的机会中得知了职校招生的消息,而且可以免费就读一年,秋山二话不说就去职校报到了。毕业后,专业上表现优异的秋山利辉去了大阪工作。从 16 岁开始的 11 年时间里,他先后进了四家公司,度过了艰苦漫长的学徒生涯,从早到晚不停地工作,薪资却十分微薄。

通过多年的努力,秋山利辉积累了不少工作经验,甚至可以承接为日本皇室制作家具的任务了。终于,他决心创办自己的公司。就这样,27 岁的秋山利辉和两个朋友一起创立了"秋山木工"公司。

如今,"秋山木工"成为日本首屈一指的家具厂家,日本皇家指定家具特供商。向其订制家具的遍及日本的各个阶层。"秋山木工"的家具常见于日本宫内厅、迎宾馆、国会议事堂、知名大饭店、百货公司、高级品牌专卖店、美术馆、医院等高档场所,也常见于一般家庭。大家都冲着技术可靠的一流工匠亲手打造的名头而来。"秋山木工"的家具经典、耐用,拥有顶级的质量,是可使用 100 多年的家具。虽然"秋山木工"全厂只有 30 多人,但却创造了年收入超过 11 亿日元的惊人业绩。②

(2)匠心传承:技术 40%,品行 60%

以高质量家具工艺闻名日本的"秋山木工",为外界称道的除了家具外,还有它独创的人才养成制度,其获得了日本知名企业家稻盛和夫等的推崇,

---

① 男女一律剃寸头,8 年零假期,34 人小作坊竟然年入 11 亿[M/OL]. 360doc 个人图书馆. [2018-12-21]. http://www.360doc.com/content/18/1221/16/1134128_803394312.shtml.

② 男女一律剃寸头,8 年零假期,34 人小作坊竟然年入 11 亿[M/OL]. 360doc 个人图书馆. [2018-12-21]. http://www.360doc.com/content/18/1221/16/1134128_803394312.shtml.

不少中国、美国的企业都慕名前来取经。大家在参观秋山工厂时，纷纷对年轻学徒的精湛技艺表示惊叹。大名鼎鼎的秋山工厂其实非常原始，没有先进的机器，木材都靠学徒们手工打造。这么做除了锻炼学徒的技能外，还有一个原因，就是要以此来淬炼学徒的心性。

为了培养一流的家具匠人，秋山利辉制定了"八年育人制度"。每个进入秋山木工学校的学徒，都需要经过"一年见习、四年学徒、三年工匠"的学习过程。第一年见习是初步考验，只有修完所有见习课程的人才能通过初步考验成为正式学徒。在四年学徒期间，学徒需要完成思想准备、生活态度、方法技术等各方面的基本训练。这可不是一件容易的事情。秋山的学徒，无论男女一律要剃光头，每天早起跑步，不允许使用手机，不能随意外出，过的几乎是苦行僧一样的生活。在这里唯有在技术和心性方面磨炼成熟者，才能被认定为"工匠"，获得一件印有自己姓名的"法被"（日式短上衣）。从第六年开始学徒作为"工匠"，边工作边学习，一路过关斩将、淬炼成长。只有完完全全具备一流匠人的所有素质之后，才算是从秋山木工学校顺利毕业。

秋山利辉的评价标准是，技术 40％，品行 60％。他的这一理念甚至直接在工资上体现出来，技术工资占 40％，人品工资占 60％。他认为，没有超一流的人品，单凭技术打动人心，是不可能做到的。"无论技术多么优秀，技术只是技术，很容易被超越，而精神无法被轻易模仿。做出让人感动的东西，要有一流的精神才能做得到。"秋山利辉自己早年当学徒期间，看到过一些手艺和技术很好的人，态度却十分傲慢，会对客户说出"你是外行当然不懂"这样的话，对后辈的指导也马虎敷衍、有所保留。秋山利辉想，一流的工匠一定不是这个样子的。

为了让学徒理解什么是"一流的工匠"，秋山利辉整理出了"匠人须知30 条"，将礼仪、感谢、尊敬、关怀、谦虚等匠人需要具备的基本要素全浓缩在"匠人须知 30 条"里。学校要求学徒每天齐声朗诵"匠人须知 30 条"，必须熟记背诵，内化渗透到潜意识中去，并持续付诸行动。

如今秋山木工学校已经培养出 50 多位世界级木工大师。秋山表示，自己的目标是能够培养出 10 个超越自己的徒弟。他所做的，就是在八年之中慢慢教他们工作和为人之道。因为成为一流的人之后，才能成为一流的工匠，有了德行和精神，才能走得更远、更高。

秋山木工在磨砺心智和品格培养上花费的时间和精力都成了其制作的

家具的附加价值,也成了秋山木工屹立不倒的关键。从秋山利辉的故事中我们可以感受到,工匠精神考验的不仅仅是技术,而且是从事这个工作的人如何尊重和敬畏自身职业。工匠不谈论美,他们执着于自己做事的极其微小的原则,并使之变成一种不可撼动的方式。

2.小野二郎封"神"的秘密——寿司之神的专注①

2011年问世的一部美国人拍摄的纪录片《寿司之神》让更多的人认识了小野二郎这位寿司料理界的大师。小野二郎出生于1925年,如今已90多岁高龄。据说他是全世界年纪最大的米其林三星主厨。小野二郎从1965年开始在日本东京银座附近开了一间寿司店,这家店店面很小,小到最多只能容纳10人同时就餐,而且没有固定的菜单,顾客不能点餐,来店就餐的菜品完全随机,由主厨根据当天的食材进行搭配。即使这样略显逼仄的用餐环境,即使要被动接受店家提供的任何菜品,即使一次用餐费用高达人均400美元,慕名而来的食客依旧络绎不绝。以前是至少需要提前一个月预约抢订,如今更是直接关闭了普通人电话预约的渠道,只接待老客、熟客或高端客户。

2014年4月,时任美国总统奥巴马访问日本时,日本首相安倍晋三就以非官方晚宴的方式在小野二郎的寿司店款待奥巴马②。两人一同在这家小小的寿司店内用餐,以体现双方的亲密关系。

日本著名美食作家山本益弘在纪录片《寿司之神》中这样评价小野二郎的寿司:"在我吃过的数百间餐厅中,二郎寿司傲视群雄,世界各地的名厨吃过二郎寿司后,都会惊叹,这么简单的食物,味道怎会如此有深度。如果要用一句话形容二郎寿司,那就是——极简的纯粹。"

这一个小小的寿司,究竟藏着什么秘密,能让小野二郎一举封"神",成为日本国宝级别的人物呢?

(1)职人本色:一生只够做一件事

小野二郎9岁开始在寿司店里做学徒,从事寿司行业80余年,经营自己的寿司店铺55年,他一生都奉献给了寿司。小野二郎对寿司的专注和热爱已经到了让人震撼的程度。他每天早上5点出发去开店,晚上10点回

---

① 本案例经过编辑整理。资料来源:大卫・贾柏.纪录片《寿司之神》[CD/OL],2011.

② 奥巴马卸任后首次赴日:与安倍在东京银座吃寿司[EB/OL].[2018-03-26].https://www.sohu.com/a/226387743_260616.

家，几十年来专注于寿司并且只做手捏寿司，他的店铺不卖其他任何东西，甚至连茶水都不提供。

"我热爱我的工作，我要把一生投入其中。"小野二郎的心里只有寿司，他想继续做到他做不动为止，他认为自己还能做出更好的寿司。70岁之前，小野二郎都是亲自到市场挑选食材，后来因为心脏的原因，才放手交给自己的长子小野祯一去采购。

寿司要靠小野二郎的手去捏出来，他的手好像有魔法一样，为了保养自己的双手，40多年来，小野二郎只要不在店里工作时，都会戴上手套，甚至连睡觉时也不例外。他的双手很轻很柔软，没有岁月的痕迹，看上去完全不像一位90多岁高龄的老者的双手。他说不能让自己的手受伤，否则在近距离面对顾客捏寿司时，是不礼貌、不好看的，所以要永远保持自己的双手是健康的，保护自己的手也是他最重要的工作之一。

（2）严选食材：伯乐相马，惜物识人

《寿司之神》一片记录了小野祯一在筑地市场采购的场景。东京筑地市场是日本的一块金字招牌，这里聚集了非常多的鱼类专家，批发商们世世代代都是鱼贩，很懂鱼。

小野祯一采购的金枪鱼卖家是市场上公认的金枪鱼第一专家，商家对着镜头说"因为小野对我眼光的肯定让我深感责任重大"，作为金枪鱼专家，他挑选金枪鱼的眼光十分毒辣，从金枪鱼切掉的尾部呈现的断面，他用手电筒照一照，便能看出肉的颜色、鲜度、肉质，如果今天市场上只有一条金枪鱼最好，那这位金枪鱼专家就只买那一条，宁可备货不足，也决不滥竽充数。

在鳗鱼供应商的店铺里，小野祯一很自豪地说，这家店老板的爷爷是当年的"鳗鱼之神"。鳗鱼商家说："我们也是挑客人的，只想卖给懂鱼的客人。"这其实也是筑地市场不成文的"潜规则"，专业的鱼贩精挑细选的鱼，会使料理如虎添翼，买卖双方都很重视长期合作的精神，拥有尖货的鱼贩们，只会把极品卖给最好的主厨。

除了鱼货，米饭也是寿司的灵魂之一。小野二郎有自己固定的大米供应商，这位米商跟小野二郎已经成了很好的朋友，曾经有高级酒店慕名前来向这位米商采购大米，但被他拒绝了，因为"有些米只有二郎的学徒会煮，卖给你们也不会煮"。

这是一种伯乐相马式的食材采购方式。和小野二郎一样，这些商贩在自己的领域亦是行家和权威，他们都带着理想主义和完美主义的情怀，秉持着一种"好东西是有限的,要交到最好的人手上才行"的理念,惜物识人。他们很看重自己的下家,希望自己所卖之物能有一个好的归宿,修成"正果",这才对得起自己的专业知识、独到眼光和辛勤劳动,这是一种真正的敬物、敬人、敬业、敬我。

(3)待客之道:"不好吃的话,就不能端给客人吃"

有了最上等的食材,还要有最讲究的料理手法。"每种食材都有最美味的理想时刻,要把握得恰到好处。"小野二郎说。

为了使章鱼口感柔软,吃起来不会有像橡胶的口感,烹饪前要给章鱼按摩 40～50 分钟,直到按摩出香味。煮米饭时要给锅盖加很大的压力,压力大到必须用两只手才能搬开。出锅的米饭用蒲扇扇风,降温至约 37℃,因为要使米饭的弹性最佳,其温度要贴近人的体温。小野二郎还发明了保持米饭温度在 37℃ 的方法。料理完所有的食材以后,小野二郎必须要试吃,"不好吃的话,就不能端给客人吃",严格把控出品质量,不惜成本。

食材呈给客人前的最后一步才是捏寿司。小野二郎在柜台后重复着简单却很需要功底的动作,将饭团拿捏成形,附上鱼肉,来回反复捏合,手法娴熟,如行云流水,干净利落。小野二郎曾经教育徒弟,要像捏小鸡一样捏寿司,你不能把小鸡捏死,捏寿司也要用这样的力道,这是需要长期反复练习才能够达到的。

一边捏寿司,一边还要细心观察客人。如果是女士,小野二郎会把寿司捏得略小,以方便女士能一口吃进嘴里;如果发现客人是用左手拿取寿司的,他放下一个寿司时就朝向左边。

传统的日本料理都有上菜顺序上的讲究,口味淡的菜品先上,口味重的菜品靠后,这样才像一部乐章一样有抑扬顿挫感。小野二郎苦思冥想了十多年,甚至梦中也会因为有了好点子而惊醒,才完成了如今的尚味顺序。一顿饭就像一部交响乐,分为三个乐章:第一乐章是金枪鱼寿司等经典菜色;第二乐章是当天市场的新鲜鱼货,具有随机性和季节性;第三乐章回归经典的海鳗、干瓢卷、玉子烧等。有些适合生食,有些适合熟食,根据食材的特点来做最恰当的安排。

3. 日本工匠精神培育的经验启示

(1)国家重视:优秀匠人是"国家珍宝"

日本是一个典型的"工匠国",有很强烈的"匠人文化"或者称为"职人文化"。从明治维新以来,日本就推崇"职人文化"。"职人精神"不仅是日本社会走向繁荣的重要支撑,也是一份厚重的历史沉淀。日本素来就有尊重职人的传统文化。在古代,日本曾经把锻造铁器和烧制陶器的职人归入"士"的级别,若是按照"士、农、工、商"的标准来看,从"工"到"士",属于越级晋升。

1955年,日本为了倡导"职人精神",建立了"国家珍宝"认定制度。政府在全国不定期选拔认定"国家珍宝",将那些大师级的艺人、工匠,经严格遴选确认后由国家保护起来,并予以雄厚资金的投入,以防止手艺的流失。

在这样的传统下,职人在日本受到的重视程度极高。"寿司之神"小野二郎就被认定为"国家珍宝",因为他的寿司是最能传递日本传统料理精髓的代表。在日本,不论从事什么工作,如制作筷子、乐器,修复旧书等各行各业,都有可能成为"国宝级匠人",享受特别政府补助,用来"养技""传人"。东京羽田国际机场的清洁工新津春子就因为做清洁做得最为干净,干净到极致,被冠以"日本国宝级匠人"的名号。

(2)社会风气:职人得到广泛尊重

国家重视"职人文化",使得职人受到社会的广泛尊重。在日本,如果被称为"职人"或者"工匠",就意味着极高的赞誉和极大的尊重。只有在一个行业内非常专注、技术精湛高超、做得出类拔萃的人,才能被称为"职人"。

日本具有世代相传的"职人"文化。在古代日本,大人、将军等达官显贵们从来不觉得"做手工"会被人瞧不起,相反,他们非常热衷于客串"职人"。一般上流社会热衷的事情很快就会被百姓所接受并成为时尚。在这些贵族阶层的带动下,日本的"职人文化"渐渐开始盛行,并经久不衰。在如今的日本电视节目中,依旧有不少介绍各个领域和行业的"职人"节目,深受年轻人追捧和喜爱,如电视节目《日本匠人》《日本职人好吃惊》、纪录片《工匠达人》、电视剧《失恋巧克力职人》等。这些电视节目,对于推动工匠精神在青年一代中的浸润和传播,起到了十分积极的作用。在这种大环境的影响下,日本"职人"非常爱惜自己的羽毛,出品把控十分严苛,以精益求精为荣,以劣质敷衍为耻。

在日本,不仅"职人"的地位很崇高,即使不是"职人",普通人如果心灵手巧的话,也会引起周围羡慕的目光。更何况优秀的职人凭借手艺人的灵敏、直觉和数十年如一日的耐心,用最富有温度的双手打造每一件作品,怎能不令人肃然起敬?所以人们坚信,只要坚守一门手艺,不断追求极致,精益求精,登峰造极,一定可以成为受人尊敬、有所成就之人。在这样的社会风气下,日本社会中愿意遵循子承父业的传统习俗而从事手工业劳动的人,比比皆是,这样的工作并不被年轻人所排斥。

当"匠人文化"被全社会接受、发扬时,"敬业"和"认真"的工匠精神就被内化到了日本人的骨子里。

(3)传承延续:家族式或学徒制的代代相传

在日本传统手工制造业领域,工匠手艺的传承大都采用最为传统的家族代际传承或师徒制模式。

根据调查机构的数据,日本的百年老铺大约有 2.6 万家,而一家学术研究机构发布的数据则称大约有 5 万家[①]。无论采信哪种说法,不可否认的是,日本确实是一个"老铺大国"。日本文化里有这样一种强烈的意志,就是要把自己的企业存续下去,传承下去,实现可持续发展,并成为长寿企业。日本老铺学研究会代表前川洋一郎用 8 年时间走访了日本约 750 家百年老铺,采访了其中 371 家老铺的管理者之后著了一本书,名叫《匠心老铺——日本 750 家百年老店的繁盛秘诀》。他在书中开宗明义,指出老铺持续经营铁则的第一条就是"老铺经营者是接力赛中系袖带的人",意思是想要持续经营老铺,最关键的事情就是培养接班人。

小野二郎想把寿司店传给自己的大儿子小野祯一,他承认,他对儿子的要求比对学徒的要求更为严苛,几十年如一日地言传身教。小野祯一如今在店里也能独当一面。据说有一年米其林评委吃的是小野祯一捏的寿司,结果同样也被定为米其林三星。有人说,小野二郎太厉害了,这使得小野祯一的压力很大,因为他的技艺如果只是达到父亲的同等水平,人们并不会满意和称赞,他必须比父亲做得更出色才会得到认可。

但并不是所有的后辈都愿意承接上一代人的衣钵的,这种时候,"职人"们就会选择培养学徒。师徒制是一种以口传手授为主要形式的技能传授方式,它最早出现在以家庭式手工作坊为代表的传统手工业领域,由师父向学徒传授技艺。做学徒是一件很辛苦的事情,小野二郎年轻时打杂了 10 年才得到师父认可,如今他的寿司店也经常有新学徒上门求学,但最短的,只学习了一天就走了。秋山利辉经历了 5 年的学徒制培养。他坦言,那些年里他不只学到了家具制作技术,还有作为工匠应有的言行举止,自己能有今天

---

① 前川洋一郎.匠心老铺——日本 750 家百年老店的繁盛秘诀[M].陈晨,译.北京:人民邮电出版社,2017:1-2.

这样的成就，都是得益于这个制度，是托学徒制的福。

现在，秋山利辉成为日本当代学徒制传承的典型践行者，他创办的秋山木工学校已经成为培育一流木工"职人"的"黄埔军校"，培养出了 60 多名职业工匠，其中多人在每年一度的"日本全国技能大赛"（工匠竞技大赛）上获奖，有一年甚至囊括了金、银、铜的所有奖牌。这些弟子在离开秋山木工学校后都活跃在木工行业的知名大企业中。[①]

日式"职人精神"是寂寞寡淡的，低调务实的，忠于内心的。他们用工作获得金钱，但不为钱工作，而是树立一种对工作执着、对所做的事情和所生产的产品精益求精、精雕细琢的精神。如今在日本众多企业中，"工匠精神"已经是企业管理者与员工之间达成的一种共识，这是文化上的共同价值观。凭借这样的理念，匠人们不断雕琢产品，改进工艺，并享受着产品在自己手里日臻完美和升华的过程，由此感到精神境界上的满足。

从日本人的"职人精神"中我们可以感受到，工匠精神是一种工作态度，更是一种人生态度。

（三）美国的"职业精神"

1. 活着就是为了改变世界——"计算机狂人"乔布斯的创新[②]

史蒂夫·乔布斯——一个在全世界范围内都如雷贯耳、无人不晓的名字。作为美国苹果公司联合创始人和世界十大最有影响力的 CEO（首席执行官）之一，史蒂夫·乔布斯 1985 年获得了由美国总统里根授予的国家级技术勋章，1997 年登上了《时代周刊》的封面，在 2007 年被《财富》杂志评为年度最伟大商人，2009 年又被《财富》杂志评选为这 10 年美国最佳 CEO，同年当选《时代周刊》年度风云人物之一。

辉煌耀眼的乔布斯曾经站在了时代的浪尖上，他的一举一动都成为业界关注的焦点。苹果公司在全世界范围内拥有数量相当可观的"铁杆粉丝"级别的忠实用户，他们的全线产品几乎都被业内的其他同类公司竞相效仿，苹果公司现金储备甚至一度赶超美国，经济总值比肩丹麦，是真正的"富可敌国"的一家企业。

---

① 朱丽. 秋山利辉培养一流"匠人"的魔法心经[J]. 中外管理，2017(8)：112-120.
② 本案例经过编辑整理。资料来源：沃尔特·艾萨克森. 史蒂夫·乔布斯传[M]. 管延圻，译. 北京：中信出版社，2011.

2011 年 10 月乔布斯逝世,《时代周刊》发表报道,称赞乔布斯为"科技史上最伟大的革新者",并评论道:"乔布斯并不是一位专业的计算机研究人员,也没有接受过专业的硬件工程或者工业设计训练,然而苹果公司却能够在他的管理和领导下创造出了从电脑到 MP3 播放器再到智能手机等领域的一个又一个奇迹。"①

那么,究竟是什么造就了这样的奇迹呢?

(1)保持热情:兴趣是最好的老师

1955 年,乔布斯出生于美国旧金山,年轻未婚的母亲没有能力抚养他,把他交给了一对年过半百的夫妻收养。乔布斯被养父母带到了著名的"硅谷"附近,并在那里学习、成长。由于周围的邻居很多都是就职于硅谷高科技公司的职员,所以小小年纪的乔布斯耳濡目染地开始迷恋上了电子学。一个惠普的工程师看乔布斯对电子产品如此着迷,就把他带到了惠普公司的"发现者俱乐部",在那里,乔布斯第一次接触到了电脑,这对他是一次意义重大的启蒙。

上了初中以后,乔布斯认识了学校电子俱乐部的会长沃兹,因为两个人都是狂热的电子迷,所以一见如故成了挚友。

后来,乔布斯上了大学,这所大学的学费十分高昂,贵到几乎要花光作为蓝领阶层的养父母的所有积蓄。读了半年后,乔布斯经过慎重考虑决定退学,因为他觉得不值得花这么大的代价,何况他还不知道自己今后要做什么样的工作,也不知道大学能够怎么为他指点迷津。退学以后,乔布斯没有宿舍住,只好借宿在朋友房间打地铺。为了吃饱饭,他还收集过五分钱一个的可乐空罐,着实过了一段穷困潦倒的日子。但他有了时间开始遵循自己的爱好、好奇和直觉,去旁听那些他真正感兴趣的课程。

20 岁那年,乔布斯和好友沃兹一起,在父母闲置的小车库里夜以继日地琢磨电脑。当时市面上的电脑都是商用的,体积庞大,笨重,价格昂贵,操作复杂,所以他们梦想能造出一台属于他们自己的个人电脑。他们花了几个星期的时间,自制了一个电路板,然后将芯片、键盘、显示屏连接在一起,就这样,世界上第一台个人电脑诞生了。1976 年 4 月 1 日,乔布斯、沃兹还有他们的另一个朋友韦恩,三个人签了一份组建公司的简单协议,"苹果公

---

① 时代周刊.乔布斯:科技史上最伟大的革新者[EB/OL].[2011-10-06]. https://tech. sina. com. cn/it/2011-10-06/09396143373. shtml.

司"就此诞生！他们将制作的第一台电脑命名为"苹果1号"。"苹果1号"电脑小试牛刀，一共卖出了200台，对于刚刚创业起步的苹果公司来说，这也算是一笔"大生意"了。

从升级版"苹果2号"电脑开始，苹果公司全面"开挂"，进入起飞模式。1977年4月，美国史上第一次计算机展会——西岸电脑展要开幕了。乔布斯发挥他的口才和演说天分，四处奔走，不惜重金，终于搞到了全展会上最大、最显眼的展位。本着志在必得的心情，乔布斯努力筹备，决心要让"苹果2号"在这次展会上精彩亮相、一炮打响。不出所料，"苹果2号"样机凭借它小巧轻便、操作简单、美观大方的特色，颠覆了当时人们对于电脑的想象，在西岸电脑展上大放异彩，订单如雪花般飘来。1980年，《华尔街日报》用整版刊登了乔布斯的巨幅照片，并配文"苹果电脑就是21世纪人类的自行车"。当年年底，苹果公司上市，一小时内460万股股票被疯抢一空，乔布斯顿时身价亿万美元。这一年，青年才俊的乔布斯只有25岁。

之后的5年，苹果公司渐渐成长为拥有4000名员工、价值20亿美元的大公司，可乔布斯却因为公司经营理念问题与董事会以及其他公司高层产生分歧，被解雇了。听到这件事的人们表示震惊："乔布斯怎么可能被一个他亲手创立的公司解雇？"的确，这对乔布斯的打击很大。

乔布斯后来回忆起这段时光时说："一开始的几个月我真的不知道该干什么，我败得如此之惨，以至于我想要逃离硅谷。但有个东西在慢慢地叫醒我：我还爱着我从事的行业。这次失败一点儿都没有改变这一点。我被迫出局了，但我仍爱着我的事业。我决定重新开始。"

不久，乔布斯重新创业，成功制作出品了全世界第一部电脑动画电影《玩具总动员》，又一次声名大噪。而此时的苹果公司在市场竞争中渐渐被对手赶超，负债累累，甚至濒临倒闭。

1997年，乔布斯王者归来，重新回到苹果公司，并且力挽狂澜，进行了一系列大刀阔斧的改革，在苹果的复兴中起了核心作用，苹果公司终于起死回生，东山再起。

乔布斯说："事实证明'被苹果开除'是发生在我身上最好的事。成功的重担被重新起步的轻松替代，对任何事情都不再特别看重，这让我感觉如此自由，进入一生中最有创造力的阶段。"乔布斯就是这样，无论在什么情况下，从少年时代萌发的对于电子事业的爱好和热情从未消退，永远保持兴趣和好奇，并坚持在电子行业深耕下去，选择热爱，选择梦想，越挫越勇，无畏向前。

(2)大道至简:产品即人品,专注方能极致

当年面对濒临灭绝的苹果公司,乔布斯进行的最行之有效的改革之一,就是最大限度地精简业务,实施"聚焦战略"。当时的苹果公司没有焦点,很多的小组、很多的项目同时在推进。乔布斯清醒地认识到,如果公司要生存下去,一定要砍掉很多甚至是大多数的项目。他果断地取消了数百个软件项目以及绝大部分硬件项目,包括显示器、打印机以及最具争议性的Newton掌上电脑项目,将工作重点聚焦到他们最擅长、最有价值的事情上。

当很多企业都在想方设法推出更多产品来抢占市场的时候,苹果公司不为所动,他们总是专注于自己的设计和产品,将所有研发、市场和推广活动都只专注于一项或少数几项产品,有时甚至只有一个型号一种颜色,坚定地按照自己的步伐前进。

除了电脑,苹果公司在先后长达10年的时间里只推出了5个型号的音乐播放器、三款手机和一款平板电脑。这样的产品数量,对于苹果这样规模的大公司而言简直无法想象、不可思议。诺基亚、摩托罗拉等同规模的公司,可能一年就会推出几十种型号的产品。

要做到"精简"这一点,实际上并不容易,这意味着面对纷繁复杂的世界,要舍弃太多东西,需要决策者头脑清醒地对"另外100个好点子说不"。

但正是这种专注,让苹果公司把每一个产品都做到极致。

曾经在苹果公司工作过7年的高级设计师马克·川野说,"苹果公司的设计师在公司里都会走楼梯,因为他们担心在电梯上碰到乔布斯,如果被乔布斯询问自己正在从事什么工作,可能得到两种结果:一是他讨厌你的项目,你可能被炒鱿鱼;二是他喜欢你的工作,很好奇细节信息,于是,你近期所有的周末和假期都会泡汤,必须要全力以赴推进项目"。

乔布斯在公司里甚至在整个"硅谷"的口碑都不怎么样,在硅谷,人们把乔布斯称为"恐怖分子"。苹果手机的生产合作伙伴IDEO的老总曾说:"记得有一天凌晨两点,我接到乔布斯的电话,以为是天大的事,结果乔布斯说,'能不能把螺丝钉的材质从不锈钢换成镍?'"

乔布斯希望其他所有人都像他一样追求卓越,认为这是理所应当的,他完全无法容忍那些不关心细节的人。乔布斯对完美的狂热追求常常会给设计、技术人员的工作增加很多意想不到的难度。他曾仅仅因为感觉外观"丑

陋"，拒绝使用一种合适的电路板，即使这块电路板处在产品内部，消费者日常使用时根本看不到，他也用近乎苛刻的美学态度对待。乔布斯认为，产品即人品，苹果产品必须"高雅""尖端"，像一个艺术品一样，不管在任何场合、任何角度，人们都可以感受到它的美。

大道至简，除了要精简项目、聚焦专注外，所有的产品也必须要操作简便，简洁直观。"一旦做到了简洁，你将无所不能。"所以，乔布斯设计的iPhone手机，外形极为简单，没有实体键盘，正面只有一个圆圆的按键——home键，iOS操作系统界面干净、流畅、不卡顿，没有乱七八糟的残余文件，而人们看到了却惊呼："这就是我想要的手机！"

苹果公司的产品没有说明书也不需要说明书，简洁明了、人性化的操作界面，容易到连幼儿园的孩子都知道如何使用它，这就是乔布斯对于"简洁"和"舒适使用"的深刻理解，这就是乔布斯的管理理念和产品理念。

（3）非同凡想：颠覆以往，我们重新"发明"了手机

为什么手机必须要有密密麻麻的实体塑料小键盘，再搭配一块方方正正的小屏幕？这是面对当时市面上的各种翻盖、滑盖手机或者带有小键盘的黑莓手机时，乔布斯发出的疑问。

乔布斯觉得这些手机太糟糕了，他决定悄悄进军手机界。虽然苹果公司并非第一个涉足手机领域的企业，这一领域也已经被诺基亚等其他巨头企业盘踞多时，但乔布斯决定颠覆它。

早在1997年，乔布斯就亲自为苹果公司写过一段广告词"Think Different"，译为"非同凡'想'"，也有人译为"致疯狂的人"，其中有一句是："他们用与众不同的眼光看待事物。他们不喜欢墨守成规。他们也不愿安于现状……他们推动人类向前迈进。或许他们是别人眼里的疯子，但他们却是我们眼中的天才。因为只有那些疯狂到以为自己能够改变世界的人……才能真正改变世界。"

这句广告词表明，在乔布斯心目中，苹果品牌代表的是那些跳出固有模式进行思考的人，那些想用计算机帮助自己改变世界的人。

2007年6月29日，苹果手机iPhone诞生。乔布斯在第一台iPhone发布会上的演讲令人震惊："今天，苹果将重新'发明'手机。今天，我们将重新定义'智能'手机。"这是乔布斯在发布会上抛出的豪言壮语。场下观众惊呼不断。乔布斯成功地在市场上投下了一枚重磅炸弹。要知道，在这个日子以前，想拍摄像素高一点的照片要用卡式照相机，听音乐得用iPod或其他

音乐播放器,上网查点资料还要打开电脑。把这些功能整合在一部手机里,而且不用键盘就可以操作,人们感到意外惊喜,甚至有点难以置信。

即使这是苹果公司首次涉足手机领域,但 iPhone 还是以它不同于其他手机的卓越的设计理念,异军突起,甚至从此彻底改写了智能手机领域,获得了极大的成功。直到今天,这场第一代 iPhone 发布会的视频,在 B 站(即哔哩哔哩视频网站)上都一直有人前来"朝拜"和重温,弹幕上是满满的对经典的致敬。那简直是一台具体而微的电脑,在当时已经大大超出了手机的意义范畴,是史上最叫好又叫座的消费性电子产品,销量最多、利润最高、应用程序也最多。市场上没有哪个电子产品定价好几百美元还能卖出 5 亿多台。

iPhone 的到来改变了整个智能手机世界,甚至智能手机以外的世界。

(4)创新无限:活着就是为了改变世界

乔布斯说:"你的时间有限,所以不要为别人而活,活着就是要改变世界。"作为当今世界最受追捧的 CEO 之一,作为苹果公司的掌舵者,他的确改变了世界。如今,苹果公司的领袖地位已扩展到现代生活的各个方面,勇于创新的改革策略已成为业界的典范。甚至在文化领域,苹果品牌已经代表了一种生活品位,成为一个时尚符号。

在苹果品牌最经典的一款广告中,乔布斯没有直接介绍苹果产品有多么好用,或是多么便宜,他是这样说的:"我们做的每一件事情都是为了突破和创新,我们坚信应该以不同的方式思考。我们挑战现状的方法就是把我们的产品设计得十分精美、使用简单和界面友好。我们只是在这个过程中做出了最棒的电脑。你想买一台吗?"

被这个广告和这种精神吸引而来的用户,后来成为真正的"果粉"①。

乔布斯的个人经历、商业历程都充满了传奇色彩。他有着许多与众不同的地方,他曾告诫其他管理者:"不要被教条束缚,不要让其他人喧嚣的观点掩盖你内心真正的声音。你要有勇气去听从你直觉和心灵的指示,它们在某种程度上知道你想要成为什么样子,所有其他的事情都是次要的。创新无极限! 不要拖延,立刻开始创新!"

乔布斯留下的最大的价值,不在于制造出了颠覆行业的 iPhone,也不在于创造了价值几千亿美元的苹果公司,而是他为整个移动互联网时代贡

---

① 指美国苹果公司电子产品的爱好者。

献了一种崭新的、革命性的产品哲学和创新理念。

2.美国的工匠精神为什么更多地体现在"创新"上?

(1)社区学院是美国高等职业教育的最佳特色

美国是世界上较早开展职业人才培养的国家之一。1984 年,美国颁布了职业教育的纲领性文件《帕金斯职业教育法案》,从此拉开了全民职业教育的序幕。从 20 世纪 90 年代到 21 世纪初,美国对该法案进行了三次修订,足可见美国政府对职业人才教育和培养的重视。[①] 1998 年,联合国教科文组织正式使用了职业教育或技术教育概念,从那以后,职业教育不再是普通教育的组成部分,而是成为一个独立的体系。

现在,美国高等职业教育的主要机构和典型模式是其独创的社区学院。美国前总统克林顿曾说:"社区学院是美国的最佳特色。"社区学院(Community College)是两年制院校,以培养专业技术人员或专业熟练的劳动人员为目标,也为在职人员进修或补修某些课程。在社区学院选课和学习时间长短都非常灵活,可以全日制学习,也可以业余学习。社区学院承担了更多的终身学习的职能,其不限次数地向希望获得继续教育的人敞开大门。

以服务社会人才需求为办学方向,注重学生未来职场技能的培养,美国的这种做法取得了非常好的效果,为美国经济发展提供了大量的技术技能型人才。再加上政府的倡导、资金扶持,鼓励生源和促进就业等政策的保障,进一步推动了美国职业教育的发展。

因生源水平参差不齐,学生个体差异较大,社区学院在教学模式上大多实行"教无定法",采取因材施教、百花齐放的教学手段,既有校企合作联合培养,也有理论课时、实践课时交替进行的理实结合理念,以及后来出现的并行式、双重制模式等。同时,社区学院强调能力本位,注重对从业能力的培养,把从业能力作为设置课程的依据,进行学习计划的安排,也以能力的掌握情况为学生的评价考核指标。社区学院还强调以学生为主体,注重引导学生养成自主学习的习惯,教师起引导作用,学生可以自行决定学习方式和时间,开展个性化教学、分层教学,教学进度完全因人而异,毕业的时间也可以各不相同,学生自行申请考核,各科考核合格即可毕业。这种方式较好

---

① 欧阳登科. 借鉴:国外工匠精神的培育成功经验及启示[J]. 智库时代,2017(10):40-41.

地顾及了每一个人的学习情况,对于培养学生自主学习、独立思考的能力起了一定的作用。

(2)不拘一格的民族性格,自由创新的民族思维

美国是多民族融合的国家,美国的民族性格崇尚自由与开放,敢于突破和创新。美国社会价值多元而开放,思维方式不固化,美国人热衷于探索新事物,注重在科技和制度方面的优化和变革,这使得其在产品设计制造上的颠覆性创新思维和设计性思考方式层出不穷,极大地促进了美国制造业技术和产品革新,体现了"美国制造"的创新精神。

美国的工匠精神更多地体现在"敢想敢拼"上。本杰明·富兰克林、爱迪生、怀特兄弟、乔布斯等都不拘一格,靠着一股拼搏的劲头,做出了改变世界的发明创新。美国人做事还很具有"设计性思维",不是埋头苦干,而是花99%的时间设计出一个好工具,再用1%的时间将事情完成,这也是为什么美国的专利数量非常多的重要原因。

在英国的知名品牌价值咨询公司"品牌金融"(Brand Finance)于2020年1月份发布的"2020年全球最具价值品牌年度报告"榜单中,美国品牌一举囊括了前四个席位,分别是亚马逊、谷歌、苹果和微软。另外,美国还有205家企业榜上有名,占比高达41%,是名副其实的品牌强国,而品牌竞争的关键就在于自主创新。颠覆式的行业创新带来的先发优势,使这些品牌做大做强,崛起为巨擘并长盛不衰。

(3)积极的科研政策,开放的学术环境

美国毫不吝啬对"创新"的巨大投入,一直是科技研发经费支出大国,位居全球之首。2019年3月,美国总统特朗普向国会提交了4.7万亿美元创纪录的2020财年预算案。该预算案在福利方面大幅削减,但对科研经费的投入却十分"大方",大多数科学研究机构的科研经费在2020财年的预算案中都获得了增长。例如,美国国立卫生研究院的科研经费将获得7%的增长,即增加26亿美元,达到417亿美元。美国国家科学基金会获得了额外的2.03亿美元,增长2.5%,预算达到了82.8亿美元。能源部科学办公室的预算将增加4.15亿美元,即6.3%,达到70亿美元,而美国航天局的太空科学预算将增长3.4%,至71.4亿美元。此外,知名数据机构Patent Services发布的《2019年全球各国专利数量最新数据》显示,2019年美国专利商标局颁发了16.5万个专利授权,与2018年相比,同比上涨15.95%,专利数量再次刷新纪录,创历史新高。

此外，美国还拥有开放、公平的学术环境，先进、完备的教育设施，美国大学有着首屈一指的教育环境优势，能吸引到来自全世界的顶尖人才。他们往往拥有强大的创新思维和创新能力，这也在为美国成为"创新大国""制造强国"提供源源不断的动力和能量。

通过对中西方主要国家工匠精神的梳理，我们发现工匠精神是包含敬业、精益、专注、创新精神等多种精神为一体的精神体系，各个国家因其文化底蕴的差异及生产制造现实需要方向的区别，工匠精神亦呈现不同的内涵。但是相同的是，工匠精神在历经文化的打磨与时代的变迁之后，历久弥坚，愈加彰显出其深刻而广泛的时代意义与时代价值，是国家与民族宝贵的精神财富。美国著名社会学家和思想家理查德·桑内特写过《匠人》一书，他在书中一针见血地指出："科技越发达，工匠精神越重要。"这句话的意思不是鼓励大家去从事低科技含量的手工作坊的劳动，而是倡导这种最初起源于手工劳动的"匠人精神"。我们可以不做工匠，也不可能人人都成为工匠，但是工匠精神值得学习。

在越来越多的工作都已经被机器和人工智能取代的今天，唯有工匠身上所拥有的严谨专注、精益求精、敬业创新的精神品质无法被取代。在工业革命的初期，我们或许追求的是用机器化大生产代替手工作坊生产的高效率、高产能，但科技发展到今天，我们越来越讲求产品的高品质、高水准、高精度和高科技。这和工匠精神高度契合。时代的发展呼吁工匠精神的回归——若无工匠精神，何谈制造强国？

工匠精神蕴含着最本质的文化基因，不管是东方的还是西方的工匠精神，都与其历史文化一脉相承。我们既要延续传承，又要与古为新，处理好历史传承与现代培育的关系，不断赋予工匠精神新时代的文化内涵与价值。

第四章 经验与案例:新时代
工匠精神培育经验

党的十九大报告指出:"建设知识型、技能型、创新型劳动者大军,弘扬劳模精神和工匠精神,营造劳动光荣的社会风尚和精益求精的敬业风气。"中共中央、国务院印发的《新时期产业工人队伍建设改革方案》提出:"大力弘扬劳模精神、劳动精神、工匠精神。""工匠精神"是一种职业精神,同时又是职业道德、职业能力、职业品质的体现。不管是对于国家社会的宏观发展,还是企业组织的微观成长,乃至劳动者个人职业生涯的成功,工匠精神无疑都是值得提倡和大力弘扬的一种职业素养。也唯有每位劳动者立足岗位,不断培养自身的工匠精神,主动钻研专业技能,提升职业素养,为组织发展和社会繁荣持续贡献独特的价值,我们的个人梦、组织梦和中国梦才能实现。

本章,我们将从区域、行业、职校三个领域寻求杰出工匠,挖掘人物故事,塑造典型案例,凝练核心价值,传播工匠精神。

一、区域案例:区域特色工匠精神培育案例

中国传统文化博大精深,各地均拥有地方特色文化,涌现出众多传统手艺匠人,例如国家级非物质文化遗产麦秆剪贴项目代表性传承人蒋云花、武义大曲制作技艺传承人傅建茂、浙江省越窑青瓷烧制技艺传承人施珍、杭州特色茶文化展示国家一级茶艺技师朱晓丽。他们传承地方特色工艺,将传统手艺与现代技能相融合,向全世界"代言"中国文化。

(一)蒋云花:匠心传承,麦秆生花

【人物名片】

蒋云花,女,中共党员、高级工艺美术师、国家级非物质文化遗产麦秆剪贴项目代表性传承人、中国工艺美术行业艺术大师、浙江省工艺美术大师、"浙江工匠"、浙江省民间艺术家,联合国教科文组织授予她民间工艺美术家称号。

在麦子成熟的时节,风吹麦田,滚滚麦浪连绵起伏,把大地染成金黄,那是大自然的馈赠。在蒋云花的手中,麦收后留下的麦秆也是个宝,经加工拼贴后形成精美绝伦的手工艺品,那是能工巧匠的用心。

生于1942年的蒋云花,用大半生挖掘、保护、传承、创新麦秆剪贴这一浦江民间传统手工艺。在她孜孜不倦的努力下,麦秆剪贴不仅被评为国家级非物质文化遗产,走进大众视野,声名远播,还从民俗生活迈入大雅之堂,在世博会上大放异彩,惊艳了世界艺术的舞台。

1. 曲线求圆,坚守工艺

20世纪70年代末,蒋云花任职于浦江县乡镇企业局。为了发展乡镇企业,提高农民收入,身为党员的蒋云花尽心尽责,先后引入十字绣、钩针、机绣、绒绣等多种手工工艺的培训和制作。

"东阳木雕、青田石雕、杭州丝绸,各地传统工艺层出不穷,浦江也应挖掘鲜明的地方特色。"为了找出能取材于本地又有群众基础的浦江特色传统工艺品,蒋云花常常夜不能寐。

在一次去上海出差的途中,蒋云花看见几名外国人在工艺品商店以每幅500多元的价格买走了贝雕作品。"普通的贝壳竟然能做出这么昂贵的画。"寻寻觅觅之间,蒋云花的脑海里突然出现了麦秆画。往事像电影般回放:儿时母亲用麦秆剪贴成小花粘贴在扇芯……自己在读书时曾在金华寺王府被制作精湛的浦江麦秆画深深吸引……

经过一个多月的研究考证,蒋云花锁定"浦江麦秆画"项目,并暗下决心要"做出名堂来"。然而,这条民间工艺之路并不好走。

据史料记载:"明代末,浦江就已流行麦秆剪贴。"浦江工艺厂曾生产过麦秆画,也做过出口,但是在1978年就已停产。

　　既然眼下没有基础,那就从零开始。1980年,三个人,一间房,一块五合板,蒋云花的麦秆画事业就此拉开序幕。当时,麦秆画内容简单,以书签贺卡等小制作为主,半年的销售额还不到1700元,连工资都开不了。

　　困难没有吓退蒋云花。作品含金量不高,她就自己先拜师学艺,刻苦研习麦秆画技艺的内在联系。资金周转不够,她就曲线求圆,开拓装裱、钩针、机绣业务,以此增收来扶持麦秆画发展。

　　"在很多人看来,麦秆只是饲料和燃料,但是通过剪贴,可以将它变成艺术。在我看来,匠心就是要化普通为神奇。"工匠精神早已深入蒋云花的骨髓。功夫不负有心人,由蒋云花设计制作的麦秆画受到浙江人民美术出版社的关注,80余种年画图册发行量达数百万册。1985年,中央电视台前来拍摄《浦江麦秆剪贴》专题片。由此,浦江麦秆画上了一个台阶,美名传遍全国。

　　2.精工细作,硕果累累

　　蒋云花有着大胆尝试、勇于创新的精神。在继承传统的基础上,她不断在技艺上进行革新,发展自己的技术,对浦江麦秆剪贴的发展和突破,有着独创性和原创性,使之不断超越传统。

　　从1980年开始,蒋云花一直孜孜不倦地致力于麦秆剪贴工艺的研究与创作工作,几十年来积累了深厚的文化与艺术底蕴。她融汇了各种麦秆剪贴技法,设计创制了多种风格的麦秆剪贴精品数百余件。

　　她在对麦秆剪贴工艺的挖掘、抢救、保护、弘扬、传承方面做了大量的工作,在保持传统技法的基础上对浦江麦秆剪贴的品种、题材、技法、色彩、形制、应用等方面进行了一系列的改革与创新,使得浦江麦秆剪贴的艺术水平得到了前所未有的提高。[①]

　　经过40多年的实践,蒋云花的麦秆贴画已形成了一整套独特的工艺流程[②],在保持传统色彩的基础上发展了水墨色、本色加烙画等形式,从以花鸟、动物为主发展到人物、风景、市井风貌等,填补了浦江麦秆贴画历史上的空白,极大地拓宽了麦秆剪贴工艺的题材,丰富了其内容。其中,色彩与技

---

　　①　寿列维.奇花绚烂出村野　天涯共此好芳华——浦江麦秆剪贴简介[J].群文天地,2011(4):78.

　　②　寿列维.奇花绚烂出村野　天涯共此好芳华——浦江麦秆剪贴简介[J].群文天地,2011(4):79.

法方面的创新尤为突出,使得作品活色生香,气韵非凡,具有浓厚的传统文化内涵和强烈的艺术感染力。可以说,蒋云花是当代麦秆剪贴艺术的集大成者,也是该技艺的杰出代表人物。2008 年,蒋云花对历史悠久的全国六大名扇之一的浦江麦秆扇进行了系统的整理与发掘,成功地创制了浦江麦秆剪贴工艺扇,并将之发展为系列化产品,丰富了麦秆剪贴工艺种类。

通过对麦秆拉毛技术、作品保存方式和题材挖掘开发的创新延伸,浦江麦秆画的形式从书签、贺卡发展到大型壁挂、立地屏风,整体面貌焕然一新。因而,麦秆剪贴的名称也从原来的"麦秆花"慢慢地变为"麦秆画"。2008年,浦江麦秆剪贴项目列入国家级非物质文化遗产名录,蒋云花被认定为该项目的代表性传承人。

一分耕耘,一分收获。蒋云花的主要代表作有《百鸽图》《清明上河图》《梅兰竹菊》《双虎图》《九龙图》《百鹤图》《溪山渔隐图》《景丽鸟和春》《报春图》《茶花》《国色天香》《十全报喜图》《白羽献瑞》,还有《黄帝文化》系列、《风景》系列等。其作品在国家级、省级工艺美术大展中屡获奖项,特等奖、金奖、一等奖、银奖等共 30 余个。其中,《百鸽图》是蒋云花根据浦江籍著名画家张书旂的同名画作创制的。在这幅《百鸽图》中,百只和平鸽形态各异、惟妙惟肖,就连鸽子的羽毛也丝丝分明、栩栩如生。《百鸽图》2003 年获第四届中国工艺美术大师作品精品展暨国际艺术精品博览会金奖,两次获省级工艺美术精品展特等奖,三次获省级金奖、"天工奖"等。2003 年,《百鸽图》被浙江省博物馆永久收藏。长达 23.8 米,高 1.2 米,使用麦秆 100 多万根,耗时 1 年半而成的麦秆画《清明上河图》生动再现了张择端原作的《清明上河图》人烟稠密、货物云集的场面,被世人称为"巧夺天工",2009 年获第十届中国工艺美术大师作品精品展暨国际艺术精品博览会金奖,两次获省级工艺美术精品展金奖,2010 年获浙江省第二届工艺美术精品展特等奖。2010 年 6 月,《清明上河图》全图入选参加世博会,得到了中外游客的高度赞誉。《风景》《麦秆剪贴工艺扇》喜获联合国教科文组织颁发的"杰出手工艺品徽章认证"证书。

3. 自觉担当,传承文脉

在蒋云花看来,麦秆画承载着中华民族深厚而悠久的历史,体现了我国民间传统艺术的精粹,而现代文明改变了传统的生活状态,也使得曾经代代伴随我们的文化传统一并失去。她凭着强烈的社会责任感,为传承文脉自觉担当。

蒋云花创立了"云花牌"麦秆贴画,创办了省级非物质文化遗产传承基地、生产性保护基地——浦江云花工艺美术有限公司,建立了"浦江民间工艺博物馆","弘扬民族文化,延续中华义脉",是博物馆门口的题词。该博物馆以陈列麦秆贴画为主,自制、收藏浦江民间工艺品1300余件,其中不少是在全国各级展览中获奖的精品。博物馆免费对外开放,展品令人惊叹,被人们亲切地称为浦阳江畔的"夜明珠""百花园",为弘扬民族文化做出了贡献。蒋云花还建立了浦江明珠职业培训学校、麦秆剪贴传习所,为麦秆剪贴工艺培训技术力量。

她应邀参与浙江省中小学劳动技术教育教材《剪纸、剪贴》的编写与电化教育片《麦秆剪贴》的拍摄。她参与编写的《剪纸、剪贴、家政》教材曾获有关奖项的一等奖。她参与编制中小学教材配套材料100余册,并被聘为省、市、县劳技教师培训班讲课老师,多次参与授课,使浦江麦秆剪贴艺术走进了全省中小学课堂。多年来由浙江人民美术出版社出版的年画中堂、横幅、条屏100余幅。她于2012年编著了《蒋云花麦秆贴画》一书,由浙江人民美术出版社出版。该书不但对麦秆剪贴的传承脉络、制作技艺、手法创新等做了梳理,而且既有制作流程图,又有剪贴图例。该书倾注了她数十年的心血和积累,她为这一传统工艺的传承做了大量的工作。

以学校为平台,以实践课堂为传播渠道,浦江麦秆画在蒋云花的悉心呵护下,在一代代学生心中播撒下乡土文化的种子,初绽芳华。如何让麦秆画怒放在传统工艺的百花群中,是蒋云花要进一步深耕的课题。①

(二)施珍:上林湖畔"火中取莲"铸精品

【人物名片】

施珍,高级工艺美术师,浙江省工艺美术大师,浙江省越窑青瓷烧制技艺传承人。浙江省工匠,浙江省宣传文化系统"五个一批"人才,浙江省劳动模范,慈溪市上越陶艺研究所所长。创作的作品获得国家级、省级博览会特等奖两项、金奖六项、银奖四项。

---

① 张玉莲.蒋云花和她的民间工艺博物馆[N/OL].今日浦江,[2009-11-16].http://pjnews.zjol.com.cn/pjnews/system/2009/11/16/011581436.shtml.

如果说世间有一种艺术,需经过千度的火、万分的爱来锻制才能成器的话,越窑青瓷就是这一种。而烧窑的人,必须经得起火的考验、情的煎熬、心的澄澈,才能烧制出如此温婉如古玉的器皿,犹如在烈火中取出美丽的莲花。

通往慈溪上林湖的路上,漫山遍野的青瓷碎片在冬日的暖阳下波光潋滟,似在述说越窑青瓷昔日的璀璨。沿着宁波慈溪观海卫镇西南方向,距离清流澄碧的上林湖1千米不到,有一个面积不大却不失典雅的陶艺博物馆,里面陈列着的各式古朴典雅的越窑青瓷都出自上林金匠施珍一人之手。

1. 家学渊源,勤学苦练

也许是命运冥冥之中的召唤,生于陶瓷世家的施珍对青瓷有着一种与生俱来的"狂热"。"在家人的熏陶下接触到了慈溪本地的越窑青瓷,但走上这条路却完全是兴趣使然。"施珍说,青瓷不仅仅只是自己的工作,它早已成为生活中最不可分割的一部分。而有关她走上陶艺之路并坚持了29年,有一个人不得不提:"我的三爷爷施于人是中国现代陶艺教育理论家、景德镇陶瓷学院(今景德镇陶瓷大学)的创始人之一。因为家里有这个氛围,很小的时候,我就喜欢研究这些瓶瓶罐罐。"

作为硕士生导师,施于人曾培养过许多陶艺界人才。他独创青花"锦施蓝"。他制作的古彩作品《富贵团圆》被故宫博物院永久珍藏。对于自己从小宠爱的孙女,他教她画画,教她分辨陶瓷的优劣,在她稚嫩的心里播下了艺术的种子。

施珍16岁便随三爷爷远赴景德镇求学,后考入景德镇陶瓷学院美术系陶瓷设计专业。1997年,她远赴韩国首尔产业大学研习陶艺,成为中国第一个陶瓷美术领域的交换生。施珍汲取了日、韩以及西方的艺术养料,又在实践中弥补了大学时代缺失的那块自由灵性的艺术田地。勤奋刻苦的她还有幸成为中国工艺美术大师、浙江青瓷协会会长徐朝兴唯一的嫡传女弟子。[①]

2. 探索专研,成果斐然

2000年施珍选择回到故乡慈溪。她说,她要在这上林湖畔找寻遗失千

---

① 九三学社宁波市委、九三学社浙江省委员会."浙江工匠"是怎样炼成的?——记九三学社社员施珍[EB/OL].[2018-06-15].http://www.shizhenty.com/news_view.asp? ID=564.

年的秘色瓷,要让"母亲窑"的炉火重新燃起。

艺术之路从来不是一帆风顺的。"因为没有太多资料可寻,我在上林湖畔租了间简陋厂房,以上林湖的泥土为原料,以周边的石材、矿物作为釉料,烧窑、制窑,全靠自己琢磨。"谈到烧制的过程,这位匠人打开了话匣子:"在1000多摄氏度的高温下,烧制过程中任何一点细微差别,都可能产生截然不同的效果。一般一个窑子要烧制12个小时,全程人不能离开,要随时调节温度。"

"陶瓷是一门火的艺术,越窑青瓷则是土、釉和火完美结合的结晶。"施珍说,做青瓷永远急不得,从采土、淘洗、成形,再到修坯、补水、素烧、描绘、上釉,最后进窑烧制,每一道都要尽可能做好。精工出细活,有时候为了完成一件作品,她会耗上几个月时间。多年的尝试,也不知道烧了多少窑,施珍终于将越窑的"秘色"淋漓尽致地诠释出来,让失传千年的古老技艺重见天日。

经过不断地探索研究,她归纳出越窑青瓷的"三美"特征:"材质釉色美、器形装饰美、工艺美术美。"[①]日复一日,她用一颗坚毅的匠心,在上林湖畔一次次"火中取莲",化土为玉,成就一件件"夺得千峰翠色来"的青瓷精品。从《上林随想》到《双龙戏珠》,从《芦雁南飞瓶》到《云彩斗笠纹瓶》……这些类冰如玉的青瓷精品,无一不倾注着施珍的心血。千年越窑,千年工匠,72道工序,道道精益求精,一丝不苟。

她坦言,在这过程中,也有过放弃的念头。除了无数次烧制的失败,还有无心照顾家人,女儿发烧了,父亲住院了,甚至自己病倒了。不过,想到这是自己一生热爱的陶瓷事业,再大的困难都会变成激励自己的动力。最终,经历了种种困难,施珍的努力与坚持终于得到了回报。

2010年,她在上林湖畔拥有了自己的陶艺研究所。从此她把全部心血倾注在这里。她的青瓷作品创作也由此进入旺盛期。她开创性地将锐利的切线引入线条结构,创造出一种独特的二维平面与三维空间交错冲撞的张力。尤其是近年创作的青花意象画,不像原初意象一样直接和纯粹,更多地使用符号和影像元素,将拼贴与多样性的肌理糅合在一起,表现出一种后现

---

① 化土为"玉"的越窑青瓷[N/OL]. 工人日报,[2016-09-20]. http://nb. zjol. com. cn/system/2017/01/10/021419006. shtml.

代视觉文化,使得陶艺中的釉色更加丰富多彩。①

近年来她创作的作品获得国家级、省级博览会特等奖三项,金奖八项,银奖四项。作品《上林随想》被浙江省博物馆收藏。作品《缠枝玲珑双耳瓶》获第五届浙江省民间文艺最高奖"映山红奖"。作品《牡丹玉壶春瓶》入选2016年杭州G20峰会国家元首机场贵宾厅展示。作品《云彩斗笠纹瓶》《纹草洗》《缠枝菊花葵口瓶》在中国美术馆展出。作品《五瓣葵口浅凹底秘色瓷盘》获得浙江省青瓷展越窑秘色瓷金奖。作品《夏婴——越窑青花茶具》获得第七届中国(浙江)工艺美术精品博览会金奖。

施珍本人现为高级工艺美术师、浙江省工艺美术大师,浙江省"非遗"越窑青瓷烧制技艺传承人,中国民协会员、宁波市民协理事、慈溪市文联委员、慈溪市民协副主席、慈溪市上越陶艺研究所所长。

浙江省工艺美术行业协会授予她"浙江省工艺美术优秀人才奖",省委宣传部、省文化厅、省文联联合授予她第二批"浙江省优秀民间文艺人才",省委宣传部授予她第六批浙江省宣传文化系统"五个一批人才";宁波市委市政府授予她"六个一批人才""宁波市劳动模范",宁波市妇女联合会、宁波市女企业家协会授予她"宁波市优秀女企业家"称号,宁波市总工会、宁波市经信委、宁波市人社局授予她"港城工匠"称号。

3. 坚守初心,铸就匠心

这两年,施珍被赋予了越来越多的头衔,但对于艺术,她依旧不忘初心。无论多忙,每天她都会花上几个小时进行艺术创作。对于这两年纷至沓来的名誉,施珍坦言:"获得的认可和奖励是对我的鼓励,但更多的是一份推动家乡越窑青瓷文化、产业发展的责任,一份提醒着自己在艺术创作中不断完善自我,更攀高峰的责任。"

在秉承坚守初心的同时,施珍还立志传承陶瓷艺术。她招收了4个美术专业出身的大学生徒弟,教他们制瓷,用一颗匠心去影响学生,弘扬发展陶瓷艺术。施珍还在越窑青瓷的培育基地慈溪市第二实验小学教孩子们体验拉坯,也就是玩泥巴。陶瓷真是件神奇的东西,对孩童来说是无心的玩捏,对匠人来说却是穷尽一生的课题。②

---

① 张坚."因时顺机、动不失正":视像绵延——刘正的艺术世界[J].美术,2015(2):76.

② 化土为"玉"的越窑青瓷[N/OL].工人日报,[2016-09-20].http://nb.zjol.com.cn/system/2017/01/10/021419006.shtml.

当问到"什么样的人能叫匠人""工匠精神又是什么"的时候,施珍说:"于我,匠心是一种手艺,一种事业,更是一种信仰。"要成为一名优秀的匠人,拥有一颗执着、博大的"匠心",不仅要做出好瓷,更要把传统文化、传统工艺传承下去。她说:"弘扬青瓷文化,不仅要传承,更要有追求和向往,要在传统的基础上不断创新。"就是这份责任感让她百折不挠、锲而不舍地不断探索钻研,走出了一条具有自己独特风格的艺术创作之路。她的上越陶艺也在这种求索精神中日益发展壮大,匠心凝聚,精品迭出。①

(三)傅建茂:师古拓新,酒艺飘香

【人物名片】

傅建茂,男,武义熟溪酒厂厂长,武义大曲制作技艺传承人、"浙江工匠",两次被评为浙江省"百千万"高技能领军人才培养工程"优秀技能人才"和"拔尖技能人才",成立了金华市傅建茂技能大师工作室。

武义大曲,素有"江南小茅台"美誉,在全国知名度较高。在武义大田乡的古竹村里,藏着这样一座"酒窖",琼脂玉酿,酒香扑鼻,这便是武义熟溪酒厂。酒厂的负责人傅建茂是武义大曲的非遗传承人,他传承武义千年酒文化,勇于开拓创新,坚持诚信经营,以高品质的酒品和良好的人品,成为酿造行业的领军人物。②

1.勇挑重担,师古拓新

出生于大田古竹村的傅建茂,原本只是一名普通的教师,机缘巧合之下,他于1983年进入了武义老酒厂,拜老厂长陈锡才为师,开始了改变他一生的酿酒生涯。几十年来,傅建茂跟着陈老潜心学艺,刻苦钻研,拥有了丰富的实践经验和理论知识,并娴熟掌握了武义大曲的酿造流程和技艺,成为武义大曲酿造技艺的真正传人。③

---

① 九三学社宁波市委、九三学社浙江省委员会."浙江工匠"是怎样炼成的? ——记九三学社社员施珍[EB/OL].[2018-06-15].http://www.shizhenty.com/news_view.asp? ID=564.

② 乡愁|武义大曲:匠心入酒自芳香[N/OL].浙报融媒体,[2019-11-26].https://baijiahao.baidu.com/s? id=1651250443329961052&wfr=spider&for=pc

③ 傅建茂:让武义大曲飘香大江南北[N/OL].武义新闻网,[2017-06-19].http://wynews.zjol.com.cn/wynews/system/2017/06/19/030182703.shtml

1988 年，武义大曲被评为浙江省优质产品，并获首届中国食品博览会优质奖。1991 年，武义酒厂被县政府确定为全县 25 家重点骨干企业之一。1992 年，武义大曲获浙江省首届博览会银奖，被冠以浙江"小茅台"美称。傅建茂亲历"武义大曲"的辉煌历程，学到了精湛的酿酒技术，也练就了矢志不移的匠心。然而，在企业体制改革的大潮中，武义酒厂于 1998 年起生产滑坡，2001 年 3 月依法破产。

在武义酒厂停业改制的当年，傅建茂毅然挑起传承武义千年酒文化的重担，自筹资金，回老家古竹村创办了武义熟溪酒厂。"现在很多酒厂搞规模化建设或用机械化锅炉酿酒，坚持传统工艺酿酒的已经不多了。"傅建茂说，他之所以坚持，就是要传承祖辈的酿酒手艺。他招引武义酒厂原工程师、酿酒师傅，完整保留和继承传统手工酿酒技艺。熟溪酒厂建有窖池、窖缸、酒库等系列设备，构建了原始与现代相融合的生产序列。

建厂近 20 年来，傅建茂发扬工匠精神，勇于拓新，在继承古法酿造技艺的基础上，成功研发了大曲酒新品"龙水原浆"系列产品。新酿"龙水牌"系列武义大曲、莲子酒，在蒸馏中舍头弃尾，将质优原浆入坛泥封，下窖贮藏，分三年、五年、十年不同品级出窖发售。这些新产品以特有的品质，曾一度成为政府招待专供酒。

历经千年陈积的武义酒文化，历经百年经营的武义酒厂，在熟溪酒厂的传承创新下，武义成为浙江古法酿造大曲酒最先传播地、金华八婺古法酿造大曲酒的主要产地，傅建茂成为武义大曲酿造技艺真正的传承者和创新者。

2. 质量至上，精益求精

酒产品好不好，关键看酿酒原料，好原料是生产高品质酒的重要基础。无论是酿制武义大曲、龙水原浆还是莲子酒，熟溪酒厂都坚持质量至上，践行不计成本、不以次充好、不欺骗消费者的"三不"原则，选用最优质的原材料，做最优质的酒。傅建茂说："武义大曲是浓香型窖酒，要酿好酒，严格按照各工序操作规程操作十分重要。必须选用上等糯性高粱为原料。其酿造技艺主要分为泥窖制作、大曲制作、窖池发酵、吊酒、基酒陈酿这 5 个主要工艺流程。"[1]每一滴酒里都是匠心，有口皆碑，匠心入酒酒自香，这也是傅建茂对武义大曲引以为傲的一点。

---

[1]　傅建茂：让武义大曲飘香大江南北[N/OL].武义新闻网，[2017-06-19]. http://wynews. zjol. com. cn/wynews/system/2017/06/19/030182703. shtml

有了优质的酿酒原料,还要有科学的酿酒工艺。熟溪酒厂沿用武义大曲的酿造技艺,秉承历代传统大曲为糖化剂所酿制蒸馏酒的工艺流程。为开发新的高品质的养生酒,熟溪酒厂2012年同浙江工业大学合作,进行"原浆白酒"酿造技术研究。科研团队在连续几年反复进行小样试验的基础上,2014年同浙江省农科院联手,终于成功研发出高品质莲子酒。

熟溪酒厂坚持精益求精,取得了优异成果,"武义大曲酿造技艺"已被列入金华市非遗项目保护名录,技术骨干傅建茂获得全国白酒品酒师、高级勾兑师称号,被评定为非遗项目的代表性传承人。

3.传承工艺,回馈社会

傅建茂不仅拥有高超的专业技艺,还秉持良好的道德品行和职业操守,十分注重带徒传艺和技术革新,已培养傅家璁、叶敏等徒弟作为第五代传承人,以确保武义酒文化和古法酿造技艺延传不息,确保熟溪酒厂长期做到经营规范和产品高质量。

在取得一定成功后,傅建茂也不忘建厂的初心和承诺,注重回报社会,力所能及地做公益事业。比如投资20多万元,在大田乡古竹村村口建造大型的酒文化雕塑,铺设草坪,形成酒文化公园;向所在村老年照料中心捐赠莲子、猪肉等食物,向古竹小学捐赠九碧石石桌等。

同时,傅建茂引领熟溪酒厂向酒文化博览、养生旅游景区等多功能方向发展,挖掘千年酒史建成武义酒文化博物馆,创建"武义大曲·七贤酒园"旅游基地,形成了旅游接待和传播酒文化的功能,已分别获得省、县文旅主管部门验收认定。

傅建茂是一个老实人,待人真诚,做事认真,不善于弄虚作假。正因为如此,熟溪酒厂的发展一步一个脚印,赢得了社会各界的赞誉,各种荣誉如期而至。2017年他被评为首届武义工匠、首届八婺工匠、金华市非遗项目"武义大曲"酿造技艺代表性传承人,2018年他又被评为浙江省"百千万"高技能领军人才培养工程"优秀技能人才"、武义县第五届享受县政府津贴优秀人才、武义县第一届非学历人才、浙江省工匠(目前武义县唯一)、武义县劳动模范。他的工作室被评为金华市傅建茂技能大师工作室。2019年他再次被评为浙江省"百千万"高技能领军人才培养工程"拔尖技能人才"。

傅建茂深耕酿酒行业数十年,以守正不移的匠心与执着,以诚实守信的为人谋事准则,潜心师古而又勇于拓新,使沿传千年的古法酿造技艺和酒文化产业在新时代焕发出勃勃生机,以高品质产品和信誉领军武义酿酒业。

(四)朱晓丽:懂来处,方知去处

【人物名片】

朱晓丽,女,杭州你我茶业有限公司经理,国家一级茶艺技师,从事茶艺职业 10 年,冲泡演示的"西湖茶礼"被列为向中外友人展现杭州茶文化的特选茶艺;被评为全国技术能手、全国商贸流通服务业劳动模范、首届"杭州工匠"、2019 年"浙江工匠"。[①]

茶艺师朱晓丽曾在朋友圈写道:"好水好茶好氛围,尽在你我一盏中。"是的,对朱晓丽而言,品茶玩味,妙趣横生。身为北方姑娘,她浸润在茶都杭州十余年,一举一动,一颦一笑中饱含着浓浓的江南韵味。

1.结缘茶都,苦练茶艺

朱晓丽的第一份工作是在杭州你我茶燕茶室做一名最普通的茶艺师。在这里,她遇见了执着爱茶的老师倪晓英。老师带领她向许多茶界前辈学习,领着她从茶学茶修开始,一心一意走"茶路"、做"茶人"。

"其实刚开始学茶艺,需要不断翻阅书籍、品鉴茶汤的滋味去记忆一款茶。当记住一款茶的滋味后,又不满足于只是味道的鉴别,于是我一有时间,就去走访茶山,去了解一款茶的生长环境,想要看看能制作这样鲜美的茶汤的茶叶到底生长在什么样的环境中。茶山去多了,我也就有机会跟着制茶师学习茶叶的加工技术。记得第一次在台湾学习"东方美人"茶的加工时,从鲜叶采摘到成品茶制成,我整整熬了 30 多个小时,没有休息。因为当时的老师说,如果做茶的时候你不时时关注茶叶,而是困了就去睡觉,那茶叶也会睡着,就不会回馈给你好的香气和滋味了。那时候,我就知道了,做茶是一件很辛苦的事情,是需要认真对待的事情。"朱晓丽说。

泡茶的基本技能是茶艺师的必备功课,各类规范动作的学习也非常重要。初学茶艺时,朱晓丽天天苦练规范动作,反复练习整个泡茶流程,在一

---

① 何去非,张晓燕.朱晓丽[N/OL].杭州日报,[2017-05-29].https://hzdaily.hangzhou.com.cn/hzrb/2017/05/29/article_detail_1_20170529A0314.html.

招一式、一举一动中去感受茶艺的博大①，因为她深知，意的呈现离不开量的累积。更重要的是，在泡茶的过程中，茶艺师要为自己多加一点想法，多加一份专注。这也是为什么同样的动作，不同的茶人所展现出的感觉会完全不同。

"你认不认真，用不用心，从动作上一眼就可以看得出来。"朱晓丽说。②

她觉得从沏茶到做茶，是一个溯源的过程。"茶叶沏泡出来，其实是它生命的最后呈现，它的前半生则是长在枝头，被采摘、揉捻、烘焙的过程。"朱晓丽说，想要把茶的后半生呈现好，就必须知道它是如何制作的，懂来处，方知去处。

明白这个道理后，朱晓丽在制茶这条道路上，乐此不疲。从国家非遗"传统茉莉花茶的窨制技艺"到"极简大美"的福鼎白茶，从台湾传统手作"东方美人"到"甜醇温和"的红茶，朱晓丽已能从制茶中获得沏泡的心得法门。轻柔、优雅、从容、有序，看茶艺师泡茶，一壶一水仿佛注入了灵气。

也许正是北方女孩骨子里的坚韧，让朱晓丽从此执着于茶，这样的执着正是一个人对茶的初心。初心不改，才有始终，才让朱晓丽从一名普通的员工成长为国家一级茶艺技师。

2. 历练成长，收获颇丰

2011年开始，她参加各种职业技能竞赛，一路成长历练。2011年9月，她参加杭州市茶艺师职业技能竞赛，荣获冠军，获得了"杭州市技术能手"的荣誉称号；2012年6月她参与了马其顿共和国总统夫人一行的外事接待任务，在西湖游船上演示独具杭州特色的"西湖茶礼"茶艺；2013年10月她参加第二届全国茶艺师职业技能大赛并获得第一名，荣获"全国技术能手"荣誉称号；2015年9月她又荣获"全国商贸流通服务业劳动模范"称号；2015—2016年她连续两年作为大陆茶人代表参加在台湾地区举办的"世界博茶会"；2017年她荣获首批"杭州工匠"荣誉称号；2019年9月，她荣获"浙江工匠"荣誉称号。

说起这些奖项，朱晓丽认为，"到目前为止，我获得的最有成就的奖项，

---

① 何去非，张晓燕. 朱晓丽[N/OL]. 杭州日报，[2017-05-29]. https://hzdaily. hangzhou. com. cn/hzrb/2017/05/29/article_detail_1_20170529A0314. html.

② 大国工匠——杭州手艺，茶艺师朱晓丽：懂来处，方知去处[EB/OL]. [2017-06-19]. https://news. qcc. com/postnews_fc89f59e99e60aad55ee89709cccd26c. html.

是在 2013 年获得第二届全国茶艺师职业技能大赛的金奖。"她回忆说："在赛前，我们并没有抱着要去拿奖的心态，因为全国优秀的选手很多。我是怀着参与、学习的想法，参加了大赛。在临近上场前，我有一个茶席的道具突然不见了，与组委协商后，争取了一点寻找的时间，最终通过监控查询，找到了被误拿的道具。紧张的布置后，没有喘息的片刻，我就马上需要上场示范我的自创茶艺。原本以为会紧张，但当坐在茶席面前的那一刻，我突然淡定了下来，顺利地完成了自创茶艺。后来想起来，其实是因为多年的练习，表演茶艺已经成为一种习惯，所以才能自在呈现。"

当时，朱晓丽拿出了一款自己做的茶叶，名为茉莉雪珍，这是一款 11 窨级的茉莉花茶，打开茶叶罐，就能闻到馥郁的茉莉花香。为什么如此钟情花茶？朱晓丽笑道，她喝的第一款茶，就是花茶，这好像是一种缘分。

对于茉莉花茶的窨制技艺，她娓娓道来，烈日采花、精心伺花、花茶拌和、夜间通花、茶花分离、传统炭焙，这些工序重复做 11 次，就是 11 个夜晚，才能达到 11 窨级，这在她看来，可遇不可求。"要天时地利人和才能刚好做到，鲜花采摘，需要天气好，炭焙需要很稳定。"朱晓丽说。每增加一窨，难度都会增加。

说起来容易，其实制作起来很辛苦，要经常熬夜，"在通花的过程中，要每隔几个小时起来看一下，花采摘下来，会继续开放，并释放热量。窨好的茶堆，表面温度低，下面温度高，时间长了会影响茶叶的吸香匀度，所以需要半夜起来，上下翻一下，及时给鲜花注入新的氧气。到第二天的早晨，把茶和花用手摇筛分开"。一款好的茶，从茶汤里就可以看出一二。第一看沏泡的浓淡，第二看茶叶的内质。所谓内质，是说茶汤比较饱满，倒入杯中就像绸缎一般有质感。①

3. 静思茶道，传承茶艺

朱晓丽一点点拉近自己和"茶"之间的距离，慢慢融入"茶"的世界里。在朱晓丽看来，茶是有精神的，每片茶叶都是一颗鲜活的灵魂。"就拿茉莉花茶来说，在干茶中是看不到茉莉花朵的，其香早已经浸润到了茶叶里，这有点像民族精神的融合。"她还在茶中品味人生："一壶茶泡出来之后，无论是杯底、汤面、汤中都有茶之芳香，你会觉得这是一杯好茶。人也是一样，要

---

① 潘婷婷. 朱晓丽：在茶中寻找那份宁静、美好的力量［N/OL］. 每日商报，［2019-11-12］. https://hznews. hangzhou. com. cn/jingji/content/2019-11/12/content_7302160. htm.

让自己沉淀下来，内外兼修，做有内涵的人。学茶使人受益良多。"

作为一名青年茶艺师，朱晓丽热衷于技艺的传授和茶文化的传播。她受聘成为浙江大学、浙江旅游职业技术学院和杭州茶叶加工研究院的授课教师，参与多地多期的茶艺培训班，普及茶文化知识。2017年，依托单位平台，朱晓丽打造了"每周一茶"的公益茶会活动，开展公益茶文化讲座、茶艺普及，受众千余人。她所带的学生多次在市级和全国级的茶艺比赛中获奖。

朱晓丽觉得，这些年都是社会和有关部门给了她出彩的机会。她始终心怀感恩，并把这一切都倾注到茶文化的传播之中，一如既往地精进自己，秉承匠心，让更多的人认识茶，喜欢茶，爱上与茶相伴的美好生活。

自2012年至今，朱晓丽多次作为杭州市茶文化推广宣传的代表，跟随杭州市商务局前往澳大利亚、新西兰、俄罗斯等地，参加美食文化节，并在活动中展示了独具中国特色的"西湖茶礼"茶艺，推广宣传了杭州的茶文化，助推了中国茶都的品牌建设和中国茶文化的传播推广。

懂来处，方知去处。从沏好一杯茶，到会做一款好茶；从会做好茶，到授茶传艺，帮助更多爱茶人修茶修身，这是朱晓丽对自己的要求。她认为，做茶，习艺，不光是一门手艺活，更需要茶人由内而外爱茶、懂茶、惜茶。如今，她在清净明朗、遍地芳香的茶世界里，坚守茶之素简本质，感悟茶修心境成长。①

人生如茶。在与茶香相伴的日子里，朱晓丽感悟到，在做茶的过程中，秉承初心、守住本心，尽自己所能，让更多的人感受到中国茶文化历久弥香的魅力。

二、行业经验：行业突出工匠文化相关案例

在全球企业的发展过程中，凡是能够持久发展、经久不衰的企业，无疑都是将工匠精神作为企业的核心价值，在一代又一代的匠人身上延续传承。西安飞机工业（集团）有限责任公司高级技师黄孟虎、浙江物产元通汽车集团有限公司高级技师陈巍、建德市天羽茶业有限公司总经理欧阳立明、浙江

---

① 大国工匠——杭州手艺，茶艺师朱晓丽：懂来处，方知去处[EB/OL]．[2017-06-19]．https://news.qcc.com/postnews_fc89f59e99e60aad55ee89709cccd26c.html.

五味和食品有限公司试验员冯纬都是凭借自己的专业技能,成为行业领军人物,传承和发扬企业特色文化,为企业、行业带来了经济收益和社会影响力。

(一)黄孟虎:设备神医

【人物名片】

黄孟虎,男,西安飞机工业(集团)有限责任公司(以下简称"西飞公司")高级技师。曾荣获中华技能大奖,荣获"全国技术能手""全国五一劳动奖章""国防科技工业技术能手""陕西国防科技工业优秀青年岗位能手"等称号,被聘为航空工业首席技能专家、陕西省首席技师,享受国务院政府特殊津贴。

黄孟虎在长达28年的从业生涯中,胸怀"航空报国,强军富民"的壮志,立足岗位,努力学习理论知识,刻苦钻研数控维修技术,从一名普通技工快速成长为数控设备维修领域的领军人才,在保障公司高、精、尖设备正常运行[①]及解决重大、关键问题方面发挥了重要作用,先后参与完成了国防科研重大设备维修和技改项目[②]、省部级科技进步奖课题以及国家发明专利等30余项[③],节省和创造经济价值数百万元,赢得了企业和社会的广泛赞誉。

1.专注维修,岗位成才

业内传言"黄孟虎只要往机床旁边一站,就知道哪有故障了"。这句看似玩笑的评价,却得到了同事们的"认可"。"有一次我和师傅出差维修设备,到了车间以后黄师傅先跟操作工人和管理人员交流,然后就看了一下设备的状态,看完后也没说什么,第二天翻阅了相关资料,找来了一些工具和备件,告诉我检查一下某某地方,结果就真的是这里的问题。"黄孟虎的徒弟侯灵回忆说。黄孟虎之所以如此之"神",是因为他对数控设备维修的热爱

---

① 林化.享受国务院政府特殊津贴的维修工[N/OL].浙江工人日报,[2017-04-10].http://www.zjgrrb.com/zjzgol/system/2017/04/10/030027108.shtml.

② 李美静.维保高端设备的"扁鹊"们[N].中国航空报,2017-06-03.

③ 沈谦,杨萍.我国航空重大设备技改修的"领跑者"[N/OL].陕西日报,[2015-03-10].http://esb.sxdaily.com.cn/pc/content/201503/10/content_173358.html.

和对相关知识的钻研和全面掌握。

"我从小就喜欢摆弄一些东西,好奇心很强,会把一些东西拆掉再装上,只为看看它里面是什么样的。"爱动手,是黄孟虎从小养成的习惯,也是促使他在这条路上进一步学习、探索的关键。1993 年,黄孟虎毕业于西飞技师学院,而后进入西飞公司工作。很快他就掌握了公司情况。西飞公司是我国大中型军民用飞机的重要研制生产基地,拥有大量国内外先进的大中型专用数控设备。这些设备价格昂贵,都是关键设备,直接关系到科研和生产的进行。保障这些重大设备正常运行,满足科研和生产的需要,是数控维修人员的首要任务。黄孟虎作为一名数控维修人员深深感到肩负责任的重大,他"立志要站在数控机床维修技术发展的最前沿[①],做一名能够'手到病除'的'良医'。"

他言出必行,开始如饥似渴地学习,大量阅读有关数控设备维修的专业书籍,用心收集这方面的经验资料,努力了解数控设备出现的各种典型故障,积极主动向老师傅请教有关技术问题。他还通过上网参加各类设备维修论坛,捕捉有用信息,揣摩如何给设备做"手术",使它的使用寿命更长、故障率最低。

经过不断学习和反复实践,他很快掌握了数控设备维修的系统、电气、机械三大技术,成为公司数控设备维保领域的一员"虎将"。他采用望、闻、问、切的科学方法诊断设备的"病源",用最短的时间医治设备的"病根"。同时,他充分运用日、美、德、法等多品牌可编程控制器改造国产生产线,均取得了骄人的成绩。[②]

2. 深耕维保,做机器的"良医"

"设备需要维修,它也会'生病',所以我们会提前给设备做'健康体检'。"在检修设备时,他也有自己的诀窍:"不能只看一台设备的故障,一定要把同类设备进行对比,这样才能更好地归纳和总结问题出现的原因,找出最好的解决办法。""做维修工作,不能只看眼前,要做长远的打算。要提前做好准备,提前做检修工作,变被动为主动。"黄孟虎笑着说。

---

① 张宝丽,沈谦. 站在数控机床维修技术发展最前沿的人[N/OL]. 陕西日报,[2013-05-21]. http://info.machine.hc360.com/2013/05/221020444947.shtml.

② 沈谦,杨萍. 我国航空重大设备技改修的"领跑者"[N/OL]. 陕西日报,[2015-03-10]. http://esb.sxdaily.com.cn/pc/content/201503/10/content_173358.html.

黄孟虎作为技术骨干，在数控设备维修工作中充分展现了高超技艺，通过积极思索，大胆创新，完成了多项重大课题研究，攻克了多项技术难关，解决了多项技术难题。1995年，他加入西飞公司某型数控双主轴龙门铣的技术改造及开发应用课题组，该设备主要用于飞机大型壁板零件加工，直接影响着飞机的生产与交付。他负责电气系统的设计和安装调试任务，在无成功经验可借鉴的情况下，他努力摸索，把所学知识运用到实践中，功夫不负有心人，终于使电气系统调试一次成功。该课题获得了部级科学技术进步三等奖。[①]

2004年，西飞公司的一台美国产蒙皮拉伸机出现关键电器故障，维修难度较大，公司决定聘请外国专家来排除故障，但外国专家给出的维修周期和维修资金都不能满足公司的计划安排。黄孟虎主动迎接挑战，仔细思考如何在无替换电器板件的条件下及时修复该设备。经过反复论证推演，他采用了"在线测试仪"处理，一次就获得了成功，为公司节约了70万元维修资金，同时也赢得了宝贵的产品加工周期。[②]

在我国自主研发新一代支线客机ARJ21-700的工作中，中航工业承担的关键课题"飞机自动钻铆系统改造"项目是一根难啃的"硬骨头"，为了解决这一难题，中航工业领导发出了"只许成功，不许失败"的动员令。作为课题组成员，黄孟虎经过一年多的努力研究，对所负责的飞机自动钻铆托架系统调平装置等项目[③]成功实施了改制，确保自动加工飞机机翼和机身壁板项目取得了成功。我国大型飞机装配技术首次实现了由手工加工到自动化装配的彻底改变[④]，填补了国内飞机制造业机翼钻铆自动化生产的空白。他研究的自动送钉装置获得了国家发明专利。[⑤]

① 沈谦，杨萍. 我国航空重大设备技改修的"领跑者"[N/OL]. 陕西日报，[2015-03-10]. http://esb. sxdaily. com. cn/pc/content/201503/10/content_173358. html.

② 张宝丽，沈谦. 站在数控机床维修技术发展最前沿的人[N/OL]. 陕西日报，[2013-05-21]. http://info. machine. hc360. com/2013/05/221020444947. shtml.

③ 沈谦，杨萍. 我国航空重大设备技改修的"领跑者"[N/OL]. 陕西日报，[2015-03-10]. http://esb. sxdaily. com. cn/pc/content/201503/10/content_173358. html.

④ 张宝丽，沈谦. 站在数控机床维修技术发展最前沿的人[N/OL]. 陕西日报，[2013-05-21]. http://info. machine. hc360. com/2013/05/221020444947. shtml.

⑤ 沈谦，杨萍. 我国航空重大设备技改修的"领跑者"[N/OL]. 陕西日报，[2015-03-10]. http://esb. sxdaily. com. cn/pc/content/201503/10/content_173358. html.

3.引领团队,共铸辉煌

黄孟虎在自我成才的同时,充分发挥领军人才的带头作用,带领团队共同成长,完成各项艰巨任务。2010 年担任机械加工设备维修站站长后,他坚持预防性检修的新理念,带领团队通过日常巡检,对辖区数控设备的主轴系统、控制系统、液压系统进行状态评估,制订定期检修计划并实施,做到防患于未然,为实现备件合理库存、减少资金占用提供了重要依据。[①] 他还通过与设备使用单位实行联保联检以及对数控操作人员进行设备保养培训,将设备维保关口前移,有效化解了设备使用与维修的矛盾关系,使二者相辅相成,互促互进。

黄孟虎常和身边的同事说:"一个人的能力是有限的,只有发挥团队的作用,才能创造出更大的业绩。"2012 年,以他名字命名的"黄孟虎技能大师工作室"挂牌成立,成为公司高端设备维保领域技术攻关、技能传承和人才培养"三位一体"的重要平台。[②] 他注重言传身教,通过技术授课、10 分钟班前培训、TPM 小组活动等方式,将数控维修经验毫无保留地传授给年轻人,促进了年轻人快速成长。工作室团队中涌现出了"全国技术能手""航空工业首席技能专家""西安质量工匠"张向峰,"航空工业特级技能专家""航空工业技术能手""陕西省技术能手""中航特级专家"侯灵,"陕西省技术能手"福大伟、邓俊杰等多名高技能人才。

在他的主导下,工作室团队针对公司数控、精密、专用设备维保中的难点、重点和焦点问题分别提供了 10 余套解决方案并付诸实施,满足了国防重点飞机研制项目对关键设备能力的需求,同时立足实训开展数控高端设备维保专业技能人才培训 350 余人次,实施了两项国家发明专利的培植与申报工作。[③] 工作室被陕西省总工会授予"陕西省劳模创新工作室",被中国航空工业集团授予"中航工业劳模创新工作室",被陕西省总工会评为"陕西省示范职工(劳模)创新工作室",2017 年被人力资源和社会保障部认定为"国家级技能大师工作室",同年又被全国总工会评为"全国示范性劳模和

①　沈谦,杨萍.我国航空重大设备技改修的"领跑者"[N/OL].陕西日报,[2015-03-10]. http://esb.sxdaily.com.cn/pc/content/201503/10/content_173358.html.

②　李美静.维保高端设备的"扁鹊"们[N].中国航空报,2017-06-03.

③　沈谦,杨萍.我国航空重大设备技改修的"领跑者"[N/OL].陕西日报,[2015-03-10]. http://esb.sxdaily.com.cn/pc/content/201503/10/content_173358.html.

工匠人才创新工作室"。

如今,黄孟虎及其团队声名远播,不仅参与完成了上海、山东、贵州等地10多家国防企业高端设备维保项目,还被世界著名机床制造商——意大利JOBS公司授权为JOBS公司中国区服务中心,负责中国区设备维保和技术服务。黄孟虎深知,高端设备维保领域还有许多难题亟待他和他的团队去破解,他们决心以更强烈的紧迫感和责任感,为实现民族航空工业的"腾飞梦",忠实履行好保驾护航的神圣使命。①

(二)陈巍:缘系汽修,匠心筑梦

【人物名片】

陈巍,男,浙江物产元通汽车集团有限公司专业经理、高级技师,2012年被浙江省总工会评为"浙江省职业技能带头人",2013年被授予"浙江省首席技师",2014年获浙江省"五一劳动奖章";2013年获得浙江省企业岗位大练兵技能大比武汽车修理工比赛第一名;2017年被杭州市政府授予首届"杭州工匠"称号。

在汽车维修行业,论技术,他绝对是"大哥大",他是以自己名字命名的技能大师工作室的领头人;论年薪,他的收入排名却远不及他已成名的徒弟、徒孙,但他却岿然不动,一直坚守着热爱的事业。他就是获得浙江省"五一劳动奖章"、被授予"浙江省职业技能带头人""浙江省首席技师"等荣誉称号的浙江物产元通汽车集团有限公司专业经理陈巍。

在陈巍的办公桌右侧,摆放着"浙江工匠""杭州工匠""上汽大众汽车忠诚员工奖"三个奖杯。没错,"工匠""忠诚"正是陈巍职业生涯的标记。②

1.缘起汽修,成就大师

1985年,19岁的陈巍进入机修行业。1993年,省内第一家汽车4S店浙江申浙汽车股份有限公司成立,陈巍成了这里的一名维修技师。虽然学

---

① 佟明彪."设备神医"黄孟虎:"注重细节"成就大国工匠[N/OL].经济日报-中国经济网,[2018-04-13].http://news.enorth.com.cn/system/2018/04/13/035353130.shtml.

② 一念执着 一生坚守——记浙江申浙汽车股份有限公司技术总监陈巍[N/OL].浙江工人日报,[2017-11-02].http://www.zjgrrb.com/zjzgol/system/2017/11/02/030494899.shtml.

了8年汽修,可是过去修的几乎全是大卡车,要修桑塔纳这样的小车,"只好边修边学,自己慢慢摸索里面的门道"。直到1996年,上汽大众汽车有限公司成立了培训中心,陈巍这才第一次真正得到了全面、系统的培训。[①]

凭借着刻苦钻研的精神和韧性,陈巍从一名普通的汽车维修工成长为技艺精湛的行业技术专家。1997年,陈巍成为浙江申浙汽车股份有限公司的技术总监。在那个"拥有桑塔纳,走遍天下都不怕"的时代,他作为公司成立之初的第一批员工,是公司维修专家团队的领导者和灵魂人物,也成为上汽大众汽车品牌华东区域的职业技能带头人。

随着各类新车型的相继推出,各品牌4S店也如雨后春笋般冒了出来,中国汽车产业出现了井喷式增长。身边的师兄弟们纷纷跳槽换岗,有些成了4S店的老总,有些成了保险公司的高管,有很多优秀的企业向陈巍发出了橄榄枝,出高薪"挖"陈巍,但是都被他一一拒绝了。尽管收入可能还不及他已成名的徒弟、徒孙,但陈巍感恩培育自己的公司,一直淡定、认真地坚持着。在陈巍心里,做好汽修工作才是他的本职工作,才是他的兴趣所在。2014年,正值上汽大众成立30周年之际,他被授予"上汽大众汽车忠诚员工奖"。据了解,在汽修技术岗位上浙江仅陈巍一人获此荣誉。如今,这座奖杯一直放在陈巍的办公桌前,这不仅是对他几十年工作的肯定,更是一种鞭策和激励。

一分耕耘,一分收获。从事汽车机电维修30多年的陈巍,获得了不少荣誉:2012年被评为"浙江省职业技能带头人";2013年被评为"浙江省首席技师",同年获得浙江省企业岗位大练兵技能大比武汽车修理工比赛第一名;2014年获得浙江省"五一劳动奖章";2016年,陈巍技能大师工作室被授予"浙江省工人先锋号"荣誉称号,这也是省内汽车服务行业唯一获此荣誉的集体;2017年,被授予首届"杭州工匠"、首届"浙江工匠"称号。[②]

2."学传帮带",硕果累累

作为技术总监,陈巍经常会为物产元通汽车集团(浙江申浙汽车股份有限公司的上级单位)的技术培训做工作。他说:"一个人能做的事情总归有

---

① 陈巍:传承技艺是目前兴趣所在[N/OL].中工网,[2017-06-01]. http://www. workercn. cn/28264/201706/01/170601101800109. shtml.

② 陈巍:传承技艺是目前兴趣所在[N/OL].中工网,[2017-06-01]. http://www. workercn. cn/28264/201706/01/170601101800109. shtml.

限,团队力量就大多了。"①

在团队的共同努力下,2006 年公司被评为上汽大众第一批技术中心站,作为中心站的技术团队肩负着区域技术支持、维修诊断、信息反馈及技术交流等诸多责任。很多时候,为了帮助区域内其他维修站解决车辆故障,他们经常长途驱车数小时,进行现场诊断和维修。10 多年来,他们基本跑遍了浙江省的每一个区域、每一家 4S 店,不仅为上汽大众汽车有限公司的工程师们减轻了工作负担,还为当地的 4S 店赢得了声誉,更为上汽大众品牌赢得了客户的信任。团队负责人陈巍更因此多次获得上汽大众汽车有限公司总部颁发的优秀现场技术支持奖和优秀技术经理奖。②

2014 年,在浙江省人社厅和浙江物产中大集团的共同促进下,陈巍技能大师工作室成立。作为浙江省首个汽修行业的技能大师工作室,工作室依托上汽大众这一优秀的平台,组建了一支"2+6+N"的项目团队。团队成员们分别致力于疑难故障的技术攻关、维修流程的技术革新、业务流程的现场管控以及技能人才培养等多方面的工作。陈巍凭借自身过硬的技术,带领着这一支技术能力过硬、精益求精的维修团队,为用户解决了一个个技术难题,得到了广大客户的认可和好评,为企业的发展"添砖加瓦"。

陈巍技能大师工作室强调学、传、帮、带,发挥技能人才的培养平台作用,提升了团队专业水平,加强了技师队伍建设,使得更多的年轻人得以成长和历练。

经过不断的提炼,工作室涌现了一大批荣获"全国技术能手""全国交通技术能手""浙江省金蓝领""浙江省技术能手""杭州市青年岗位技术能手"等荣誉称号的成员。还有一些经过工作室培养起来的专业技术人才在集团公司内部被选派提拔,或是分布在杭州乃至浙江省内其他汽车 4S 店,担任服务总监和技术总监等中高级管理岗位。

浙江省国资委主任冯波声在考察陈巍技能大师工作室时,对工作室给予了高度的肯定,并提出了"重视人才、重视工作室、重视高技能人才培养"三点希望。这些希望在实践中一一被实现,工作室相继被评为"浙江省优秀技能大师工作室""浙江省道路运输行业最美服务品牌""浙江省工人先锋

①　一念执着 一生坚守——记浙江申浙汽车股份有限公司技术总监陈巍[N/OL].浙江工人日报,[2017-11-02].http://www.zjgrrb.com/zjzgol/system/2017/11/02/030494899.shtml.

②　丁繁荣.从技师到大师——记一代工匠陈巍大师[J].汽车维修技师,2016(8):125-127.

号"等荣誉称号。2018年,陈巍技能大师工作室被认定为国家级技能大师工作室。团队的努力获得了社会各界的广泛认可,工作室的运行模式也开始在汽修行业内复制。

3.校企合作,服务社会

古人云:"师者,所以传道授业解惑也。"陈巍技能大师工作室在前期建设时,便与浙江经济职业技术学院形成了产教融合、校企合作的模式。

2016年,校企双方在学院实行"学生讲堂—师徒制"教学模式,并邀请陈巍等30余位骨干精英,配合学院教师从技术、服务、销售、钣金、油漆等多方位开展专项教学,帮助学生们在正式进入汽车行业前,有机会在学校里接受企业师傅们的指导。

这是教学改革中一次全新的尝试,学院教师与企业导师们通力合作,共同开发课程,共同打造产学研基地,协同创新建立产学研综合实践库,为汽车维修行业不断输送高技能人才迈出了坚实的一步。[①]

在2016年、2017年的浙江省机动车维修职业技能竞赛中,陈巍技能大师工作室作为杭州代表队的技术指导单位,负责比赛的前期选拔和后期辅导训练,最终助力杭州代表队获得了团体、机电组、服务顾问组、油漆组、钣金组、贴膜组等多项第一的优异成绩。

陈巍作为技术指导,受2016年中国技能大赛暨第44届世界技能大赛全国选拔赛浙江赛区的邀请,前往杭州技师学院参与发动机管理系统、电子电器系统、转向悬架和制动系统以及发动机机械维修等4个模块的考核和指导,为中国汽车维修技能走向世界舞台贡献了自己的一分力量。[②]

"一念执着,一生坚守。"陈巍的专注和坚守,让他在汽修领域取得了非凡的成就。身边经常会有人问他:"是什么让你坚持了二十余年,虽获得了无数荣誉,但始终扎根一线,从一名普通的维修技师,到现在的技术总监、省级技能大师、省首席技师获得者?"他的回答是:"匠心。"匠心是对技术毕生的追求,对职业崇高的信仰,是一步一个脚印地成长和持之以恒的学习精神。

---

① 一念执着 一生坚守——记浙江申浙汽车股份有限公司技术总监陈巍[N/OL].浙江工人日报,[2017-11-02].http://www.zjgrrb.com/zjzgol/system/2017/11/02/030494899.shtml.

② 一念执着 一生坚守——记浙江申浙汽车股份有限公司技术总监陈巍[N/OL].浙江工人日报,[2017-11-02].http://www.zjgrrb.com/zjzgol/system/2017/11/02/030494899.shtml.

"心心在一艺，其艺必工；心心在一职，其职必举。"展望未来，陈巍表示，将继续积极发挥技能人才的培养平台作用和技术革新研发功能，为推动高技能人才的培养、服务流程标准的制订和行业服务水平的整体提升作出贡献。

(三)欧阳立明：专注茶领域　助力乡村致富

【人物名片】

欧阳立明，男，高级农艺师，国家一级评茶师，浙江省劳动模范，现任建德市天羽茶业有限公司总经理，兼任建德苞茶农业开发有限公司总经理，视沿用和传承"建德苞茶"品牌为己任，是建德苞茶生产技艺非遗传承人。

"踏踏实实做事，扎根自己的专业，经营好自己的企业，为行业发展尽自己的一份力。"这是天羽茶业有限公司负责人欧阳立明多年来坚持的初衷。凭借着在茶领域的专注和付出，他先后被评为杭州市劳动模范、浙江省劳动模范。

1. 专注茶领域，精进茶事业

欧阳立明1989年毕业于浙江供销学校(今浙江经贸职业技术学院)，在学校他学习的是茶茧经营与加工专业，此后，从事茶事业成了他此生的追求。"我老婆说我就一根筋。我自己认为我是学茶叶专业的，就是要靠茶叶生存发展，做茶叶的生意。"提到为何近30年来一直在从事茶叶事业，欧阳立明如是说。

1993年，欧阳立明就从市供销社机关要求下放，到市特产公司投身茶叶、蚕桑产业的开发与经营。2001年，他开始构思自己的茶叶产业。2004年欧阳立明创办建德市天羽茶业有限公司(以下简称"天羽公司")。该公司狠抓质量，坚持走可持续发展之路，注重产业科技创新，以品牌战略为企业的核心战略。

天羽公司从承包茶园基地开始就以中国农科院茶叶研究所为技术依托，利用绝佳的生态环境优势和茶叶资源优势，积极开发有机茶系列产品，积极开展实施科技上山、机械化耕作、机械化采摘等茶园管理先进措施，采用诱虫灯、生物碱防治茶园病虫害、重施有机肥等举措。正是这种对产品精益求精的工作追求,使产品达到欧盟有机茶标准要求,产品出口瑞典、德国等欧盟国家。

天羽公司配套投巨资新建标准化厂房,设置了名茶和大宗茶自动化生产线3条。在名茶制作上推广微波加工技术,有效实现了茶叶连续化、自动化、清洁化生产,改变传统的制茶方式,适应现代社会消费者对食品安全生产需求的形势,大大提高了成品茶的质量和产量,实现茶叶加工标准化生产,仅2007年春茶一季,就为当地茶农新增效益500多万元。该项目被列入杭州市科技成果转化项目。同时,公司围绕食用农产品"产地环境、农业投入品、农业生产过程、包装标识和市场准入"五个环节,对公司茶叶"三品一标"生产基地的农资投入品、农事记录、销售记录等实行严格监管①,落实茶产品质量安全可追溯,加强监管力度,确保质量安全。

近年来天羽公司自主开发颇具特色和市场竞争力的扁形与球形"天羽白茶""建德苞茶",并以建德苞茶为企业产品品牌的突破口,对建德苞茶采取新的标准化生产工艺,提升其产品质量,逐步树立优质文化名茶新形象。天羽公司建有的"建德苞茶"系列有机茶研发中心2015年被认定为浙江省级农业企业科技研发中心。该中心相继开发了建德苞茶、新安白茶、新安银针、高山龙井、清沁三绿、建德红茶、茉莉花茶、蒸青茶、抹茶、花草茶、茶饮原料等不同系列产品20余个,优化了产品结构,满足了不同客户的多种消费需求。科技带来了明显的效益,近三年累计为辐射区域茶农增收近千万元,取得了良好的经济和社会效益。为了树立品牌影响力,建德苞茶坚持统一品牌、统一标准、统一包装、统一管理的"四统一",其中对产品质量尤为重视。

经过几年的品牌积累和积极努力,公司的"紫高尖"商标于2010年获杭州市著名商标称号。2017年"紫高尖"牌有机绿茶被评为浙江省名牌产品。同时,公司积极开展品牌宣传,参加各类茶叶博览会,不断宣传自己的产品,先后参加北京中国茶叶博览会、浙江省农业博览会、杭州中国名茶之乡博览会、济南全国茶叶交易展销会、崂山国际名茶博览会等,并多次荣获金、银、优质奖项。

2.弘扬茶文化,助力乡村致富

天羽公司紧紧围绕建德深厚的茶文化底蕴,在市中心已建成一个集展

---

① 敦化市推进农村一、二、三产业融合发展[J].吉林农业,2017(3):22.

示、品茗、茶艺表演、宣传建德茶文化的一站式服务窗口。该场所选用古朴庄重的装修风格，与严州茶韵相得益彰。店内设立产品展示区、茶具展示区、品茗区、休闲区、茶艺演绎区、办公区、仓储区等区块，功能多样，设计合理。

同时，天羽公司以茶为主题，以茶资源为基础，以茶基地为载体，于2016年在新安江街道岭后村基地投资300多万元建立了"建德苞茶采制体验中心"，不断地向人们宣传自己的产品和有关茶叶知识及底蕴深厚的茶文化，通过让广大茶爱好者亲自体验茶叶种植、采摘、制作、包装、茶艺冲泡等茶叶产销全过程，进一步深入了解建德苞茶的历史文化底蕴，有效促进了建德茶文化的传播、茶旅游的发展、茶产业的培育、茶经济的建设，达到以茶会友、普及茶知识、弘扬茶文化、增加茶叶附加值、提高客户忠诚度的目的，对建德发展茶区景区一体化、茶旅产业一体化、茶旅品牌一体化、茶旅文化一体化工作起到引领示范作用，实现一、二、三产业有效连接，有效促进茶业增效、茶农增收，延伸了茶叶产业链。

德艺兼修是欧阳立明一直坚持的职业信仰，虽然在茶叶这门"艺"上他已经取得了很大成就，但他没有故步自封，而是以德服人，从资金、技术、平台等方面同时着手，带动周边茶农一起走上共同富裕之路。

天羽公司现采用"公司＋基地＋专业合作社＋农户"的模式运行，在建德市新安江街道岭后村、莲花镇林茶村、三都镇前源村3处建有名茶加工厂3座，并在莲花镇林茶村、三都镇前源村组织茶农成立了建德市林茶茶叶专业合作社和建德市三都樟岩高山茶叶专业合作社。公司现有标准化厂房5000多平方米，配备清洁化、自动化名茶生产线3条和大宗茶生产线2条，保鲜冷库3座，连锁销售经营店3家。

天羽公司建起了拥有完全自主经营权的核心示范基地，建造了配套的作业机耕道路，实行标准化管理体制、科学化采摘，引进、种植新安白茶、龙井43、浙农139等新品种，来提高茶叶产品质量和延长生产周期，使基地的产量和产值都有了大幅度的提高。欧阳立明以核心基地为样板，多次组织当地农户开现场会，按照有机茶的要求生产与传统的生产方式相比，经济效益提高了一倍，充分调动了茶农自愿参与有机茶基地建设的积极性。到2009年年底，已经示范带动建德5个乡镇1800多个农户参与有机茶基地建设,建立起 8000 多亩①有机茶基地,累计投入资金 1000 多万元,其中吸收农户用山地和投工的形式投资 500 多万元。至今已与周边 5 个乡镇 60 多个承包大户、1280 多户茶农建立了订单关系,实行最低价保护收购,覆盖茶叶基地 10000 多亩。

与此同时,作为"青年创业导师团"成员,欧阳立明经常与全市广大农村创业青年朋友们欢聚一堂,无私地分享他的创业经历和经验,为广大农村创业者提供各方面的支持与帮助。

走农业产业路线,尽管周期长,利润薄,但十几年来欧阳立明义无反顾,他的心里装着青山绿水间的基地,装着勤劳朴实的农户,装着建德现代农业美好的未来,朝着自己确定的目标稳步迈进,这一路走来,正是"工匠精神"支撑着他。②

(四)冯纬:舌尖上的"五味"人生

【人物名片】

> 冯纬,男,近三年获得全国技术能手、"浙江工匠"、浙江省高技能人才(劳模)创新工作室领衔人、杭州市首席技师、湖州市"五一劳动奖章"、杭州市职业技能带头人、湖州市技能大师工作室领衔人、德清县劳动模范、杭州市商旅集团"最强工匠"、2018 年"百千万"高技能领军人才"(优秀技能人才)等荣誉。

浙江五味和食品有限公司的实验室里,总能看到这样一个身影,手持各种瓶瓶罐罐,仔细观察实验器皿中的细微变化,耐心地做着每一点滴的记录。2018 年他收获满满,在浙江省总工会主办的"浙江工匠"选树活动中入选"百名工匠",在中国技能大赛中获得个人赛金奖⋯⋯虽然才 36 岁,却已是公司的"领头雁",他就是冯纬。③

---

① 1 亩≈0.067 公顷。

② 纪婕妤.欧阳立明:专注茶领域 用心做好茶[N/OL].今日建德,[2019-05-23].http://jrjd.jdnews.com.cn/Article/index/aid/2870470.html.

③ 冯纬.舌尖上的魔术师,用匠人匠心传承优质酿造技艺[N/OL].浙江科技校友网,[2019-01-13].https://aa.zust.edu.cn/info/1018/1531.htm.

1.忘我专研,屡获佳绩

2005 年冯纬从浙江科技学院毕业,到公司报到后他就买了一口缸,以便于开展实验观察记录。"我上大学时就喜欢做实验,干我们这一行的,做实验就像在练功,没什么诀窍,反复操作,再根据口味调配比例。"冯纬每天都要跟这口缸打交道,观察液体的细微变化,并用心记录。[①] 一开始,冯纬是到公司的酱油制作部门当学徒,他每天泡在车间里,反复研究用料、配比等酿造工序,观察每一点细微变化。他埋头做事,不懂的地方就向老师傅请教,闲下来就翻阅书籍。车间的老师傅们都对这个话不多,但踏实肯干的小伙子印象很好,毫无保留地将经验传授给冯纬,良好的氛围让冯纬进步很快。

一次偶然的机会,公司引进了一项酿醋新技术,需要成立技术攻关小组进行二次创新。当时入职才两年的冯纬主动请缨,加入技术研发团队,成为项目组最年轻的成员。从酿造酱油到酿醋看上去跨度并不大,但这其中涉及不少技术难题。冯纬很珍惜这样的机会,那段时间里除了吃饭睡觉,其余时间他都在车间和发酵罐做伴,每小时检测一次酸度,不断调整参数。他和"战友们"终于获得成功,使生酸速率从原来的 0.1 克每 100 毫升提升至 0.2 克,效能翻了一倍。[②]

性格内向但特别爱思考的冯纬,一遇到技术难题,就特别来精神。为了提高传统调味品酿造工艺的效率,公司决定对本来用在制糖工艺中的"喷射液化技术"进行研发改良,冯纬又自告奋勇加入了项目组。多少个通宵达旦,上千次的摸索实验,他终于完成了"连续喷射液化技术在米醋深层发酵中的应用"项目,使米醋液态深层发酵酿醋工艺跃上了新台阶。该项目不仅使产能提高了 25%,还大大节省了劳动力,一年节约标煤 134 吨,实现了公司的增产增效和节能减排,获得了第六届"海峡两岸职工创新成果展"金奖。[③]

---

① 匠人匠心传承优质酿造技艺——记"浙江工匠"、浙江五味和食品有限公司冯纬[N/OL].德清新闻网,[2018-04-24]. http://dqnews.zjol.com.cn/dqnews/system/2018/04/24/030848259.shtml.

② 舌尖上的"魔术师"专注酿造每一滴好醋[N/OL].浙江新闻网,[2018-05-29]. https://zj.zjol.com.cn/album.html? id=951524

③ 舌尖上的"魔术师"专注酿造每一滴好醋[N/OL].浙江新闻网,[2018-05-29]. https://zj.zjol.com.cn/album.html? id=951524

　　凭着这股"精益求精"的工匠精神,他近年主持或作为主要成员先后完成或在研省级重点研发计划项目、省科技计划项目、省级新产品、市科技计划项目、市技术创新项目等 21 项,部分成果处于国际或国内领先水平。他申请发明专利的项目成果已经受理 21 件,部分专利已实现产业化,取得了良好的经济效益和社会效益。

2.玫瑰浙醋,传承创新

　　为了传承好江干区非物质文化遗产"双鱼玫瑰浙醋酿造手工技艺",做好中国四大名醋之一的"玫瑰浙醋",冯纬通过到古籍图书馆、档案馆查访,拜访在世的老师傅,查阅专业期刊,通过互联网检索等各种途径,研究自元末明初《易牙遗意》玫瑰醋最早记载以来所有的相关文献资料,以求传承传统工艺之精髓并加以创新。目前,五味和的玫瑰浙醋产品出口至日本等地,传统工艺焕发了新的生命力。

　　在传承传统酿造技艺的同时,冯纬也在这古老的产业中努力创新。他关注食品安全风险因子,主动研究可能引发媒体、公众重视的社会热点问题。针对优势菌株选育、菌群结构、呈色机理等行业难题,他历时十余年,与浙江工商大学、浙江省农业科学院等进行产学研合作,开展专项研究,取得了阶段性成果,选育的微生物菌种被保藏于中国典型培养物保藏中心,申请了多项发明专利。

　　14 年来,冯纬专注于调味品的研发与创新,练就了一副灵敏的鼻子和舌头,这种"工作特点"也蔓延到了他的生活中。他和同事们之间已经形成了一种默契,每次和同事们出去吃饭,菜还没点,得先要一碗醋,是玫瑰醋、香醋还是陈醋,冯纬他们一下子就能判断出来。他坚信只有在研究吸取古法技艺精髓的基础上不断创新,用"传统＋创新"两条腿走路,企业才能走得更远。

3.一岗多能,师者传承

　　作为职业技能带头人,冯纬不但在酿造上奋力进取,制作糕点也是他的"拿手绝活"。他先后取得了食品检验工技师、糕点面包烘焙工高级技师资格。他参加了 2018 年中国技能大赛——第十九届全国焙烤职业技能竞赛,获全国月饼技术比赛个人赛金奖。受邀在中国技能大赛——第 45 届世界技能大赛全国选拔赛上进行"弘扬中华烘焙文化——中秋月饼的传承与创新"技能展示。

他注重"传、帮、带"，依托创新工作室培养年轻技术骨干并取得一定成效，带教徒弟多人晋升高级技师，获全国月饼技术比赛金奖、2018年中国技能大赛——上海市徐汇区月饼制作技术比武个人赛金奖和银奖。他指导浙江大学、浙江工业大学、浙江工商大学、浙江树人大学、浙江科技学院、杭州职业技术学院、浙江经贸职业技术学院等高等院校和高职院校的生物工程、食品工程等相关专业的在校生的认识实习、毕业实习，为他们在生产现场讲授理论与实践相结合的经验，激发他们学好专业的热情。连续十余年，他共指导实习学生一千多人。他被浙江工商大学、浙江科技学院聘为实习指导教师，每年指导数名学生开展毕业设计。自2012年被聘为市总工会职工职业技能讲师团讲师以来，冯纬为全市各级政府部门、企事业单位、社区开展食品安全讲座累计三十余场，荣获市总工会职工职业技能讲师团优秀讲师称号。他带领的团队被认定为优秀省级农业企业科技研发中心、市级青年文明号。

"一颗匠心，不仅是一颗钻研心，更是一颗责任心。"这是冯纬常挂在嘴边的一句话。掌握专业技能是自己吃饭的本领；为公司带来效益，为百姓把好"食品安全关"，是自己的职业操守。他用自身的经历，诠释着"匠人精神"，书写着"匠人故事"。①

三、职校特色：职业院校工匠精神典型案例

自《国家教育事业发展"十一五"规划纲要》实施以来，我国职业教育体系不断完善，办学模式不断创新。职业教育的目的是培养应用型技能型人才，侧重于实践技能和实际工作能力的培养，因此更需要技能型师资的引入。例如，浙江花都美容美发培训中心主任罗红英、杭州技师学院特级技师杨金龙、镇海职业教育中心学校工业分析检验专业指导教师刘艳，他们不仅是各个行业领域的职业能人，更是教书育人的人民教师。他们将毕生所学倾囊相授，培育出一批又一批的优秀学子。

---

① 冯纬.舌尖上的魔术师，用匠人匠心传承优质酿造技艺[N/OL].浙江科技校友网，[2019-01-13].https://aa.zust.edu.cn/info/1018/1531.htm.

（一）罗红英：双手打造匠人之美

【人物名片】

　　罗红英，女，浙江花都美容美发培训中心创始人，曾获得"中国美容大师""全国劳动模范""浙江省劳动模范""浙江省首席技师""浙江工匠"等称号，还是"全国五一劳动奖章"获得者；担任滨江区政协常委、杭州市人大代表、浙江省美发美容行业协会会长等社会职务。

　　她是一位美的使者，用灵巧的双手将"美"传播到每一个角落；她是一位注重社会效益的热心人，用高度的社会责任感，不忘初心，履职尽责；她更是一位孜孜不倦、传道授业的匠心良师，用自身散发的强大感召力将毕生所学倾囊相授。她，就是浙江花都美容美发培训中心创始人——罗红英。

　　1.逐梦东瀛，圆梦西湖

　　也许生来就与美有着不解之缘，也许江南女子对美更是情有独钟，出生于梨园家庭的罗红英从小喜爱文学，喜欢唱歌、跳舞，并在一个偶然的机会进了剧团。她原本以为自己将在从艺生涯中实现追求美的梦想，可不久剧团安排她兼职从事化妆工作。没料到这一"入行"，竟让罗红英的一生与美容事业紧紧地连在一起，再也无法割舍。

　　1987年6月，罗红英只身赴日本进修美容专业。在近一年的学习中，她几乎走遍了东京、大阪、名古屋所有的大型美容院和化妆品商店，虚心拜众多行家为师。在学习过程中，她深刻地感觉到要成为一名优秀的美容师或美容教师，不仅要有高超的技术，还应具备多方面的知识和素养。她暗下决心，一定要把自己所学到的技术传播给更多喜爱美的人，要在自己的生命舞台上演绎出一番美的事业。

　　1988年，罗红英回到国内，凭着自身"尚美"的基因，在杭州创办了浙江省首家美容美发培训机构——浙江花都美容美发培训中心，开始了美容职业教学生涯。40多年前，"美容"这个词在国内鲜有人知，刚刚萌芽时人们还对其持有偏见。当时，尽管人们的物质生活已逐渐丰富，但把生活和美容相连，把美容和职业技能培训相连，无论在现实社会中还是在人们的观念里，都属超前的。

　　浙江花都美容美发培训中心首期培训班开办在旧庆春街上的下城会场

两间陈旧的屋子里,美容班 13 名学员,美发班 50 名学员,连罗红英在内只有两名教师。简陋的设施,寒酸的场地,艰难的起步。就这样,凭着追求美的梦想和一定要培养出一批又一批美容美发人才的信念,罗红英拉开了职业技能培训的序幕。

2.特色办学,"美"艺传承

也许是独特教学方法的吸引,也许是学员们在外的传扬,也许是人们被禁锢了多年的对美的渴望的释放,一传十,十传百,来找罗红英学习的人逐渐增多。但是,她发现传统的师傅带徒弟式的美容美发培训方式主观性、随意性大,缺乏科学性、系统性。"职业技能培训同样是一种教育,必须按教育规律办学。"带着这样的信念,罗红英反复思考,最终确定了"以教学为中心,以技术为基础,以就业为目标"的办学道路,"视质量为本,视特色为宝"的办学指导思想,将技术与教育有机地结合在一起。

在技术上,罗红英走出了一条"会、熟、精、名"的道路。她的戏剧妆、古代盘头、包头、贴片技艺精湛;她的现代女性养颜术、无描画直接文眉术独树一帜。在国际美容美发大赛中,她作为国家劳动部派出的专家,指导参加国际大赛的我国选手,连续 6 年在亚洲大赛上获各类化妆冠、亚、季军①。她是第一位被请到意大利授课的中国美容专家,为 Erato 美容院培训技术人才,为意大利职业女性做无描画文眉术,为上百位职业女性进行形象设计。她又创造研发了"微化妆胜过微整形"的理念,在全国及各企业职业女性中传授其理念及技术。她先后获得商务部(原贸易局)授予的中国美容大师称号,获劳动部(今劳动和社会保障部)全国技术能手称号,获浙江省十大技能状元("金锤奖"),浙江省首届首席美容、化妆技师称号。她的工作室被誉为浙江省罗红英大师工作室、浙江省职工高技能人才创新工作室。②

在教学上,罗红英把教育质量视为职业技能培训的命脉,在实践中不断探索、总结,逐步形成了包含"严、实、规、新、活"五个要素的"罗红英教学法",即要求严格、功底扎实、办学规范、内容创新、教学灵活。

特色办学,特色教学,罗红英和她的"花都"培育了省内外美容美发专业

---

① 《杭州工匠》工匠特辑——罗红英[EB/OL].[2018-05-08]. https://www.sohu.com/a/230606940_100149179

② 《杭州工匠》工匠特辑——罗红英[EB/OL].[2018-05-08]. https://www.sohu.com/a/230606940_100149179

人才 18 万余名,培养了技师及高级技师专业人才上万余名,培养了一批中职形象设计的专业教师,现有的浙江省美容美发职业技术考评员 80% 都是她的学员。靠着一双巧手,罗红英将"美"艺传播给了更多的人。

3. 服务社会,大爱无声

罗红英一直把"热心公益"作为自身对美的追求的一种社会实践,作为服务群众、服务社会的有效途径。多年来,她用自己的知识和技能去帮助更多的人,为社会多做一些实事,多承担一些公民应尽的责任。

随着改革开放的不断深入,下岗职工再就业问题成了各界关注的热点。从 1998 年起,为了帮助下岗职工解决就业问题,罗红英决定免费为他们进行美容美发技能培训,让他们有一技之长,重新走上就业岗位。这一举措在浙江美容界是首创,立即引起很大的社会反响。首批就有 80 名下岗职工怀揣下岗证前来报名,经过免费培训,下岗职工在考核合格后由省劳动厅发给了专业技能等级证书。2003 年,她与《杭州日报》联手开展"春风行动",再次为下岗职工提供学习机会,近 50 名下岗职工又获得了免费培训。迄今为止,罗红英的"花都"已为下岗失业人员免费举办了 20 余期美容美发培训班,受训人员达 6000 余人,其中,70% 的人员通过培训走上了自谋职业的道路。[1]

对于那些曾经误入歧途、身处囹圄的女青年,罗红英也想拉她们一把,帮助她们掌握一技之长,让她们出狱后有自立于社会的能力,于是萌生了"职业技能培训进女监"的想法。2004 年,她出资购买了美容仪器设备亲自送到浙江省女子监狱,并组织优秀教师定期为服刑人员授课。2005 年,她又在浙江省良渚劳教所里办起了"花都技能培训班"。这些做法受到了司法部门、监狱方面的欢迎,获得了社会的好评。至今,浙江省女子监狱"花都技能培训班"已办了 15 期,累计培训服刑人员 600 余人;浙江省良渚劳教所"花都技能培训班"已办了 13 期,免费培训服刑人员 500 余名。

此外,她还开展了一系列的公益活动——开设"无声(聋哑人)理发师培训班",帮助残疾人实现就业创业梦想和人生价值;承接杭州市检察院附条件不起诉未成年人观护工作,为其开设免费职业技能培训;开启面向贵州黔东南地区建档立卡的贫困人员的免费培训班,帮助他们在杭就业扎根;2020

---

[1] 最美人大代表罗红英:"要美他人容,先美自己心"[N/OL]. 杭州日报,[2015-11-26]. https://hzdaily.hangzhou.com.cn/hzrb/html/2015-11/26/content_2133108.htm.

年新型冠状病毒疫情期间,受浙江省总工会的委托,免费为多个企业上百名员工进行理发服务……

穿梭在践行社会主义核心价值观的路上,罗红英身兼多职,公益无限。她被聘为"优礼杭州人"公益行动——优礼导师;被聘为杭州西子女性大讲堂宣讲团成员;被聘为农工民主党浙江省委员会"同心科普宣讲团"宣讲员;被聘为农工民主党中央学习实践活动巡回宣讲团成员;同时又兼杭州市总工会职工职业技能(技术)讲师团成员。

2008年,罗红英有幸成为一名奥运火炬手,举着火炬奔跑在美丽的西子湖畔。2015年9月,她作为全国劳模中唯一的浙江女性代表,应邀参加了北京"纪念中国人民抗日战争暨世界反法西斯战争胜利70周年阅兵式"观礼活动。

"用美塑造提升自我,用美影响感染他人",视美容为生命的罗红英从一个普通的新型劳动者成为一个专家型的社会主义建设者,她锤炼自身,授人以渔,成为真正的"浙江工匠"。魅力和优雅同在,心灵与外表兼修,这就是她一生不懈的追求。

(二)杨金龙:从青年技师到人大代表

【人物名片】

杨金龙,男,杭州技师学院青年教师,第43届世界技能大赛汽车喷漆项目冠军,"特级技师""全国技术能手""全国汽修工楷模""最美浙江人""最美杭州人""浙江骄傲人物",曾获"浙江省五一劳动奖章""浙江省杰出创新人才奖",曾于2018年、2019年当选全国人民代表大会代表。

说到工匠,很多人都会联系到一个白发苍苍的老者形象,但是在杭州技师学院,"90后"教师杨金龙是一个传奇人物,是世界技能大赛金牌获得者,享受高级工程师待遇。

1.寒门学子,扎根校园

1994年,杨金龙出生于云南省保山市辛街乡盛家村的一个农民家庭。他的父母以务农维持生计,靠每年3000多元的家庭收入,供他和弟弟上学。2009年6月,杨金龙未能考上心仪的重点高中。当年秋天,15岁的他来到杭州技师学院在保山市隆阳区职业技术高中设的教学点就读。转机出现在2010年3月。杭州技师学院本部到隆阳职高招生,专业是汽车钣金与涂装。这是一个很辛苦的专业,但听招生老师介绍,毕业后月薪可达3000元以上,比全家一年的收入还高。杨金龙高兴地跑回家跟父母商量去杭州求学。父母经过一夜商量,终于同意了。16岁的杨金龙十分珍惜这次求学机会,把精力都放在了刻苦学习知识、认真钻研技能上。功夫不负有心人,偶然的机会他看到上一届中等职业学校比赛的选手们在训练,认为比赛训练能拥有更多的时间和材料来实践,就开始关注各类比赛动态。有了这种内在驱动力,他更加珍惜每一堂课、每一次实习机会。

2011年4月,在学院举行的学生技能运动会上,他以优异的表现小试牛刀,一举夺魁,给学院师生留下了深刻的印象。次年4月,他接触了人生第一次大规模的比赛——浙江省中等职业学校汽车运用与维修专业学生技能大赛暨全国职业院校技能大赛选拔赛,获得了车身喷漆项目一等奖,并代表浙江省参加了同年6月在天津举行的全国职业院校技能大赛,夺得二等奖。

2012年夏天,杨金龙毕业了。为了提高自己的调漆技术,他选择到昆明的一家汽车油漆供应商处工作。工作中,杨金龙感到汽车喷漆这个行业需要更多专业技能人才,便萌生回学校当老师的想法。恰在此时,杭州技师学院开始在往届优秀毕业生中聘请一部分人回校任教。杨金龙欣喜万分,立刻辞职回到杭州,成为母校年纪最小的教师。这一年,他才18岁。①

2.一战成名,坚守初心

2014年2月,第43届世界技能大赛汽车喷漆项目中国集训基地落户杭州技师学院。杨金龙抓住机遇,毅然报名。经过筛选,他获得了参加学院集训的资格。这次集训采用全国最先进、世界一流的材料和设备,之前几乎没人接触过。为了克服比赛时的紧张,发挥出实际水平,他申请到行业企业培训,参加各类对抗赛。2014年8月的全国选拔赛,杨金龙成功跻身国家队。

没想到,国家队的集训过程更加艰苦,教练针对他的技术与心理特点制定了严酷的训练方案,包括技能技术、抗干扰能力、体能、语言、心理、挫折、

---

① 世界技能大赛冠军杨金龙:把工匠精神传给更多学生[N/OL].光明日报,[2018-04-26].http://news.gmw.cn/2018-04/26/content_28498986.htm.

赛场模拟训练等。训练的过程异常辛苦,尤其是 6、7 月份,室内温度高达 40℃,训练中不能把皮肤裸露在外面,浑身必须裹得严严实实,经常汗流浃背,而工作服湿了就不能再穿,会影响训练效果。一天训练下来,杨金龙至少要换七八套工作服。中途有其他选手经受不住考验,选择放弃,但他却坚持下来了。他曾经一连 9 小时待在车间,就为了调出和车子当前色调一模一样的颜色。

天道酬勤,艰苦的训练终于换来了比赛时的卓越表现。北京时间 2015 年 8 月 17 日,巴西圣保罗第 43 届世界技能大赛的赛场上,杨金龙成功摘得汽车喷漆项目的金牌,助力中国代表团实现了世界技能大赛金牌零的突破。①

经过这次大赛,杨金龙一举迈入汽车喷漆领域的世界顶级高手行列。一时间,很多公司高薪挖他,杨金龙却不为所动,选择继续留校任教,把技术心得传授给更多的学生。"要把工匠精神贯穿到自己的专业中去,不能只把技术当成赚钱的工具。"他自己这样做,也这样要求学生。

2014 年 12 月,90 后的杨金龙获得了"全国技术能手"称号。2015 年他又荣获"全国汽修工楷模""最美浙江人""最美杭州人""浙江骄傲人物""浙江省五一劳动奖章"等荣誉和称号。2017 年荣获"浙江省杰出创新人才奖",并成为浙江省首名特级技师,享受教授级高级工程师待遇。

3.人民代表,青年担当

2018 年年初,杨金龙的人生又发生了一次改变,这一年,他当选了第十三届全国人大代表,掀开了人生崭新的一页。杨金龙在全国"两会"期间提出了《关于进一步加强高技能人才培育工作》《关于加大资金多渠道筹措力度,增强技工教育发展经费保障》《关于进一步优化技能人才成长环境》等多个建议。他认为,要想为人民发声,就必须要深入、细致地调研,掌握"第一手"的信息。为了让自己提出的意见和建议更有针对性和可行性,杨金龙时常走访杭州、桐庐的汽车 4S 店以及汽车零部件制造企业,倾听企业负责人、一线工人的声音,了解他们的工作状况和想法。在参加省、市、县各类调研活动、学术研讨中,他也主动和老师、同行交流探讨,分析原因。

2019 年,再次成为全国人大代表的杨金龙与杭州市人力社保和财政部

---

① 世界技能大赛冠军杨金龙:把工匠精神传给更多学生[N/OL].光明日报,[2018-04-26]. http://news.gmw.cn/2018-04/26/content_28498986.htm.

门进行了联系沟通,了解技工教育的资金拨付和使用情况,形成《关于加大资金多渠道筹措力度,增强技工教育发展经费保障》建议,并带到了全国"两会"现场,提出了提高就业补助资金总量,发挥失业保险基金存量资金效能,加大对技工教育发展的资金扶持等意见,同时建议加快建设知识型、技能型、创新型劳动者大军,进一步营造劳动光荣的社会风尚和精益求精的敬业风气。[①]

全国"两会"结束后,杨金龙在杭州市交通系统大会、桐庐县人大代表培训和劳模工匠协会等多个场合,宣传全国人代会精神,畅谈履职感受。杨金龙说,当选为全国人大代表,是一种神圣的荣誉,更是一种鞭策和担当。有了更大的平台,也有了更多的责任,在为民发声上将更好地履职尽责。他表示,自己将珍惜荣誉、勇挑责任,认真履行代表职责,在新时代有新贡献、新作为。

(三)刘艳:从一线检验工到优秀教师

【人物名片】

刘艳,女,原浙江金甬腈纶有限公司化学检验工,现任镇海职业教育中心学校工业分析检验专业指导教师,曾率队在全国职业院校技能大赛中荣获中职组工业分析与检验赛项比赛团体一等奖,为镇海区、宁波市在这个项目上夺得了首枚金牌,获评"全国优秀指导教师",在市总工会等三家单位推评的"港城工匠"评选中荣膺首批"港城工匠"称号。

"你若盛开,蝴蝶自来!"对于这句话,拥有着"全国优秀指导教师"称号的刘艳,有着最深的理解和认识。尽管已荣获宁波首批"港城工匠"荣誉,但刘艳仍说自己只是一个平凡的女人。瘦瘦小小的她,微笑着显得很腼腆,坚毅的眼神却很容易让人被打动。与化学检验所用的瓶瓶罐罐打交道,她已坚持了 24 年。人生的波折,正是在坚守中逐一化解。[②]

① "90后"杨金龙:一名世界汽车喷漆冠军当上了全国人大代表[EB/OL]. [2019-03-13]. https://www.sohu.com/a/301035773_425738.

② 从一线检验工到优秀教师[N/OL]. 宁波日报,[2017-03-08]. http://daily.cnnb.com.cn/nbrb/html/2017-03/08/content_1036542.htm? div=-1.

1.瓶罐生涯,亦成专家

踏入检验这一行,是因为当年的学业选择。1993 年 8 月,刚刚迈出校门的刘艳成为浙江金甬腈纶有限公司的一名化学检验工。刚踏进检验工这个行当时,刘艳并不觉得自己的人生也可以精彩。各种仪器、各种试剂、各种操作规程,时间在埋头试验的枯燥与疲惫中流逝,她也曾面临过诸多质疑,也曾打过退堂鼓,"难道一辈子关在一个房间里和瓶瓶罐罐打交道"?[①]但是,专注与执着让她坚持不懈,从此与这个专业结下了不解之缘。

"当时我们整个班级全分到了腈纶公司,不久就陆续走了好多人。最近同学会才知道,班里 40 多个人,现在就只剩我一个还在做化学检验了。"在公司里工作了 15 年的刘艳,逐步从一名普通的员工成长为部门的技术骨干,多次被评为"岗位操作能手"。她与生产技术人员一起研发出了细旦腈纶纤维、高收缩腈纶纤维等产品,为公司开辟了全新的市场。她的年度考核一直保持在前两名,是公司的职工代表,曾荣获公司"知识型员工"称号。

然而,一场源于美国的金融危机席卷全球,金甬腈纶有限公司不幸受到波及,被迫停产了。2008 年,刘艳不得不面对人生中的又一次重大选择。多年的坚守、扎实的技术功底在此时为刘艳敲开了人生另一扇大门:由于新开设的工业分析检验专业需要专业老师,镇海职业教育中心学校正在四处寻觅良才。从那时起,刘艳从一名埋头做试验的检验员,变身一名传授知识的教师。

2.白手起家,愈挫愈勇

在学校工作期间,刘艳总是利用业余时间到图书馆借阅专业书籍,一直未放弃专业上的学习。机会总是给有准备的人的。2014 年,当学校因事业发展需要而新设了工业分析检验专业时,刘艳被聘为专业指导教师。"这是学校的第一届工业分析检验专业班,我亲眼见证了整个实验室从无到有的过程。"

工业分析检验专业是全新设立的专业,无论是理论资源还是硬件设施,一切都是零。而在这个"一穷二白"的条件下,刘艳肩上还背负着训练和带领学生参加全国职业院校技能大赛的重任。要从班级里 40 多个孩子中挑

[①]　从一线检验工到优秀教师[N/OL].宁波日报,[2017-03-08].http://daily.cnnb.com.cn/nbrb/html/2017-03/08/content_1036542.htm? div=-1.

选种子选手,要研究设计全国比赛的训练方案,甚至还要做参赛孩子的"知心妈妈",陪他们舒缓紧张的情绪……从接到聘书的那一刻起,刘艳这个指导老师就真的全身心投入了。[①]

为了完成学校的目标,刘艳采用科学的辅导方案,精心指导,严格要求,严格训练。她在训练中不断地摸索、调整、改进,针对学生基础较差的问题,采取循序渐进的方法,重视基础知识和基本技能的训练,从最基本的试题入手,由易到难,逐渐强化、提升,将学生最初的兴趣转化为对竞赛项目的挚爱,不断提高训练水平。

为使学生熟练掌握操作技能,达到竞赛水平,她尽最大可能为他们提供良好的实验条件,不远千里从天津采购精密度高的玻璃仪器,邀请相关的资深专家来校授课,从多方面提升学生的实践技能。训练后期,她更是放弃了照顾家庭和孩子,以校为家,与学生共同奋战,带领他们齐心协力,克服困难。然而,即使如此,参加省赛时的赛况却像三九寒天的冰水,一下子把刘艳砸懵了:带去参赛的队员"全军覆没"! 这让刘艳一度沮丧至极,觉得自己所有的付出都是零。

有些事情只有经历了痛苦的坚持才能看到希望。由于宁波市中等职业学校缺乏相关专业,刘艳所在的镇海职业教育中心学校获得了一个宝贵的国赛参赛机会。省赛回来的 2 个月里,刘艳训练得更刻苦了,和孩子们同吃、同住、同训练。在当年 7 月的全国职业院校技能大赛中,镇海职业教育中心学校恰似一匹"黑马",一举在全国 50 多所学校中拔得头筹,荣获中等职业组"渤化"杯工业分析与检验赛项比赛团体一等奖,为镇海区、宁波市在这个项目上夺得了首枚金奖,刘艳荣获"全国优秀指导教师"称号。[②]

3.技能培养,校企服务

获奖后的刘艳并没有就此停步,由于专业知识扎实,技术水平过硬,她受聘于各类技能竞赛的技能培训,还成为多项赛事的工作人员和评委。她曾任 2019 年第十届红帮技能大赛"中通检测杯"分析检验技能大赛裁判长、2019 年镇海区职业技能竞赛之化工总控工赛项裁判,2019 年宁波市职工技

① 刘艳:绽放检验一线的"铿锵玫瑰"[N/OL]. 浙江工人日报,[2017-03-22]. http://character. workercn. cn/356/201703/22/170322074504392. shtml.

② 从一线检验工到优秀教师[N/OL]. 宁波日报,[2017-03-08]. http://daily. cnnb. com. cn/nbrb/html/2017-03/08/content_1036542. htm? div=-1.

能精英赛焊工比赛、2019年宁波市"技能之星"数控车工职业技能竞赛、第十届镇海区"雄镇杯"职工职业技能大赛、2019年宁波市职业技能数控铣工竞赛、2019年镇海区职业技能竞赛(维修电工、工具钳工、零件测绘)等赛事的工作人员。刘艳以良好的道德风尚和专业的裁判知识，高质量、高水平地完成了承担的所有任务，确保了各项赛事的顺利进行。

此外，刘艳也积极参与学生技能鉴定和企业技能培训的工作。在镇海区职业技能鉴定中心的领导下，她积极组织开展高三学生的职业技能鉴定工作。2019年一年，她共组织了555名学生参加了国家职业技能鉴定考试，共涉及车工、数控车工、工具钳工、电工、汽车维修工、茶艺师等6个工种；同时，这一年配合镇海区职业技能鉴定中心完成了近500名企事业单位职工的技能鉴定工作，为镇海区的企业输送了大批专业技术技能人才，为镇海的产业发展提供了有效服务。

她积极参与镇海区公共实训中心面向区内企事业单位职工开展的技能培训活动，至2019年年底累计培训了近400人，涉及传统的数控技术应用类和现代的工业机器人项目。她还参与了宁波中鑫毛纺集团有限公司、宁波中通检测科技有限公司的新型学徒制工作，通过现场授课等方式将工匠精神融入学员的学习中，从而使学员在专业知识、操作技能、职业素养等方面得到有效提升。

2018年，宁波市镇海总工会认定了5家创新工作室为第一批镇海区劳模和工匠创新工作室，"宁波市镇海区职业教育中心学校刘艳工匠创新工作室"就在其中。2019年，"浙江纺织服装职业技术学院刘艳工匠创新工作室"被宁波市总工会授予"第五批劳模工匠创新工作室"，刘艳本人被授予"2019年宁波市劳模工匠技术服务队最美队员"称号。

一事精致，便已动人；从一而终，就是深邃。在从业的二十多年时光里，刘艳从基层一线检验工到全国优秀指导教师，为宁波捧回工业分析检验"首金"，但她始终坚守自己的专业，即使在最困难的时刻也不离不弃，用勤奋和专注实现了自己朴实的人生理想，执着、坚韧地在平凡的岗位上绽放出绚丽光彩。

第五章　改革与创新:新时代
工匠精神培育路径

习近平总书记 2019 年在甘肃考察时指出:"实体经济是我国经济的重要支撑,做强实体经济需要大量技能型人才,需要大力弘扬工匠精神。"结合新时代国际竞争格局以及国内制造业升级的现实条件,在新发展理念指引下,国家、社会、学校、企业各方分别通过政策导向、文化引领、校企合作、课程改革等措施,形成培养新时代工匠精神的合力,以提升我国劳动者的素质,培养大量具有新时代工匠精神的高技能型人才,为做强实体经济、实施创新驱动发展战略、促进产业转型升级奠定坚实基础,进而推动我国经济高质量发展,成功步入世界制造强国之列,最终实现中华民族伟大复兴的奋斗目标。

一、政策导向:培育工匠精神的重要保障

党的十九大报告提出要建设一支知识型、技能型、创新型劳动者队伍。2016 年,"工匠精神"首次写入政府工作报告,之后《中华人民共和国国民经济和社会发展第十三个五年规划纲要》《国家中长期教育改革和发展规划纲要(2010—2020 年)》《中国制造 2025》等文件相继出台,大力倡导工匠精神。从写进政府工作报告到列入质量发展纲要行动计划,工匠精神的培育得到了党和政府的高度重视。工匠精神在不同的领域被赋予更深邃的意义,它为迈向制造强国打下了深厚的文化底蕴和精神基础,弘扬和培育工匠精神已逐步成为社会共识。

(一)加强顶层设计,激发工匠精神内生动力

习近平新时代中国特色社会主义思想是弘扬当代中国工匠精神的行动指南。习近平就弘扬工匠精神发表了一系列讲话。他多次参加工匠代表座谈会,并给予模范工匠高度评价,号召全国各族人民学习践行工匠精神与劳模精神。习近平与工匠近距离沟通交流,拉近了党和工匠的关系,使崇尚劳动、尊重工匠的风气从上而下得到弘扬。

应统筹规划,将工匠精神融入建设中国特色社会主义文化强国战略和推进新时代大众创业万众创新战略之中。重塑工匠精神这一文化内在支撑,为质量强国提供持续的文化动力,提高国家制造业创新能力。建立健全有利于工匠精神养成的制度体系,构建工匠精神培育共同体。将弘扬工匠精神纳入建设中国特色功勋荣誉表彰制度体系、德智体美劳全面发展的教育体系。将弘扬工匠精神融入创新创业的时代浪潮中,有利于创新创业精神和能力的提升和创新创业实践的完成。应将工匠精神有机融入建设中国特色社会主义文化强国战略之中,注重弘扬工匠精神与培育践行社会主义核心价值观、继承弘扬中国精神以及发展工匠文化产业紧密结合,融合发展。

(二)贯彻"四个尊重",提高技能人才地位和待遇

习近平总书记指出:"全社会都要贯彻尊重劳动、尊重知识、尊重人才、尊重创造的重大方针。"在"四个尊重"政策指引下,树立正确的人才观,使技能宝贵、创新光荣、创造伟大、工匠可贵成为全社会的共识,最广泛、最充分地调动一切积极因素,凝聚一切积极力量,为中国特色社会主义现代化建设提供不竭动力。

"尊重工匠",不能只是一句口号。要落实工匠精神,培养一支懂技术、会创造的产业工人队伍,应切实改善我国高技术工人待遇差、地位低,大部分劳动者不愿意当技术工人的生存现状。要健全完善工匠管理制度,搭建工匠施展抱负的宽阔舞台,完善工匠流动和管理机制,依靠、重视、用好并关爱工匠群体,落实好待遇保障,号召全社会向工匠致敬,确保工匠政治上有待遇,经济上有保障。

企业应有相应的制度和文化支撑工匠精神的培育。鼓励企业在经营管理决策中吸纳高技能领军人才参与。在薪酬分配制度上注意管理和生产两

者的统筹。加快完善企业职工工资增长机制，调整职工收入分配结构，提高技能要素占工资收入分配的权重，制定企业技能要素和创新成果按贡献参与分配办法，持续提高技能人才的收入水平。企业引进紧缺急需的高技能人才时应按引进高层次人才的标准，使其享受相关待遇。对于技能精湛、业绩突出的高技能人才，应适当延长退休年龄。鼓励企业在关键岗位、核心技术领域建立技术带头人制度，设立"首席技师"，使其享受高层次人才待遇。

(三)科学规划布局，改进专业技术人才评价机制

国家在制定政策时，应结合本国发展状况，主动与国际工匠精神接轨，创建完善、合理的工匠奖励制度。要建立健全技能人才职业上升通道，完善技能人才评价体系，强化高技能人才激励机制。从政策上给予工匠财政专项资金支持。尤其是要多向从事技能劳动的一线蓝领和一线工人倾斜。要制定相关政策激励广大职工学技能、练技能，走技能成才之路。企业需要积极创建一整套先进、高效的绩效考评与奖惩模式。根据专业技术人才的职业特点、成长规律，合理设置基层专业技术人才评价指标、晋升机制、绩效考评机制等，坚持以政治素质、绩效、能力素质和贡献为主的评价导向，克服唯学历、唯论文、"唯帽子"等倾向，提高履行岗位职责的实践能力、工作业绩、工作年限等评价权重。评选劳动模范和先进工作者时，优先考虑有突出贡献的高技能人才，在条件允许的情况下推选其到领导岗位和重要岗位。

注重发挥国有企业党委领导作用，不断加强基层党组织在服务工匠中的作用。国有企业一直是盛产工匠的地方，当下国企工人仍然是工匠主体，国有企业各级党委对加强工匠的管理和服务工作有不可推卸的责任。充分发挥党的领导核心和政治核心作用，借助党建工作的优势带动工匠工作的开展。让工匠在企业里受尊重，让工匠体会到企业党组织给予的温暖和关爱。积极推进非公有制企业党建加强工匠工作。从管理服务工匠的角度看，非公有制企业作为一个"特殊"群体，进一步加强党对非公有制企业的领导，加强非公有制企业的工匠评选、培养、管理和服务工作势在必行。在企业中，特别是国企中要注意推广落实大国工匠精神，合理运用政策引领和导向措施。尝试学历教育后职业教育等多种培养方式，产生出更多高科技企业所需要的高素质、高技能人才。加大对高技能人才的奖励扶持力度，让他们得到与其贡献相匹配的激励，使他们有充分的成就感和获得感。

(四)优化专业调整,完善技能建设质量提升体系

党的十九大提出要建设知识型、技能型、创新型劳动者大军,不断加强高技能人才队伍的建设,形成高学历、高技能的双高型人才。

现代职业教育体系完善是"工匠精神"传承延续的重要载体。《国家中长期教育改革和发展规划纲要(2010—2020 年)》明确指出了高等职业技术教育人才培养的发展方向与要求。"到 2020 年形成适应经济发展方式转变和产业结构调整要求……的现代职业教育体系,满足经济社会对高素质劳动者和技能型人才的要求。"①工匠精神萌芽于教育。职业教育层次不完善,难以培育"工匠精神"。将职业教育作为突破口,不断健全和优化我国职业教育体系,通过发挥职业教育的优势来弥补当前教育系统的缺陷,切实展现职业教育的特色和发展潜力,同时引导学生重视工匠精神的养成。加大职业教育力度,吸引更多的年轻人加入职业教育,安心从事工匠事业,使工匠队伍后继有人,引领带动职业教育。构建院校教育、毕业后教育、继续教育、现代学徒制教育有机结合,贯穿人才发展全过程的教育体系。建立和完善从中职、高职、应用型本科到专业学位研究生教育的技术技能人才培养体系,促进中高等、本科层次职业教育和应用型本科、硕博士之间的纵向衔接,促进普通教育与职业教育间的横向沟通。构建学生多样化选择、多路径成才的"立交桥",提高大学本科高等院校招收职业院校毕业生、高等职业院校招收中等职业学校毕业生的比例,使职业学校与普通学校的学生具有同等的升学机会。高职院校要以工匠精神为目标来组织实施职业素质教育,关键在于构建以工匠精神为核心的人才培养体系。② 制定相关的制度给予职业教育更多的支持,呼吁各行各业在政策和待遇上平等对待高职生。建立现代化标准的职业教育体系,按照"保证规模、调整结构、加强管理、提高质量"的总体要求,调整职业教育发展规划,确定职业教育的发展规模,定位好发展档次和专业方向,不断提高职业教育的优质率。由政府牵头成立"创新人才培养模式建设委员会",加强政府、企业、学校三方的探索与合作,建立与现代工业文明相适应的现代学徒制,推进"现代学徒制"试点工作。政府

---

① 国家中长期教育改革和发展规划纲要(2010—2020 年)[M].北京:人民出版社,2010:25-26.

② 王晓漪."工匠精神"视域下的高职院校职业素质教育[J].职教论坛,2016(32):16.

可以通过如税收优惠、资金补贴、专项资助等形式给予企业相应的政策补贴,鼓励企业主动参与职业院校人才培养方案的制订、专业与课程的设置、学生顶岗实习与教师培训等,支持职业院校科研项目并进行成果转化。从世界各国的经验看,"现代学徒制"必须要有全国统一的培养标准,如果仅靠校企关系是做不下去的。建议"现代学徒制"试点从成规模的国有企业和有较好资质的职业学校开始,比如优先考虑稳定的实体性企业和具有"双高建设"品牌的高职院校。其他性质的企业和学校若有意愿并且符合条件也可同时参与。

校企深度合作是工匠精神培育的强力支撑。工匠精神生长于企业。2017年国务院办公厅提出推进产教融合人才培养改革,要求加强学校的劳动教育,开展生产实践体验,支持学校聘请劳模和高技能人才进校园兼职授课,组织开展"大国工匠进校园"活动等。出台政策法规,规定企业参与高职教育的义务,强化校企合作模式。通过专项经费资助、税收优惠等方式,激发企业参与高职教育的兴趣。完善产教融合、校企合作的现代技能人才培养模式。推动产教融合以社会、产业、行业的标准对学生进行培养。让学生有效地融入产业活动,把产业理念、技术、文化引入教学活动中。强化工学结合,形成学校人才培养、教学内容、评价标准与企业用工、生产、要求对接的机制,形成教学研产一体化人才培养模式。建议尽快出台"双导师制"选拔、培养、激励等具体细则,明确导师的资质、职责和待遇。比如在企业和学校中选拔优秀教师,率先承担带教学员的工作,并将此作为评优考核的一项内容。建议对"现代学徒制"实施中可能出现的问题做好预判,并加以立法,细化责任。企业要制订学徒实习规范及考核标准,职业院校在现代学徒制中以培养学生通识教育及专业理论知识为主,在教育实施环节以组织职业精神实践活动等方式培育工匠精神。

(五)聚集各方力量,营造工匠精神社会风尚

工匠精神的培育和养成是一项要求全体社会成员参与的实践活动,也是需要各方面支持的社会工程。要通过社会舆论营造一种"技术立身,劳动光荣"的文化氛围,赋予工匠受人仰慕的社会地位。设立国家"工匠节",贯彻"四个崇尚"的理念,即崇尚劳动、崇尚技能、崇尚创造、崇尚"十年磨一剑",营造劳动光荣、精益求精的社会风尚。

工匠精神要想在社会中产生作用,发挥影响,必须要得到社会的广泛认

同。人民群众对工匠的学习和支持，对工匠精神的认同，是工匠精神经久不衰的力量源泉。要把崇尚劳动、弘扬工匠精神作为社会治理的手段和途径。鼓励工匠在本行业刻苦钻研技术，提高服务质量，提供让老百姓满意的技术服务；把工匠的培养选树活动作为建设高技能领军人才队伍的重要载体，引导职工爱岗敬业，树立起对职业敬畏、对工作执着、对产品负责的态度，把"精益求精、严谨细致"作为自身价值的体现。把工匠当作人才，尊重他们的劳动。主流媒体要加大宣传力度，使工匠具有"劳动明星"，甚至是"政治明星"身份，成为人们争相学习效仿的榜样，真正形成尊重劳动、尊重技能、尊重创造的社会氛围，支持和爱护技能人才，让争当工匠成为一种新的社会风尚。

工会、共青团、妇联等社会团体在弘扬工匠精神中应发挥积极作用。工会被称为"工匠之家"，是组织开展工匠工作最重要的社会团体，做好工匠评选、表彰、管理和服务工作是各级工会的重要职责。各级工会要积极推进工匠创新工作室的创建，加强工匠群体的自我管理与提升。积极争取科技、人社等政府职能部门和企业的政策支持，在技术、资金、表彰奖励等方面给予一定倾斜。还要加强工匠创新工作室之间，以及与企业内部相关部门的联系，加强不同工匠创新工作室之间，以及与科研院所、创新创业团队之间的技术合作，破解难题，形成聚集效应，促进科技进步和科技成果转化落地。共青团组织要根据青年群体激情高，善于模仿，易受感染的特点，积极采取多种形式，宣传工匠的先进思想、劳动事迹和高尚情操，使工匠精神成为激励广大青年和群众开拓进取的强大动力。其他社会团体、群众组织也应积极参与到工匠工作中来，做好系统内本部门的工匠推选、表彰工作，为营造工匠精神氛围、引领思想、服务工匠贡献力量。

二、文化引领：工匠精神培育的氛围营造①

高技能劳动者工匠精神的培养需要一种浓厚的工匠精神文化氛围。在尊重工匠、鼓励创新和创造性劳动的氛围中更容易潜移默化、春风化雨般地培养工匠精神。工匠精神不仅是一种价值理想和精神追求，还是劳动者应

---

① 雷杰.为工匠精神培育提供有力文化支撑[J].人民论坛，2020(2):136-137.

当秉持的以爱岗敬业、精益求精、求实创新、追求卓越为内核的劳动精神,以此塑造劳动者的职业观念、职业态度和职业操守。2019 年 9 月,中共中央总书记习近平对我国技能选手在第 45 届世界技能大赛上取得佳绩作出重要指示,他强调:"要在全社会弘扬精益求精的工匠精神,激励广大青年走技能成才、技能报国之路。"我们应当结合国内产业结构升级的现实,加强国际职业教育合作,提升现代职业教育水平,办好技工院校,强化企业技能培训,依托职业技能大赛、工匠大师评选等活动,以及大众创业、万众创新等平台,在全社会形成培育具有工匠精神的人才的浓厚氛围。

(一)培育精益求精的观念文化

首先,引导企业及管理者正确看待工匠精神。在经济新常态下,中国制造已从卖方市场走向买方市场,低端产能过剩和优质产能不足并存成了当代中国制造业的主要问题。在这种情况下工匠精神日益成为中国制造业转型升级的重要动力。所以企业及其管理者应立足当代中国的经济发展阶段和制造业生存环境,树立抓质量、求创新、促转型的经营理念,从企业转型发展的高度看待工匠精神培育问题。应当积极宣传供给侧改革、高质量发展、建设创新型国家等理念,提高社会各界对工匠精神的认识和理解水平;摈弃重农抑商、重道轻术的传统文化理念,引导人们充分认识科技创新、精益制造、卓越生产的重要意义,在全社会营造一种踏实肯干、精益求精、追求创新的文化风尚。此外,引导大众正确对待工匠精神。许多人片面地认为,工匠精神是制造业一线工人所应具备的职业精神,与农业、服务业等关系不大,这显然是错误的。工匠精神包含所有产业每个劳动者都应当具备的劳动精神。因此,应当通过传播媒介、学校教育、文化宣传教育等方式宣传工匠精神,将工匠精神转化为全体社会成员的价值认同。还可以通过各行业开展的职业技能大赛、创新实践活动、最美工匠评选等实践活动培育工匠精神,增强人们对工匠精神的情感认同。

(二)培育求实创新的价值文化

工匠精神不仅是每个劳动者所应秉持的劳动精神,也是推动制造业转型和创新型国家建设的立国之本,如瑞士、德国、日本等国都将工匠精神作为国家精神的重要内容。然而,近年来在快餐文化的影响下,一些人急功近利、心态浮躁,不愿静下心来打磨细节,不能以精益求精的态度精雕细琢,这也是中国制造一直无法占据价值链顶端的重要原因之一。因此,要批判权力至上、投机钻营、急功近利、贪图享乐的不良社会风气,引导宣传主流价值观,弘扬正能量,营造一种重劳动、重创新的文化氛围,培育精益求精、追求卓越的社会文化。应当充分尊重技术工人、一线劳动者的社会地位及贡献,建立向一线技术工人倾斜的利益分配机制。应当批判简单、肤浅的功利主义观念和急功近利的社会心态,弘扬精益求精、踏实勤奋、一丝不苟、刻苦钻研的职业精神,将工匠精神引入学校思政教育,培养学生踏实能干、勇于创新、追求卓越的人生态度和价值观念。通过新闻媒体、电视节目、网络平台等传播工匠精神,将工匠精神内化为大众的思想认知和价值认同。

(三)培育公平竞争的制度文化

在中国制造向中国智造转型的过程中,应当推动制度文化建设,以公平公正的制度文化推动工匠精神培育。一方面,培育公平竞争的市场文化。工匠精神培育与市场经济环境、市场竞争秩序等有密切关系,如果市场秩序混乱,就会产生劣币驱逐良币的负面效应,因此,应当完善市场监管体制,推动市场秩序建设,严厉打击以次充好、以假乱真、虚假宣传、偷工减料等扰乱市场秩序行为,打击各种形式的盗版、侵权行为,为市场主体营造公平公正的竞争环境。另一方面,应当完善产品质量认证制度、名牌商标保护制度等,用制度为精益制造者保驾护航,为工匠精神培育提供充分的制度支持。应当以主流价值观引领大众文化发展,积极查处各种色情暴力、封建迷信、消极落后的文化产品,推动文化产品的精品化生产,为工匠精神培育提供充分的文化制度支持。

三、校企合作:工匠精神培育的内在要求①

高职院校作为培养高素质技术技能型人才的主体,应认识到培育学生的工匠精神是国家、企业、学生自身发展三者的共同要求。因此,校企深度合作培养具有工匠精神的高技能劳动者已成为新时代高职院校育人的重要

---

① 廖芳.基于校企深度合作的高职学生工匠精神培育研究[J].中国多媒体与网络教学学报,2019(10):81-82.

方式和发展趋势。2019 年 1 月国务院发布的《国家职业教育改革实施方案》(下称"职教 20 条")明确指出:"要推动校企全面加强深度合作。"因此,高职院校从校企深度合作的视角探讨高职学生工匠精神的培育,对于培养符合国家和企业需要的高素质技术技能型人才具有重要意义。当前,高职院校基于校企深度合作培育学生的工匠精神要做到以下五个方面。

(一)校企双方以工匠精神为指引,共同制定人才培养方案

人才培养方案是高职院校育人的指导方案。校企双方共同商定将工匠精神纳入人才培养方案是培育高职学生"工匠精神"的前提。校企双方以工匠精神为指引,确立培养具有工匠精神的高素质技术技能型人才的培养目标。对于学校而言,要把工匠精神的培育与落实"立德树人"的根本任务结合起来,以国家和企业对人才的要求为出发点,确立人才培养目标。工匠精神本身蕴含着育人元素,学校要"把工匠精神的理念系统地植入人才培养方案的顶层设计中",才能培养符合时代发展要求的新时代劳动者。对于企业来说,要把企业对人才的要求与工匠精神融合起来,以企业的工作实践优势与学校协同培育学生的工匠精神。同时,工匠精神的核心是追求精益求精的作品和技术,所以要将新技术、新工艺、新规范纳入教学标准和教学内容,强化学生对于新技术、新工艺、新规范的实习实训,把工匠精神贯穿于课堂教学与实践教学整个过程,强调在立德树人为本的前提下突出对学生技术技能的培养。在这个过程中,学校以企业对人才要求为目标,重点强化学生对工匠精神的认知;企业以岗位责任和高质量产品为管理要求,重点训练学生践行工匠精神。

(二)校企双方以工匠精神为基础,共同建设产学结合课程

校企深度合作共同开发课程,是将工匠精神的内容、国家和企业对人才的要求、学校的育人目标融入课程内容中。课程设置坚持以立德树人为根本,按照企业生产标准制订课程教学标准,按照企业实际工作内容设计教学内容,使课程教育做到工学结合、产学结合,培养"德技双修"的人才。首先,将工匠精神的内容、企业价值和文化思想融入高职公共课程内容中,对学生进行思想和价值引领。高职思政课是铸魂育人的主渠道,对培育高职大学生工匠精神具有非常重要的作用。同时,大学语文等人文课程,也是培育工匠精神很好的课程载体。因此,应将企业精神、职业精神等思想元素融入公

共课程的教学内容中,让学生了解、掌握企业所要求的职业道德等方面的内容。其次,将企业生产标准融入专业课程中,把握工匠培养的针对性和适应性。如,交通类职业院校校内教学开设了在模拟地铁运行的真实环境下以项目工作任务为授课内容的课程,对于项目工作内容(例如乘务管理)实施情景教学,向学生传授完成这项工作任务所需要的职业素养,使得课程教育实现培育学生技术技能与企业要求无缝对接。最后,将工匠精神、企业创新创业等内容融入学生的创业课程中,培育学生的开拓创新精神。

(三)校企双方以工匠精神为纽带,共同强化知行合一的实训实践

从马克思主义哲学的角度来看,工匠精神作为一种职业精神,属于意识形态的范畴,其归根结底要在实践中养成。高职院校实践教学的方式主要有教学实践、课程综合实践、专业实训、顶岗实习、社会实践等。一方面,校企深度合作要为在校高职生提供更多的实训实践机会;另一方面,校企双方要发挥各自优势,为学生搭建更好的实训实践平台。有条件的高职院校可以与企业协商,把企业生产的部分环节设置在学校,让企业参与校内的教学,这样可以使在校的高职生们在校园里就能进行真实的岗位实践实训,同时还可以发挥高校教师的"智力"优势,助力企业生产。例如,交通类的高职院校引入某个汽车维修公司,将学校打造成汽车维修培训中心。这样学生在校园内就可以到真实的工作环境中进行实践实训,企业人员在校园内给学生现场授课。另外,企业的工厂车间可为学生提供更多的顶岗实习的岗位,企业也可以发挥技术、设备和实施优势,在工厂的车间里对学生进行现场教学。学生不管在校内还是到企业中,都能在真实工作环境中把在课堂上学到的理论知识与生产实际相结合,在实践中检验所知所学,促进知行合一。同时,学生在真实的生产环境中进行实训实践,能更好地了解岗位职责、工艺内涵、生产标准以及技术技能要求,能够增强责任意识、质量意识、吃苦耐劳意识,逐步培养出对专业、岗位、品质、技术的尊重,并把这些意识和尊重转换成职业行为规范、职业素养,最终提升为工匠精神蕴含的优秀品质。

(四)校企双方以工匠精神为基点,共同促进企业文化和校园文化的深度融合

文化,既是培育高职生工匠精神的"土壤"和"养分",又是育人的沃土。习近平总书记在全国高校思想政治工作会议上强调"要更加注重以文化人,以文育人"。所以校企双方要置工匠精神于文化内容中,发挥文化育人的功能。一方面,校企文化相互融入。企业要把工匠精神融入企业文化中。对于企业来说,工匠精神是滋养员工精神、促进企业提质增效创品牌、推动企业发展的巨大无形力量。因此,企业要把工匠精神转化成企业文化,使工匠精神成为企业和企业员工共同的价值理念、经营思想、道德准则与行为规范。企业培养高技能型劳动者需要加强以工匠精神为核心的企业文化建设。同时,学校也要把工匠精神融入校园文化中。对学校来说,校园文化是育人的隐性教育资源,对身处其中的学生的思想风尚和道德情操有潜移默化的影响,所以要把工匠精神融入校园文化建设中,让学生在潜移默化中感受、认知、认可"匠心""匠术""匠德",并以此内化成职业理念、外化为自己的行为规范。另一方面,校企深度合作,不仅是技术、设备的合作,更是理念上的合作。文化的融合是促进二者理念合作的重要保障,而工匠精神是二者文化中的共同点。应加强企业文化和校园文化的融合,把企业的物质文化、行为文化、制度文化、生产文化等文化内容融入校园文化中,让校园文化蕴含产业元素、行业元素、职业元素,体现专业特色和工匠精神,让学生在校园学习中开始了解企业价值、思想观念、职业道德等思想内容,促进学生工匠精神的养成,使学生由"校园人"向"职业人"转变。

(五)校企双方以工匠精神为引擎,共同打造一支具有工匠精神的卓越教师队伍

在古代的学徒制下,学徒的工匠精神是从匠人师傅处学习和经传授获得的。现代学生工匠精神的培育则离不开具有工匠精神的教师团队对学生的言传身教。建立一支具有工匠精神的教师队伍对培养学生的工匠精神具有十分重要的作用。采用现代学徒制的校企深度合作是建立具有工匠精神的教师队伍的重要保障。

一方面,现代学徒制的校企深度合作使学生有机会得到更多具有高尚职业道德情操、精湛技术的企业"师傅"们的悉心教导,他们的现身说法、生

动事迹对学生起到工匠精神的榜样示范作用。而且,这些工匠师傅的加入壮大了培养学生工匠精神的教师队伍。

另一方面,校企深度合作增加了高职院校教师到企业实训、工作的机会,从而可提高教师的技术技能和实践能力。高职院校的教师最大的特征是实践技能性。众所周知,一直以来我国高职院校的老师主要来源于高校毕业生,他们有高学历,有深厚的专业理论知识,但从高校毕业后直接到职业院校工作,也导致了他们在一定程度上缺乏实践操作能力。例如,他们或许对专业发展方向很了解,对先进设备的运作原理很清楚,然而对操作这些先进设备却不是很熟练。所以,高职教师进入企业锻炼,能提高其实践技能,优化高职院校的师资。

四、课程改革:工匠精神培育的主要阵地

从 2016 年至 2019 年,"工匠精神"四度写入政府工作报告,在追求美好生活、提升发展质量和效益的当下,坚持精益求精的工匠精神愈发成为社会和企业的共识。习近平总书记强调,劳动者素质对一个国家、一个民族的发展至关重要。技术工人是支撑中国制造、中国创造的重要基础,对推动经济高质量发展具有重要作用,因此要健全技术技能型人才的培养、使用、评价、激励制度,大力发展技工教育,大规模开展职业技能培训,加快培养一大批高素质的劳动者和技术技能型人才。要在全社会弘扬精益求精的工匠精神,激励广大青年走技能成才、技能报国之路。工匠精神的强势回归,是国家、企业、个人三方合力的结果[①],即是由各国对实体制造业的再重视、消费社会后期的转型需求以及互联网时代匠人个体生存方式的回归共同促成的。目前,我国产业工人的整体素质和技能水平不够高,是我国工业制造"大而不强"的主要原因之一。要实现从制造大国向制造强国的转型,建设一支高素质产业工人队伍、打造更多的"大国工匠"仍是当务之急。因此,工匠精神社会热议的背后,是社会对于具有工匠精神的"匠人"的求贤若渴,表现出来的是"工匠人才荒",而这恰恰是高职教育的使命。同时,工匠精神的强势回归,也让高职教育有了更好的契机去推动"中国工匠"的培养。

---

① 张培培.互联网时代工匠精神回归的内在逻辑[J].浙江社会科学,2017(1):75-81.

　　培育工匠精神是高职院校迫切而重要的任务,也是对高职院校不断提升技术技能型人才培养质量的要求。而高职院校的人才培养最终都要落实到课程与教学上。对于高职院校来说,工匠精神的培养应从思想层面加以重视,把工匠精神的内容纳入课堂教学、实习实训中,在校园中营造培养工匠精神的浓厚氛围,借助一批高、精、专的"双师型"师资队伍,逐步熏陶与提升学生的工匠精神。[①] 高校应合理安排并整合利用各种教育资源,以思政教育、专业教学、技能实践等为切入点,根据时代要求深化课程教学改革,将工匠精神作为学校德育的抓手,将培育、弘扬工匠精神贯穿于人才培养的全过程,构建培育工匠精神的课程体系,努力培养出新时代的中国工匠艺人。

(一)加强思政教育深度,培育工匠精神理念

　　高校要培育工匠精神,首先要从提高思想认识上着手,要将思想政治教育作为工匠精神培育的主渠道,通过学习、宣传、弘扬工匠精神,努力构建一个师生全体参与、教育教学全程渗透、学校工作全方位融入的工匠精神培育体系。把工匠精神融入高校思想政治教育中,是当前高校培育和践行社会主义核心价值观的重要内容,也是进一步加强和改进高校思政教育的时代诉求。因此,高校必须注重培育工匠精神,在推进专业化建设、创新技术路线、弘扬校园文化、凝聚各方合力中,把工匠精神融入思想政治教育,充分发挥其多元化效应,切实提升高校思想政治教育工作的科学化水平。高校对学生进行工匠精神的培养和传承,是对学生开展的具有深层次的思想教育,不能把工匠精神的培养停留在形式和知识的表面,一定要内化到学生的职业心理、职业理想以及职业信仰和职业道德品质的精神层面。

1.强调思政理论教育基本职能的转变

　　促进工匠精神培养与思政理论教育的有机融合,首先需要强调思政理论教育职能的转变。只有不断深化改革,发展才能永不停滞。大学生思想政治教育也需要不断深化改革,与时俱进。过去高职院校的思政教育仅仅将焦点放在学生的价值观、人生观、世界观的培养上,而忽略了工匠精神的培养。习近平总书记在全国高校思想政治工作会议上提出,高校要坚持把立德树人作为中心环节,腰杆硬、底气足地把思想政治工作贯穿教育教学全

过程，实现全员育人、全方位育人。积极地倡导工匠精神，提高大学生的人文道德素养及职业素养，对于培养出德艺双馨的人才和大学生思想政治教育的发展都具有举足轻重的作用。高校思政教育的对象是刚成年的学生，他们正处于思想认知形成的黄金时期。在这个阶段对其强化思政教育，就需要将工匠精神的培养融入其中，实现思政教育职能转变，激发起学生对职业的探索和研究的热情，让学生成为理论和实践有机结合的综合性人才。

高校应该将工匠精神作为大学生思想政治教育的重要补充，选取大学生思想政治教育的不同载体和表现形式，如鲁班文化、和合精神、乐道精神、笃行精神、长征精神、申奥精神与工匠精神的培育融会贯通，以新时代中国特色社会主义思想为指导，将工匠精神的培育纳入高校人才培养、大学生思想政治教育的顶层设计中，把工匠精神的培育与高校的学科建设、专业发展同步实施、协调发展，通过建立相关政策和制度，为工匠精神的培育提供资金和优质的师资队伍等，并优化思想政治教育体系，建立工匠精神的培育融入大学生思想政治教育的规范模式。

2.在思政理论教学中融入工匠精神

习近平总书记把意识形态工作放在战略全局的高度，把高校的意识形态工作更是放在了突出位置。高校思政课作为对学生进行系统的马克思主义理论教育和思想政治教育的主渠道，作为高校意识形态传播的主阵地，必须高度重视工匠精神在课程教育教学过程中的有机融入。将工匠精神融入高校学生思想政治教育，充分利用思想政治教育课堂的有利渠道，让高职学生在课堂上系统地获得工匠精神的相关历史、理论知识、工匠事例等，既有利于丰富高职学生思想政治教育的内容，也有利于培育高职学生的工匠精神，起到事半功倍的效果。将工匠精神融入高职学生思想政治教育课堂，可以采取多种形式。

工匠精神在高校培育的主阵地之一是思想政治教育课程，通过讲解工匠精神的内涵、工匠精神的价值、工匠精神的历史传承和工匠精神的发展等内容，以《工匠精神读本》为教材，从"执着专注""一生只做一件事、工匠之道""继往开来薪火传、精益求精""要做就要做最好、家国情怀铸人生、创新进取""愿乘长风破浪行、匠心筑梦"等五个方面让学生了解工匠精神的内涵，让学生在学习的过程中对工匠精神有个完整的认知，让工匠精神深入学生的内心。

思政课要以人生价值观、职业观和专业观培育为主线，将其与社会主义核心价值观、职业道德以及马克思主义劳动观等良好结合,以思想道德素质、职业人文素质和专业文化素质培养为核心,将行业典型、职业榜样示范教育内容有效地贯穿于课堂。在思政课的教学过程中借助视频、音频等多媒体手段辅助讲解,可使工匠精神思政课变得生动有趣,让学生感受到中华传统文化精神散发的魅力。

一方面,将工匠精神作为情境案例,结合当代大学生的学习特点与专业特色制定更加合适的教案,丰富教学内容,通过对工匠的具体情境的描述,将典型真实的案例素材引入课堂。这样既生动又形象,学生也更容易接受和吸收。例如在讲"职业道德"时可以将"大国工匠"模范人物的先进事迹和感人情境用于触及和震撼学生的心灵,陶冶学生的情操,提高学生的思想觉悟,潜移默化地为增强学生的职业道德感和社会责任感奠定思想基础;用国内外实例进行讲解,使思想政治教育的针对性变"大水漫灌"为"精准滴灌",提升思政教育的有效性。

另一方面,创新教学形式,将工匠精神案例作为课堂活动素材。课堂活动素材是实施课堂教学必不可少的要素,课堂活动的设计能充分体现学生的主体地位,调动学生的积极性,拉近理论与实践之间的距离。工匠精神是高职学生思想政治教育的有利素材,将与思想政治教育内容相关的工匠精神教育资源作为素材,能使思想政治教育的课堂内容变得丰富多彩,课堂的实效性也能得到提升。思想政治教育者可以通过模拟、探究、体验真实的实践项目,科学设计课堂活动,加深学生对工匠精神的理解,调动学生的积极性,使学生真正体会和理解工匠精神在职业生涯中的重要性和具体表现,将工匠精神内化为自身的职业习惯。同时,思想政治教育的课外作业是一个教学的巩固环节,课外作业有利于巩固、消化和运用书本上学到的知识,还能给予学生一定的启发。紧密联系当前国际国内的现实问题与热点话题,布置观看诸如《匠心筑梦》《大国工匠》等节目的课外作业,不仅能够加深学生对工匠精神的理解,更重要的是能够提高学生的学习积极性,更好地引导学生通过讨论交流等各种形式提炼出工匠们的共性特质,以达到"于润物细无声处植根观念认同"的效果。也可以借鉴某些高校"请毕业生上讲台,听同龄人讲思政课"的做法,通过向朋辈学习的方式传递正确的价值观,实现情感上的共鸣、精神上的共振、问题上的共识和学习上的共勉,让工匠精神在思想政治教育理论课教学的过程中入耳、入脑、入心,让大学生从思想上逐步改变对待职业的态度。

思政课通过着力强化以工匠精神为核心、以职业发展为目标的职业素养培育，更好地引导学生在正确地认识劳动、技能以及创新创造的价值和意义的基础上，从整体上系统地认识以及把握工匠精神的实质与内涵，并自觉地将职业理想的树立与工匠爱岗敬业、精益求精、追求完美、无私奉献的职业追求相结合，帮助学生明确职业目标，坚定职业信念，树立崇高的职业理想，增强对岗位技术的热爱之情、对职业技能的敬畏之心以及职业自豪感和自信心，以进一步提升职业教育的人文价值。

3.加强思想政治教育队伍建设

工匠精神在高校传播的主要途径和载体是高校教师，这就要求高校思想政治教育从业者要有必备的政治素养、完善的知识结构、高尚的思想品德、良好的从业形象和充足的人格魅力。教师队伍不仅在整个教育教学活动中发挥协调与组织的作用，更重要的是其本身的一言一行和外在形象也是思想政治教育的隐形信息。教师在课上和课下要做到表里如一，为大学生思想政治教育起到良好的模范作用。

由于某些高校思想政治教育的教师自身缺乏把思政工作当成使命的工匠精神，无法有效地帮助大学生从思政教育中的被动客体转化为主动主体，导致大学生价值认同感差，思政工作实效性低。所以，应该将工匠精神与高校思想政治教育的日常工作相结合，让二者相辅相成、协同发展。

高校应组织全体教师集中学习工匠精神，引导广大教师脚踏实地，摒弃浮躁，拒绝平庸，发扬中国知识分子宁静致远、淡泊明志的优秀传统，秉持工匠精神，用师德熏陶和人格感召人，坚持以人为本的人文精神和精益求精、追求完美的工匠精神去教书育人、培养人才。高校全体教职员工应该热爱自己的事业，有精益求精的教学态度、优秀的教学工作能力、高尚的职业道德素养，不断创新教学模式、不断积累教学经验、不断进行教学实践，提高自身的教学水平，散发自身的人格魅力，言传身教，成为大学生学习的榜样。

教师是学生成长和发展过程中的引导者。高校思政教育与工匠精神的培养有机整合，离不开教师的正确引导。教师应该积极配合教育改革发展的需要，了解高校学生的学习发展特征。开展思政教育一定要本着对学生的发展高度负责的态度展开，正确理解工匠精神的概念及含义。只有这样才能够将工匠精神的培养与思政教育有机融合起来，同时在很大程度上对学生产生深远影响 。要深入研究工匠精神，认识工匠精神与思政教学理念存在的共同之处，在充分认识的基础上，强调工匠精神在思政教育中的有效融入。

高校思想政治教育工作,不只是授业解惑,更是育人。作为思政工作的主体,教师自身不仅要为学生树立工匠精神的榜样,在工作中以工匠精神的高标准要求自己,更要将工匠精神传承给学生。所以,工匠精神的培育和高校思想政治教育队伍的建立和完善可谓是任重而道远。

4.设置工匠精神人文选修课程

在我国传统文化的历史长河中,工匠精神是一块不可或缺的瑰宝,是我国产业转型升级、民族振兴得以实现的助推力和精神动力,更是将我国打造成为世界大国、培养和塑造杰出职业技术人才的道德根基。高校教学课程是大学生工匠精神培育的基础,构建多方位的立体课程体系,将工匠精神的培育内容纳入不同课程的各个环节,全方位培育大学生的工匠精神,不断完善课程的建构,有利于提升学生工匠精神培养的水平。因此,将我国传统文化中包含的工匠精神提炼出来,在全校范围内开设工匠精神教育的人文必修课或选修课课程,如"匠心筑梦""中国梦""大国工匠"等,有利于学生了解古往今来的工匠风采,更好地认识工匠精神和"大国工匠"。同时,高校通过开展心理辅导相关工作与课程,将工匠精神内化成学生的心理品质。匠心是工匠精神的核心,指的是匠人具备的包括细心、恒心、虚心、意志力以及进取心等优良心理品质,通过对高校学生"匠心"的培养,有助于培养学生精益求精、虚心学习、精雕细琢以及努力进取、吃苦耐劳等精神品质。

(二)拓展专业教学内容,促进工匠精神渗透

专业课在高校的教学安排中占据大量的时间,可以毫不夸张地说学生的大学学习生活绝大部分时间是在专业课的学习中度过的,因此,专业课是培养学生工匠精神的重要载体,专业课任课老师的深度参与是学生工匠精神内生性成长不可或缺的主导力量,要充分挖掘专业知识和技术体系当中所蕴含的精神特质和文化品格,彰显"大国工匠"的平凡美、技术美、力量美。[①] 基于工匠精神培育的课程教学改革,首先要将工匠精神的培育全面融入专业的课程教学当中,而不是依靠某一门课或某一门课的任课教师来完成,更不能只是思政课的教学目标之一和思政教师的任务。习近平总书

---

① 辜桃.高职学生工匠精神的培育价值及路径[J].当代教育理论与实践,2017,9(8):114-116.

记在全国高校思想政治工作会议上强调,要用好课堂教学这个主渠道,各类课程都要与思想政治理论课同向同行,形成协同效应。在工匠精神培养深受党和政府重视的背景下,为促使高校培育出更多具有工匠精神的技能型人才,高校专业课程应与思政课同向同行,推进基于工匠精神教育的高校"课程思政"改革。

高校要培养学生的工匠精神,自然离不开专业教学这条路径。因此,要培养学生的工匠精神,做好专业教育,强化工匠精神的实践磨炼是高校工匠精神培养的有效途径。高校要强化专业课教学改革,将工匠精神融入教学体系、课程设置、实验实训以及顶岗实习等所有的教学活动中,通过对人才培养方案进行不断的优化,强化专业认知,践行职业标准,进而培养学生的专注、专业和个性化。

1. 创新基于工匠精神的专业课课程体系

要在高校专业课堂教学中融入工匠精神,需要以工匠精神优化已有的专业课程体系,让课堂教学真正与社会实际需求同步,确保工匠精神落到实处。面对日新月异的市场变化,层出不穷的新技术、新业态、新模式,高校教学管理者和骨干教师既要深入企业又要深入市场,与企业专家、企业管理者、企业一线工作人员进行广泛的交流,在充分调研的基础上明确行业各类工作岗位的具体工作任务和内容,进而分析其能力需求,并以此开发和设计专业课程。同时,高校还应当把调研工作作为一项制度,形成长效机制,确保专业课程建设与时俱进,跟上市场发展的节奏。只有这样,才能对学生工匠精神的培育起到切实的支撑作用。

基于此,在专业课程的教育教学过程中,教师应结合不同专业的特点,在研究和分析各个专业学生所必须具备的基本职业能力、职业素养的前提下,以就业能力为导向,以充分考虑教学的"有效性"以及"价值性"为基本出发点,通过充分挖掘各个专业知识以及与之相对应的技术体系当中所蕴含的精神特质、文化品格,逐步将"工匠精神"渗透在专业课程的教学目标、教学计划和教学内容等各环节。首先,要探索基于工匠精神教育的高校专业课课程目标。工匠精神教育在课程目标的定位上更应体现职业性的特点,尽量满足行业企业对技能型人才的新需求。在工匠精神培养深受社会认可的背景下,专业课的课程目标不能被传统的技术人员培养模式所束缚,必须追求知识传授、能力培养和价值引领同步提升,要把培育具备工匠精神的高素质技能型人才作为课程目标改革的新方向,凸显专业理论课教学的时代性。其次,要制定基于工匠精神教育的课程教学计划和教学内容。传统的专业课程教学多是对具体专业知识的系统性传授,少有涉及职业精神的培养。在专业课的教学中融入工匠精神的教育,并要求专业课教师重视学生工匠精神培养,利用多种教学方法保质保量地完成工匠精神教学,使工匠精神的养成和专业知识的掌握能够受到学生的同等重视,引导学生把对工匠精神的追求变成自身行动上的自觉。同时,开发基于工匠精神教育的读本和教育教学资源库。当前企业、院校和学生对工匠精神的内涵、时代价值、培养路径等内容都尚未有系统的认识,因此将高技能人才的培育作为未来出路的各类高校及其合作企业要在人力、财力、物力等各个方面加大投入,鼓励思政课教师、专业课教师、企业家、企业骨干等专家学者,共同打造高校工匠精神教育读本,并加强相关方面的教育教学资源库建设,把工匠精神的内涵、时代意义等理论知识点加以系统编纂,精选专业领域内著名匠人的故事,丰富相关的教学资源。

2. 改进基于工匠精神的专业课教学方法

学生工匠精神的培育是一个不断内化的过程。专业课堂教育中应当注重工匠精神的培养,将工匠精神融入专业日常课堂教学设计中,营造浓厚的工匠精神氛围,因此在教育教学方法上要与传统专业课教学有所区别,在教育教学方法上要突出工匠精神意识。众所周知,知行合一、工学结合是培养工匠精神和技能人才最可行的教学模式,在此思想指引下,采用多样化的教学方法和教学手段是成就工匠和工匠精神的有效路径。根据高校学生的特点,采用直观性教学、体验式教学,贯彻"以学生为中心"的课堂教学原则,是提高教学质量的根本方法。理论、实践一体化教学、项目任务式教学、案例教学、角色扮演、信息化教学、模拟训练和生产性实训、工作室教学、以赛促练等方法是提高学生学习兴趣和学习效率的强有力的手段和方法。

首先,以工匠精神为核心设计专业工匠课堂。工匠课堂在主要的专业课程中穿插进行。专业课教师将工匠精神的相关理论分成几个模块,根据专业知识的特点,运用专题或项目教学的方法进行教授。这需要把工匠精神的理念传授给学生,在学生对工匠精神有了一定了解之后,适时穿插讲解一些本专业优秀工匠坚守技艺、精益求精、诚实善良、勇于创新的故事,以增加学生的感性认识。之后结合学生所学的专业实际来展开讨论,引导学生将工匠精神的深刻内涵与专业学习和技能训练联系起来,在日常的学习和训练中,有意识培养自身的工匠精神。其次,以工匠精神为主题,将专业实践教学与思政实践教学有机结合。虽说当前大部分思政课都已安排了实践教学,但与学生所学专业联系紧密的甚少,通常情况是专业性质不同的学生参加同样的思政课实践教学活动,缺少针对性,因此育人效果不佳。将思政课内涵和要素加入专业课实践教学之中,不但可以把思政实践课盘活,而且将学生的专业教育与思想政治教育有机结合,符合高校培养高素质技能型人才的教育目标。这就需要高校与企业合作,安排具有思想政治教育性质的专业课实践教学,让学生从课堂走出去,走进企业与工厂,参观企业工作流程,学习企业员工的操作规范,并由优秀技术人才向学生讲述他们的职业故事,与学生分享他们刻苦钻研、精益求精、追求卓越、勇于创新的工匠精神,催生学生内心对优秀成果和产品的自豪感,从而把工匠精神的培养变成学生主动的追求。

在此过程中,教师应该及时改进教学手段、完善教学内容、丰富教学方法,从态度、行为以及信念三个方面来帮助学生培养工匠精神,从而达到理想的学习效果。首先,要转变学生的学习态度,提高对工匠精神的认识。态度决定一切。教师要帮助学生转变不良的学习态度,首先从提高学生学习兴趣入手。教师应该采用多元化的教学手段和教学方法,提高学生的学习兴趣和学习效率。比如借助"慕课""微课""翻转课堂"等教学方法,将原版电影和表演等形式引入课堂,为学生创建情境,以演促学。通过定期开展多样的第二课堂活动,为学生搭建展示自己的平台,以赛促学,如通过举办学校比赛和行业专业比赛,可以让学生了解比赛和参加比赛。通过技能竞赛的形式,让学生参与其中,激发学生对专业研究的兴趣。[①] 通过指导学生参与教学设计全过程,自制一些视频或录制微课等多种方式,为学生创造更多的机会,提高学生的学习兴趣,增强学生的参与意识和团队合作精神。同时,教师要让学生深刻认识到工匠精神的重要性,懂得学习过程比学习结果更重要的道理,来激发学生的自主学习热情,培养终身学习的能力。其次,要改变学生的学习行为,促进工匠精神的培养。课堂上的学习时间是有限的,教师可以利用课余时间,充分利用微信、QQ、钉钉等网络平台的现代化信息手段,因材施教,按学生不同的水平安排学习任务,将学生的碎片时间积累起来,定期甚至可以每天监督学生的学习进程和效果,帮助学生养成随时随地学习的好习惯,培养学生耐心专注的工匠精神。最后,要坚定学生的

---

① 孙婷婷.高职院校培养学生"工匠精神"的策略[J].工程技术研究,2017,(2):228+241.

学习信念,强化工匠精神的养成。著名数学大师陈省身有一个信条:一生只做一件事。把简单的事情每天都做好,其实是件不简单的事。当学生把学习的每个细节和每个过程都看作是一种享受,能感觉到自己心情愉悦,并且不需要别人监督就能够坚持学习下去的时候,学习就成了他们的习惯,是日常生活中的一部分,这才是工匠精神的真谛。

3.提升专业教师的育德意识和育德能力

如果说,专业课是工匠精神培育最主要的载体的话,那么,专业课教师的深度参与则是工匠精神内生性成长不可或缺的主导力量。马克思说:"思想根本不能实现什么东西,为了实现思想,就要有使用实践力量的人。"工匠精神培育需要一支强大的教师队伍支撑。工匠精神培育过程是专业课程与思政教育的有机结合,因而要求教师不仅掌握本课程的理论知识和实际技能,也要知道该课程的背景和其中所蕴含的先进思想及方法,实现知识传授与价值引领的统一。针对学生的思想政治教育应以就业为导向,因此在专业课堂上所传授的德育内容应是以"工匠精神"为内核的职业素质教育,具体要求教师了解本课程名人的背景及其励志故事、知识点后面的背景知识和发现该知识的思想,通过与专业知识相关的励志故事与先进思想,塑造高职学生的工匠精神。

首先,高校应加强专业教师的培养培训,在教师培训上,与企业联合培养专业教师,积极开展"双师素质教师"的认定工作,完善专业教师到企业实践锻炼和"双师素质教师"培养的长效机制[①],加大培训力度,切实增强专业教师的育德意识与育德能力,从而培养专业教师主动研究探索思想政治教育功能的自觉意识,善于挖掘专业课所蕴含的思想政治教育素材,利用本专业领域内的优秀工匠故事感染学生,在潜移默化中发挥专业课的思想政治教育功能,塑造学生的工匠精神。

其次,还应通过搭建"课程思政工作室"平台,组建包括思政教师、专业课程教师、辅导员和班主任在内的课程教学团队,通过教师之间的深入交流及统一意识,保障各类不同课程之间的同向同行、协同效应,全方位重视学生工匠精神的培养。此外,各高职院校之间也可制订相应的措施来加强合作,形成特聘教师巡讲机制,实现教师资源的最优整合,为"课程思政"改革

---

① 余胜映.关于优质高职院校建设的思考——以贵州职业技术学院为例[J].新西部,2018(5):59-60.

组建更强大的教师队伍。

同时,高校应聘请专家学者、各行各业的先进人物以及企业优秀技术人才担任专业课特聘教师。邀请"工匠人物"进校园,可以强化学生对工匠精神的敬仰与传承,通过与这些或站在学术前沿或站在技术前沿的校外专家接触、交流,学生不但可以开阔眼界,更能深入了解当前的专业发展动态,对于学生深化已有的知识具有重要作用。另外,在校外专家阐述自己领域内的具体工作、热门问题、前沿动态、创新成果时,学生可以从中学到重要的思维方式和解决问题方法,从而激发学生在学习过程中的问题意识,改善原有的学习方法和学习习惯。邀请的"工匠人物"既可以是学校能请得到的且学生崇拜的"大国工匠",同时也可以是本校在各技能大赛中获奖的优秀学生代表或在专业方面取得了较大成就的优秀毕业生等。通过让学生近距离地接触这些有影响力的"工匠人物",感受劳模精神、聆听劳模故事、分享工匠情怀等,引导学生从他们的事迹和精神中获得启迪和鼓舞,让学生在听课的过程中,也能无形地被授课教师身上的专业精神、职业理念、行为习惯、个性特征等影响,在潜移默化中接受这些专家学者良好的精神熏陶。了解校外专家的学习成长之路,尤其他们在专业领域执着追求的工匠精神,有利于高职学生工匠精神的养成。

4.完善基于工匠精神的专业课课程考核

当今世界瞬息万变,我们无法预测以后将要从事什么样的工作,以及如何从多种工作中选择合适的工作。因此,高校教育必须将一技之长的技能型人才培养目标转向完满职业人格——工匠精神的发展上,所以课程考核的内容也要立足于工匠精神的培育,"面向个人潜能与需求,不是通过竞争排出名次进而'优胜劣汰',而是促使每位学习者的潜能获得充分开发"。也就是说考核不仅仅是考查知识的掌握,更是为了检验学生的动手实践能力。同时考试的方式要将知识融入实践中。比如在考试时,提高实践动手的考试比重,对知识的考查用工作化的语言而非书本化的语言表述,将人与书、人与理论的关系转化为人与实践的关系,将知转化为行,将工匠精神转化为学生做事的态度。尤其是在职业教育课程中,文化课教师与专业课程教师应该共同合作,整合教学目标与内容,协同培养学生综合职业能力的发展,重视对学生的发展性评价,真正将课程评价从统一标准转变为协作发展考查。

传统专业课的课程考核方式比较单一,一般采用期末试卷考试或者期末对项目成果的评价。为进一步强化对学生的工匠精神的培养,引导学生养成正向的行为习惯,高校应该在遵循学生职业发展规律的前提之下,通过构建科学的考核评价激励机制,实现将专业基础知识、专业技能评价与职业素养评价相结合,将校内成绩考核与企业实践考核相结合,将他评与自评、互评相结合,将书面考核与汇报答辩考核、技能操作考核相结合,将期末考核与平时考核相结合的考核评价体系,并通过综合实践课程训练,实现项目设计与开发能力、项目组织与团队执行能力、项目综合评估能力等相关综合职业素养的达成,将课程评价最终落实到实践能力的提高上来,以进一步激发学生的工匠精神内源性动力,以更好地促进学生健康地成长、成才。在评价过程中,学生会不断地对作品进行修改和锤炼,从而使职业技能得到进步、职业精神得到培养。

同时,专业课课程评价还需要引入第三方评价机构。建立健全第三方评价机制和综合评价体系,已成为历史发展的必然选择。一方面,第三方评价是一种独立于政府和学校之外的评价体系,它引入了相关行业企业、家长、专业机构和相关媒体等各类社会主体的监督与评价,并充分吸收来自社会各个领域及群体的反馈信息,能充分体现社会认可度。另一方面,第三方评价坚持以人为本,把学生的个性全面发展、充分就业、社会价值实现等作为衡量职业教育人才培育质量的根本标准,将高校在服务产业发展升级、企业技术改造更新能力和院校对相关行业的影响力、行业认可度等方面的表现,作为评价高校建设发展和人才培育的重要指标和依据,体现了很强的客观公平性和广泛代表性。

首先,建立健全第三方评价的体制机制。在制度层面上,要制定符合职业院校特点的第三方评价工作管理办法;在组织层面上,建立第三方评价组织机构,在各类职业院校成立第三方评价工作领导小组,组织和协调与第三方评价相关的各项工作,对第三方评价过程中提出的有关问题、意见建议等信息进行全面分析和整改,并及时做出反馈;在政策支持层面上,要提高对第三方评价体系的重视程度,支持和保证第三方评价机构不受政府、学校、任何单位及个人的主观意志影响,充分保障其专业性和权威性。

其次,建立健全科学合理的第三方评价体系。按照工匠精神培育与发展的客观规律,坚持以人为本的基本原则,采取共性与个性相结合、定量与定性相结合的方式,既体现人才培育的共同特征和基本要求,又充分反映院校特色和专业差异。努力建立一套涵盖学科建设和专业设置的科学性、行业影响力、工匠精神的融合程度、学生就业率、人才创新力和自我发展能力、社会满意度以及各项指标要素的契合程度趋于一体的工匠精神培育质量第三方综合评价体系。

同时,建立健全快捷高效的反馈调控机制。建立高效的组织调控机制,充分发挥院校领导小组、工作小组等机构的组织协调作用,建立快速有效的信息反馈机制,并对第三方评价机构反馈的主要问题、相关建议,及时组织教育主管部门、行业企业、专家学者等进行系统分析和研究,使工匠精神培育体系更加健全和完善。

(三)强抓实践教学成效,提升工匠精神素养

目前很多高职院校实行了引企入校、订单培养、跟岗实习、顶岗实习、现代学徒制等多种校企合作模式。这些都是培育工匠精神的有效途径。[①] 总之,实践教学是培养学生工匠精神的重要的方式和途径,它实现了知识技能与精神和素养方面的极大融合,进而真正落实工匠精神。高校要强化观念,深化课程及教学改革,强化实践教学与实训环节,为培育学生工匠精神营造氛围,努力培养出更多的"大国工匠"。工匠精神首先是一种实践精神,优秀的工匠一定是在广阔深厚的实践中锻造出来的。在人才培养过程中,实践教学体系的建构是主线,这是高职教育区别于其他类型教育的最大的特征。把工匠精神贯穿于实践教学,根据技能训练的复杂程度,以专业对应的职业岗位为参照标准,有针对性地开展实践教学,从基本技能入手,构建从单项技能到综合技能的训练体系。在学习期内,有计划、有步骤地实施教学实训—跟岗实习—顶岗实习,借助校企合作,运用工学结合,培养出优秀的技能人才。

1.加强专业实训

专业实训在职业技能型人才培养中扮演着重要角色,实训条件是工匠精神培养的基础保障,也是高校开展实践教学的主流形式,建设方法有自建、校企共建、校校联合共建、政府建设学校使用等多种途径。现代工匠精神需要在大量的真实的实训中养成,高职毕业生走向岗位达到企业对人才的需求,需要完备、真实的校园实训基地。因此学校培养工匠精神必须从专

---

① 张群桂.以培育工匠精神为核心创新技工院校德育教育新模式[J].现代职业教育,2017(5):164-165.

业实训入手,将学生的职业技能培养和职业素养培养与专业实训紧密结合,发挥其对学生工匠精神的启蒙作用。近年来,我国高校的专业实训课程大多在课堂上进行或者以单门课程进行实训,这种课堂环境及单一的实训方式阻碍了我国大学生专业技术技能培养以及工匠精神养成,因此高校必须要进行实训基地建设并加强专业实训。

首先要进行校内实训基地建设。校内实训基地在工匠精神培养中不仅具有实践教学及科研性功能,还具有对外服务、开展技能竞赛等社会性功能。加强实训基地建设有利于学生快速掌握技术技能,也有利于对学生掌握的情况进行考察,而且还能帮助学生了解企业文化,熟悉企业工作流程,进而促进学生良好的职业道德的形成。实训基地的建设要遵循真实性原则,要以"真设备、真师傅、真环境"的"三真"标准来建立适合工匠型人才培养的实训基地。"真设备"指企业中用来进行生产活动的机械设施或培养学生专业技术技能的实践课程资源。"真师傅"指企业中的优秀员工或经培养的专业化"工匠型教师"。"真环境"既有"真"的特点还要体现"模拟"的功能,实训基地就是模拟真实的企业环境。当工匠型教师在实训基地对学生进行技能传授和指导时,他们所表现的精益求精的精神、专心致志的态度、严谨细心的操作行为,都可以感化学生,最终使学生的实训效果达到高水平。而通过实训来培养学生的工匠精神既是学习专业技术的过程,也是学习师傅们的匠人品质、职业态度以及创新精神的过程。

其次要加强专业实训。第一可以采用课程整合实训,即将实训的专业课程根据自身特点进行有机整合,让学生对相关的专业课程进行同时实训。这种整合实训的方式不仅能帮助学生对不同的专业知识进行整合运用,又能避免资源浪费。第二可以采用实训周模式,这种实训方式不同于以往单一的课堂实训,而是用一周的时间对学生进行集中实训,既改变了以往松懈的训练模式[①],让教师可以在实习期间对学生进行统一的指导和监督,严格了实训流程,又增加了实训的仿真感,让学生更易了解具体的工作细节,有利于其工匠精神的培养。

2.组织专业实习

任何知识源于实践,归于实践,所以要求所学知识付诸实践。校企合作

---

① 于文靖.我国中职教育"工匠精神"培养路径研究[D].哈尔滨:哈尔滨师范大学,2018:37.

作为高职的主要办学模式,使得学生实习有了两个场所,一个是学校,另一个是企业。这两个场所都为学生技能水平、专业知识、创新能力、爱岗敬业等的实践提供了平台。优秀的工匠和卓越的工匠精神是在严格的实践环境中锻炼出来的,因此高职院校严格实习过程管理才能培养出优异的实践人才。一些高职院校将学生的跟岗实习、顶岗实习变成了自主择岗式、放任式实习,且疏于实习过程的监督和管理;一些学校以参观实习、演示实习代替生产实习和体验实习;一些学校实习工位不足,只能安排少数岗位实习;还有一些学校借实习之名长时间安排学生从事简单重复劳动或非专业活动。这些都是违背教育教学基本规律的,应该得到迅速制止和更正。学校要加强与企业之间的联系与沟通,通过制定共同的制度,将工匠精神的培养贯穿于实习过程中,使学生在实习期间,能自觉抵制不良风气,自觉塑造敬业的责任意识,提升学生的技能实践。

严格实习过程管理,首先应该区分实习性质,编写各项目的实习标准和考核标准,编写完整的实习教学文件如实习手册等;其次应做好实习前的各项准备工作,如场地准备、材料工具准备、教师配备等;再次是加强实习各环节的检查监督,如要求学生填写实习报告、实习日志、作品保存记录,做好留痕管理,加强教师对学生的指导等;最后是加强实习效果的考核,改革考核方法,把过程考核与结果考核相结合,侧重于技能考核和职业素养考核。总之,不管是教学实习,还是跟岗实习、顶岗实习,都须进行周密组织,严格部署,以集中管理、集中项目化考核为主,分散实习、分散管理为辅,不可对学生放任自流。在实习过程中,学校可以聘请企业的技术骨干担任兼职指导教师,对学生的技能训练进行指导。学校和企业的各指导教师要相互配合,相互沟通,逐渐形成共同教育、共同管理的工匠型人才育人模式。

在企业工作时,需要学生具备素质、技能和经验,因此学生在学校期间要注意这些品质的养成和技能的具备。学校作为学生进入企业前的主要学习场所,要注意对他们进行这方面的培养,使学生在就业的岗位上能满足企业的需求。

3.组织实践教学

实践是检验真理的唯一标准,工匠精神的体现要通过实践来完成。实践活动将道德、能力、态度、理想有机融合在一起,在内化的基础上,将它们外化于行动中,实现知行合一,践行工匠精神。大学生在实践过程中要不断探索、创新,逐渐实现教育和实践的结合,促进能力和素质的共同发展。

首先,要多途径创设学生社会实践活动渠道。学校要倡导学生参与到学校管理中,提升学生的责任感和道德素质。现阶段,学校给了学生干部更多的锻炼机会,有利于强化学生的责任意识,有利于主体意识和独立人格的塑造,有助于提升学生的交流能力和团队协作能力。学校要充分调动学生的主动性和积极性,倡导其以个人或团体的名义积极参与自己所在宿舍的管理、班级的建设,参与学校规章的制定和校园文化的建设。在管理中定期召开研讨交流会,使学生在相互的经验交流中培养他们的主体意识。还可以组织学生对社会的热点问题和聚焦点进行实地考察,通过实地调研了解事情的真实情况,对调查结果提出解决问题的意见和建议,形成调研成果。教师要对学生的社会调研进行管理和指导,学校相关部门可以通过竞赛的方式选拔优秀的选题,并对学生的调研结果进行宣传。高校也可以开设社会调查课程或讲座学习,帮助学生正确认识社会现象,把握事物的本质和规律,掌握科学研究方法,提高分析问题和解决问题的能力。同时,学校还可以创造条件,鼓励学生多参加公益事业,培养学生对社会的责任感和奉献精神。高校还可以组织一些义务植树、义务大扫除等公益活动,鼓励他们在活动中运用自己所学的知识和技能去服务社会,通过亲身实践真正从内心了解奉献社会的意义。充分调动学生参与社会活动的积极性,使他们自愿参与到社会服务中来,不断提高他们的综合素质,弘扬道德风尚。在就业指导上要不断发掘学生可以参与的新领域和新方式,鼓励高校生参与西部计划等国家重点扶持项目,利用他们的专业优势,为贫困地区提供技术支持,从而增强他们的社会责任感。

其次,加强校企合作。学校教学显然不能仅局限于课堂,教师可以将抽象的理论讲授与实践认知结合起来,把课堂设到企业工厂,通过带领学生熟悉职场环境和工作流程,引导学生在实践中了解企业对从业人员职业素养的要求,感受企业文化,激发学生的工作热情,感受工匠精神在未来职业发展中的重要性。学生在真实的工作情境中学习,可以很好地理解所学的知识技能之间的联系,他们由此更能理解学习的意义和价值,从而主动学习,并更有效地学习知识和技能。[①] 学校和企业相互合作,实行产教融合,对高校培育大学生工匠精神具有重要的实践意义。高校应该充分利用这一实践平台来开展大学生的工匠精神培育,从而使专业知识能与工匠精神相融合,

---

① 关晶.职业教育现代学徒制的比较与借鉴[M].长沙:湖南师范大学出版社,2016:207.

并且能够以工匠精神来指导自己的工作和实践,成为大学生健康成长和全面成才的重要的精神力量。"校企合作"是高职院校独具特色的人才培养模式,这种模式是基于客观需要创建的,是培养经济建设所需要的应用型人才的有效途径。企业利用学校的教育资源,学校利用企业的先进操作设备,让学生在企业中身临其境感受生产过程,使他们在参与中能够产生使命感和责任感,并逐渐培养严谨、求实、创新的精神。实训中出现的问题和困惑,可以考验学生的心理承受能力,有助于其形成正确的"三观",促进他们综合素质的全面提高。能够让学生提早适应社会工厂的工作,了解生产流程,缩小社会与学校之间的差距。高校要将工匠精神的培养贯穿于实践过程中,就需要企业平台自身也能够自觉抵制不良社会风气,为学生塑造出一个积极创新的职业实践环境。于企业发展而言,这样的企业环境也是支撑其可持续发展的根本动力。这是一个双赢的模式,既为社会输送人才,同时也为学校提供了教育场所,锻炼了学生的动手能力,并通过实践教学实施素质提升计划,引导学生树立对职业的敬畏、工作的执着和良好的职业操守,培养其正确的职业态度、精神理念和价值取向,积淀"工匠精神"。

4.形成实践文化

文化最为本质的作用是要对人进行"教化",所以,对大学生的工匠精神进行培养,就一定要净化实践教学文化环境,从而为高职院校对学生工匠精神的培养创设良好的实践教学文化氛围,强化文化熏陶。随着我国经济社会发展和产业转型升级,企业从原来单纯注重学生的动手能力转变为更加注重其综合素质,特别是学生良好的文化素养和人文精神,强调人的可持续发展能力。

因此,高职教育发展方式的变化需要对文化育人进行创新,使高职院校的校园文化、职业文化、企业文化、传统文化与实践教学融为一体,构建成一个实践教学文化系统,打造以一丝不苟、精益求精的"工匠精神"为核心的实践教学文化育人模式。

作为文化育人的一种重要方式,校园文化是对大学生进行工匠精神培养最为有效的文化载体。苏霍姆林斯基说过:"让校园的每一面墙壁都会'说话'。"高校必须把工匠精神融入校园文化建设之中,形成一种积极向上、勤学专注的校园文化,通过校园文化潜移默化地熏陶和影响大学生,培育大学生的工匠精神,使其获得人格的成长、精神层面的升华。

近年来,习近平总书记就弘扬与培育工匠精神方面发表了一系列重要讲话,作出了一系列重要指示。高校可以将这一系列与工匠精神相关的重要讲话、重要指示以及重要批示等以墙体文化的形式刻于学院的教学楼、实训楼等内、外墙体上。正所谓"蓬生麻中,不扶而直",大学生学习生活都浸染在浓郁的工匠精神文化氛围中,工匠精神定会内化于心。通过积极推动优秀产业文化进教育、企业文化进校园、职业文化进课堂等活动,加强对学生的职业理想教育,培养学生的职业情怀以及责任担当意识,着力推进职业素质养成工程。通过搭建多样化的宣传教育载体和平台,积极组织学生开展诸如"工匠文化讲习所""寻找最美人物""我的青春故事"等活动,在校园内努力营造一种积极向上、向善的文化氛围。通过依托"技能大赛""才艺风采展"等一系列活动展示平台,培养学生充分运用自己的一双巧手和一颗耐得住寂寞的匠心追求人生的极致和完美,努力成为一名技艺精湛、具有"现代工匠"精神的"职业人",实现个性化育人。同时,通过加强与优秀企业的合作,定期组织学生到企业中参观调查,接触企业生产研发的各个环节,使学生在身临其境地观察与体验企业的制度与文化、了解行业专业标准的基础上,能够更加深刻地感受到企业精于细节、严谨专注的做事氛围,从而自觉地弘扬和培育求实严谨、注重细节、追求极致的精益求精的工匠精神。

校园文化作为隐性课程资源的一种,对每天生活在校园里的大学生的品德形成能够产生内隐的、潜移默化的影响。因此,要在高职的校园文化建设中融入与企业岗位相适应的工匠精神文化,通过物质文化、精神文化、行为文化以及制度文化等方面的建设,使大学生在工匠精神文化的熏陶下逐步树立正确的职业价值观,在高职校园的沃土中真正融入工匠精神、实践教学文化。高职院校校园文化建设除以人的全面发展为目标外,还应建立具有行业属性和职业特点的专业文化,凸显服务于区域经济社会的发展、注重实践教学和融入企业文化的高职院校特色校园文化,将工匠精神、职业素质养成和职业教育融入校园物质情境建设、校园制度情境建设、校园文化情境建设和校园人际情境建设的每一个细节之中。

综上所述,当前我国正处于从一个制造大国迈向制造强国的新时代,这一时代呼唤复合型高素质技术技能型人才,更加呼唤具有工匠精神优良品质的新型人才。基于此,高职院校在全面深化和推进教育教学改革的过程中,应大力强化和有效发挥工匠精神的引领作用,将工匠精神的培育有机、有效地融入高职院校技术技能人才系统化培养的全过程,从而努力营造出弘扬和培育工匠精神的氛围,让工匠精神在大力推进职业教育供给侧结构性教育教学改革的实践中得以发扬光大,以进一步深化和提升技术技能型人才的培养质量。

参考文献

普通图书

阿久津一志.如何培养工匠精神:一流人才要这样引导、锻炼和培养[M].张雷,译.北京:中国青年出版社,2017.

曹顺妮.工匠精神[M].北京:机械工业出版社,2016.

陈亮.专心做到最好:匠人精神是怎样炼成的[M].北京:化学工业出版社,2016.

福奇.工匠精神:缔造伟大传奇的重要力量[M].陈劲,译.杭州:杭州人民出版社,2014.

巩佳伟,于秀媛,张丽丽.匠心 追寻逝去的工匠精神[M].北京:人民邮电出版社,2016.

关晶.职业教育现代学徒制的比较与借鉴[M].长沙:湖南师范大学出版社,2016.

郭湛.主体性哲学[M].北京:中国人民大学出版社,2010.

桓宽.盐铁论[M].上海:上海人民出版社,1974.

李焘.续资治通鉴长编[M].北京:中华书局,2005.

李工真.德意志道路:现代化进程研究[M].武汉:武汉大学出版社,2005.

刘毓庆,李蹊.诗经(下)雅颂[M].北京:中华书局,2011.

马克思,恩格斯.马克思恩格斯选集:第1卷[M].北京:人民出版社,1995.

马斯洛.人的潜能和价值[M].林方,译.北京:华夏出版社,1987.

前川洋一郎.匠心老铺——日本750家百年老店的繁盛秘诀[M].陈晨,译.北京:人民邮电出版社,2017.

秋山利辉.匠人精神:追求极致的日式工作法[M].陈晓丽,译.北京:中信出版社,2017.

舍勒.舍勒选集[M].刘小枫,选编.上海:三联书店,1999.

孙诒让.墨子间诂[M].北京:中华书局,2001.

汪中求.中国需要工业精神[M].北京:机械工业出版社,2012.

王坤庆.精神与教育:一种教育哲学视角的当代教育反思与建构[M].武汉:华中师范大学出版社,2009.

王前.中国科技伦理史纲[M].北京:人民出版社,2006.

韦伯.新教伦理与资本主义精神[M].彭强,黄晓京,译.西安:陕西师范大学出版社,2002.

韦康博.国家大战略:从德国工业4.0到中国制造2025[M].北京:现代出版社,2016.

魏收.二十四史全译·魏书[M].许嘉璐,主编,周国林,分史主编.上海:汉语大词典出版社,2004.

闻人军.考工记译注[M].上海:上海古籍出版社,1993.

沃尔特·艾萨克森.史蒂夫·乔布斯传[M].管延圻,译.北京:中信出版社,2011.

西蒙.21世纪的隐形冠军:中小企业国际市场领袖的成功策略[M].北京:中信出版社,2009.

习近平.习近平谈治国理政[M].北京:外文出版社,2014.

夏征农,陈至立.辞海(缩印本)[M].第六版.上海:上海辞书出版社,2010.

许慎.说文解字[M].上海:上海古籍出版社,2007.

杨乔雅.大国工匠——寻找中国缺失的工匠精神[M].北京:经济管理出版社,2016.

袁行霈.中华文明史[M].北京:北京大学出版社,2006.

张子睿,樊凯.工匠精神与工匠精神养成引论[M].北京:民主与建设出版社,2017.

学位论文

邓玉菲.中国传统工匠精神及其当代继承[D].曲阜:曲阜师范大学,2019.

洪晓儒.中国古代工匠伦理及传承研究[D].厦门:厦门大学,2018.

石帅奇.高技术背景下中国工匠传统与工匠精神研究[D].南宁:广西民族大学,2018.

张桂萍.技进乎道[D].深圳:深圳大学,2018.

期刊中析出的文献

常宝.论先秦工匠的文化形象[J].北京师范大学学报(社会科学版),2012(1):73-79.

常淑敏.殷墟的手工业遗存与卜辞"司工""多工"及"百工"释义[J].江汉考古,2017(3):83-88.

成涛,王俊.新时代工匠精神引领高职院校技术技能人才培养的研究[J].科教导刊,2019,9(27):5-6.

丁繁荣.从技师到大师——记一代工匠陈巍大师[J].汽车维修技师,2016(8):125-127.

傅海燕.对先秦工匠和工匠精神的认识[J].广西大学学报(哲学社会科学版),2019(6):57-62.

辜桃.高职学生工匠精神的培育价值及路径[J].当代教育理论与实践,2017,9(8):114-116.

纪婕妤.欧阳立明:专注茶领域 用心做好茶[J].今日建德,2019,5(23).

金济.世界著名企业缘何长盛不衰[J].乡镇企业科技,2000(2):34-35.

李慧萍.技术技能人才工匠精神培育研究——理论内涵、逻辑框架与实践路径[J].中国职业技术教育,2019,5(13):43-48.

李进.工匠精神的当代价值及培育路径研究[J].中国职业技术教育,2016(27):27-30.

李梦卿,杨梦月.技能型人才培养与"工匠精神"培育的关联耦合研究[J].职教论坛,2016(16):21-26.

刘建军.工匠精神及其当代价值[J].思想教育研究,2016,10(10):36-40+85.

罗赟.奢侈品万宝龙的品牌性格[J].中国品牌,2010(9):80-81.

马斌.工匠精神:保时捷传承之魂[J].宁波经济(财经视点),2017

(2):56.

　　欧阳登科. 借鉴:国外工匠精神的培育成功经验及启示[J]. 智库时代,
2017(10):40-44.

　　寿列维. 奇花绚烂出村野天涯共此好芳华——浦江麦秆剪贴简介[J].
群文天地,2011(4)78-79.

　　孙婷婷. 高职院校培养学生"工匠精神"的策略[J]. 工程技术研究,
2017,(2):228-241.

　　汤艳,季爱琴. 高等职业教育中工匠精神的培育[J]. 南通大学学报(社
会科学版),2017,33(1):142-148.

　　陶文辉,马桂香. 基于工匠精神的人才培养实践研究[J]. 职教论坛,
2017(2):60-64.

　　王苍林. 高职学生"工匠精神"培养路径思考[J]. 价值工程,2018(4):
254-255.

　　王焕成. 德国"工匠精神"的培养及其对我国的启示[J]. 文教资料,
2017:88-89.

　　肖楠. 试论卜辞中的"工"与"百工"[J]. 考古,1981(3):266-270.

　　叶美兰,陈桂香. 工匠精神的当代价值意蕴及其实现路径的选择[J].
高教探索,2016(10):27-31.

　　余胜映. 关于优质高职院校建设的思考——以贵州职业技术学院为例
[J]. 新西部,2018(5):59-60.

　　查国硕. 工匠精神的现代价值意蕴[J]. 职教论坛,2016(7):72-75.

　　张坚."因时顺机、动不失正":视像绵延——刘正的艺术世界[J]. 美术,
2015(2):76.

　　张培培. 互联网时代工匠精神回归的内在逻辑[J]. 浙江社会科学,2017
(1):75-81.

　　张群桂. 以培育工匠精神为核心创新技工院校德育教育新模式[J]. 现
代职业教育,2017(5):164-165.

　　赵绚丽. 职业精神的逻辑体系及高职生职业精神培育模式[J]. 江苏教
育,2019,8(60):32-33.

　　周建军,孙萍. 工匠精神:厚植医学的人文素质与职业道德教育[J]. 中
国职业技术教育,2016(20):42-44.

　　朱丽. 秋山利辉培养一流"匠人"的魔法心经[J]. 中外管理,2017(8):

112-120.

庄西真.倡导劳模工匠精神,引领劳动价值回归[J].中国职业技术教育,2017(34):105-109.

报纸中析出的文献

从一线检验工到优秀教师[N].宁波日报,2017-03-08.

何去非,张晓燕.朱晓丽[N].杭州日报,2017-05-29.

化土为"玉"的越窑青瓷[N].工人日报,2016-09-20.

李美静.维保高端设备的"扁鹊"们[N].中国航空报,2017-06-03.

林化.享受国务院政府特殊津贴的维修工[N].浙江工人日报,2017-04-10.

刘光云.麦秆贴画的守望者[N].金华日报,2012-06-14.

刘艳:绽放检验一线的"铿锵玫瑰"[N].浙江工人日报,2017-03-22.

潘婷婷.朱晓丽:在茶中寻找那份宁静、美好的力量[N].每日商报,2019-22-12.

沈谦,杨萍.我国航空重大设备技改修的"领跑者"[N].陕西日报,2015-03-10.

世界技能大赛冠军杨金龙:把工匠精神传给更多学生[N].光明日报,2018-04-26.

佟明彪."设备神医"黄孟虎:"注重细节"成就大国工匠[N].经济日报,2018-04-13.

习近平.决胜全面建成小康社会夺取新时代中国特色社会主义伟大胜利——在中国共产党第十九次全国代表大会上的报告[N].人民日报,2017-10-28.

习近平.在纪念马克思诞辰200周年大会上的讲话[N].人民日报,2018-05-05.

一念执着 一生坚守——记浙江申浙汽车股份有限公司技术总监陈巍[N].浙江工人日报,2017-11-02.

张宝丽,沈谦.站在数控机床维修技术发展最前沿的人[N].陕西日报,2013-05-21.

张轮.人才培养须蕴含工匠精神的教育[N].工人日报,2016-05-03.

张玉莲.蒋云花和她的民间工艺博物馆[N/OL].今日浦江,[2009-11-

16］. http：//pjnews. zjol. com. cn/pjnews/system/2009/11/16/011581436. shtml.

最美人大代表罗红英："要美他人容，先美自己心"［N］. 杭州日报，2015-11-26.

电子文献

"90后"杨金龙：一名世界汽车喷漆冠军当上了全国人大代表［EB/OL］.［2019-03-13］. https：//www. sohu. com/a/301035773_425738.

《杭州工匠》工匠特辑——罗红英［EB/OL］.［2018-05-08］. https：//www. sohu. com/a/230606940_100149179.

陈巍. 传承技艺是目前兴趣所在［EB/OL］.［2017-06-01］. http：//www. workercn. cn/28264/201706/01/170601101800109. shtml.

大国工匠——杭州手艺，茶艺师朱晓丽：懂来处，方知去处［EB/OL］.［2017-06-19］. https：//news. qcc. com/postnews _ fc89f59e99e60aad55ee89709cccd26c. html.

冯纬. 舌尖上的魔术师，用匠人匠心传承优质酿造技艺［EB/OL］.［2019-01-13］. https：//aa. zust. edu. cn/info/1018/1531. htm.

傅建茂. 让武义大曲飘香大江南北［EB/OL］.［2017-06-19］. http：//wynews. zjol. com. cn/wynews/system/2017/06/19/030182703. shtml.

国务院关于印发《中国制造2025》的通知［R/OL］.（2015-05-19）. http：//www. gov. cn/henge/content/2015-05/19/content_9784. htm.

纪婕好. 欧阳立明：专注茶领域 用心做好茶［N/OL］. 今日建德，［2019-05-23］. http：//jrjd. jdnews. com. cn/Article/index/aid/2870470. html.

匠人匠心传承优质酿造技艺——记"浙江工匠"、浙江五味和食品有限公司冯纬［EB/OL］.［2018-04-24］. http：//dqnews. zjol. com. cn/dqnews/system/2018/04/24/030848259. shtml.

九三学社宁波市委，九三学社浙江省委员会."浙江工匠"是怎样炼成的？——记九三学社社员施珍［EB/OL］.［2018-06-15］. http：//www. shizhenty. com/news_view. asp？ID＝564.

李克强. 政府工作报告［R/OL］. http：//www. gov. cn/guowuyuan/2016-03/05/ content_5049372. htm，2016.

舌尖上的"魔术师" 专注酿造每一滴好醋［EB/OL］.［2018-05-29］.

https：//zj. zjol. com. cn/album. html？ id＝951524.

武义大曲：匠心入酒自芳香［EB/OL］.［2019-11-26］. https：// baijiahao. baidu. com/s？ id ＝ 16512504433299961052&wfr ＝ spider&for ＝pc.

中共中央关于坚持和完善中国特色社会主义制度、推进国家治理体系和治理能力现代化若干重大问题的决定［R/OL］.（2019-11-05）. http：// www. gov. cn/zhengce/2019-11/05/content_ 5449023. htm.